경복궁 중건 비용, 어디서 나와서 어디로 갔을까?

경복궁을 짓기 위한 TF팀, 영건도감

구름같이 모여든 돈과 인력, 순탄한 출발을 알리다

영건도감에 보인 돈은 어디에 쓰였나

불안 요소가 하나하나 드러나다

부족한 돈과 물자, 지방을 독촉하고 왕실의 능원묘까지 침범하다

바닥난 원납전, 재원 마련을 위한 특단의 조치를 취하다

임성수

경복궁을 짓기 위한 TF팀, 영건도감

궁궐 건축은 조선시대에 가장 많은 재정이 투입되는 대규모 국책사업이었다. 경복궁 중건의 성사 여부도 우선적으로 공사에 필요한 재정을 어떻게 마련할 것인가에 달려 있었다. 재정은 공사에 필요한 인력과 물자를 구할 수 있는 거의 유일한 수단이었지만, 당시 조선왕조의 재정 상황은 당장에 궁궐 건축을 진행할 수 있을 만큼 여유롭지 않았다. 경복궁 중건을 시작하기 불과 2년 전인 1862년(철종 13), 조선에서는 지방관청의 과중한 징수를 버티지 못한 농민들이 전국적으로 봉기한 임술민란이 일어났다. 수령과 아전들이 갖가지 명목으로 농민에게 부당한 과세를 한 데에는 개인의 부정도 하나의 이유가 되었지만, 바닥난 정부재정과 지방비축을 충당하기 위한 목적도 크게 작용하였다. 전례를 찾기 힘들 만큼 광범위한 지역에서 벌어진 임술민란은 국왕과 신하, 백성들 모두에게 충격적인 사건이었다. 조정에서는 민심을 안정시키기 위해 농민들이 요구한 여러 사안에 대해 전향적인 조치를 내놓았다. 가장 큰 문제가 된 환곡을 탕감하고, 각종 세액 경감 조치를 시행하였다. 그 결과 임술민란 전에도 재정수지 적자와 비축 재원의 부족으로 정상적인 운영이 곤란할 만큼 궁핍했던 정부재정은 더 큰 어려움에 빠지게 되었다.

이러한 민란의 충격이 완전히 가시기도 전에 막대한 비용이 드는 궁궐 건축을 추진하는 것은 사실 매우 부담스러운 일이었다. 특히 과중한 부담을 견디지 못하고 민란을 일으켰던 농민들에게 추가로 공사비용을 징수한다면 제2의 임술민란이 일어나지

정선의 『백납병풍』「경복궁도」 조선후기 경복궁의 모습을 보여준다.

말라는 법도 없었다. 조정에서도 이 점을 충분히 인식하고 있었다. 1865년(고종 2) 4월 3일 신정왕후가 경복궁 중건을 지시한 이튿날, 조정에서는 시·원임 대신과 호조판서가 한자리에 모여 경복궁 중건의 타당성에 대해 논의하였다. 특히 이날의 논의를 위해 내린 전교에서 특별히 호조판서도 함께 입시하도록 지시한 것이 주목된다. 호조판서는 국가재정을 총괄하는 호조의 수장으로서 경복궁 중건에 필요한 재정 조달 방안을 묻기 위해 부른 것이었다. 이날 회의에서 시원임 대신들은 경복궁 중건의 당위성에는 대체로 동의하였지만, 중건에 필요한 막대한 재원을 마련할 수 있느냐에 대해서는 의견이 분분하였다.

영돈녕부사 김좌근金左根은 경복궁 중건이 300년 동안이나 손대지 못한 일이라는 점에서 누구나 원하지만, 공사가 더없이 크고 재력도 갑자기 마련할 만한 것이 아니라서 답답하다는 점을 호소하였다. 사실상 별도의 재원 마련 대책이 없다는 점을 모두가 잘 알고 있었다. 공사에 백성들을 강제 동원할지 여부도 중요한 결정 사항이었다. 무리하게 백성을 동원하게 되면 경복궁 중건에 긍정적이었던 민심이 빠르게 악화될 수 있었기 때문이다. 그렇다고 백성들을 동원하지 않고 전부 임금을 주고 고용할 경우에는 그 비용을 감당하기가 어려웠다. 판돈녕부사 이경재李景在는 현재 나라의 경비를 진단하면 큰 공사를 벌이지 않더라도 오히려 궁색해질 것이 우려되는 상황이라고 판단하였다. 현상 유지도 어려운 재정 상황에서 큰 공사를 추진하는 것은 무리라고 생각했지만, 중건 결정도 이미 돌이키기 어려운 것이었다. 이에 그는 현실적으로 재물을 마련할 방법이 없기 때문에 백성들에게서 받아내는 수밖에 없고, 결국 그렇게 될 것이라고 예상하였다. 일단 공사를 시작하면 모든 백성들이 제집 일처럼 떨쳐나설 것이고, 재정은 관련 기관에서 알아서 마련할 것이라는 허황되고 무책임한 발언을 하는 신하도 있었지만, 재원 조달은 철저한 계획 없이는 불가능한 영역이었다.

신정왕후는 2품 이상의 조정 신하들이 모두 모여 재원을 마련하고 백성을 동원하는 문제를 상의한 뒤 최적의 방안을 보고하도록 지시하였다. 신하들이 내린 결론은 다음과 같았다.

우선 공사에 필요한 인력은 백성을 동원하기로 의견을 모았다. 나라에 큰 공사가 있을 때 백성을 동원하고 재물을 징수하는 것은 주周나라 때부터 규례로 정해져 있던 일이라는 점을 근거로 들었다. 필요한 재원은 중앙과 지방을 가릴 것 없이 자원하여 재물을 바치는 사람에게 벼슬을 내리는 방안을 제시하였다. 다만 이때 나라에서 억지로 배당하거나 강제로 징수해서는 안 된다는 점을 분명히 하였다. 신하들은 나라가 어떻게 보답하느냐에 따라 백성들의 자발적 기부도 그 양상이 달라질 것이라고 주장하였다. 결국 신하들이 마련한 대책은 사실상 공사에 필요한 모든 인력과 재정을 백성들에 의지하자는 것이었다.

이어서 경복궁 중건 업무를 전담할 TF팀인 영건도감이 구성되었다. 총 책임자인 도제조는 영의정 조두순趙斗淳과 좌의정 김병학金炳學이 맡았다. 여기에 실무를 담당할 제조에는 흥인군 이최응李最應, 좌찬성 김병기金炳冀, 판부사 김병국金炳國, 호조판서 이돈영李敦榮, 대호군 박규수朴珪壽, 종정경 이재원李載元이 임명되었다. 육조판서 중에서 유일하게 제조에 포함된 호조판서의 역할은 공사가 진행되는 동안 소요되는 재정과 물자를 원활히 조달하는 일이었다. 흥선대원군의 형인 이최응이 포함된 것도 주목된다. 이전까지 조선에서는 왕실 최측근이 정치나 실무에 참여하는 일이 드물었다. 그럼에도 불구하고 이최응이 포함된 것은 왕실 일원에게서 원납전을 거두는 일을 맡기기 위함이 아니었을까 추정된다. 후술하겠지만, 경복궁 중건의 최대 재원이었던 원납전은 일반 백성과 왕실 종친 등 두 부류로 구분하여 징수가 진행되었다. 왕실 종친의 원납전 납부를 독려할 유력 인사가 영건도감에 필요한 상황이었던 것이다.

영건도감의 구성이 1차로 마무리된 뒤, 신정왕후는 훈련대장 임태영任泰瑛, 어영대장 허계許棨, 금위대장 겸 좌변포도대장 이경하李景夏, 총융사 이현직李賢稙, 우변포도대장 이주철李周喆을 추가로 제조에 임명하였다. 이들은 모두 군대를 통솔하는 직책에 있던 인물들로서 중건 공사에 군대를 동원하고, 공사 인력을 지휘·감독하는 임무가 주어졌다.

영건도감에서는 우선 경복궁 중건에 필요한 각종 규정을 마련하였다. 공사를 지휘하고 감독할 인력들은 모두 중앙정부의 관원과 군문에 소속된 군인들로 채웠다. 또 목재와 석재를 운송할 수레와 말은 한성부와 여러 군문에서 가져다 쓰도록 하였다. 한성부에서는 각종 전문적인 작업을 진행할 장인匠人들을 통솔하게 하였으며, 왕실과 군문, 중앙관청에 소속된 조예皂隸와 나장羅將을 데려다 사역할 수 있도록 조치하였다. 공사 현장을 지킬 병사들은 병조에서 뽑아 보내도록 하였다. 이밖에 각종 사무를 담당할 인력도 중앙관청과 한성부에 소속된 인원들로 채워 넣었다. 즉 일련의 조치들은 필수 인원을 가용한 정부 소속의 인력으로 최대한 충원하고, 정부가 보유한 말과 장비도 가용한 범위에서 모두 지원함으로써, 인건비 지출과 부대비용을 최소화하기 위한 방안이었다.

구름같이 모여든 돈과 인력, 순탄한 출발을 알리다

1865년 4월 4일, 실질적으로 경복궁 중건의 모든 과정을 총괄하는 흥선대원군이 먼저 3만 냥의 재원을 조달해내면서 본격적으로 공사가 시작되었다. 이에 발맞춰서 왕실이 모범을 보인다는 의미에서 국왕의 사재私財라고 할 수 있는 내탕금 10만 냥을 내놓았다. 당시로서는 큰돈이라고 할 수도 있지만, 경복궁 중건에 필요한 전체 재원에 비하면 매우 미미한 규모였다. 본격적인 재원 마련은 이제부터 시작이었다. 이로부터 관료와 유생, 부녀자부터 하인, 수레꾼, 병자에 이르기까지 각계각층에서 원납願納이 시작되었다. 왕실 종친들은 종친부에, 다른 성씨들은 호조에 자금을 기부하였다. 첫날 호조에 들어온 원납전만도 2만 7180냥에 달하였다. 모금을 시작한 지 이틀 만에 도성에서만 10만 냥에 달하는 원납전이 징수되었고, 왕실 일원이 기부한 돈도 수만 냥이 넘었다. 영의정 조두순이 5천 냥을 내놓은 것을 비롯하여 조정의 고위 관원들은 개인적으로 큰돈을 기부하였고, 각 관청의 서리와 군뮤의 구인, 공인貢人, 시전市廛 상인들은 집단적으로 모금에 동참하였다. 왕실에서부터 일반 백성들에 이르기까지 조선의 모든 계층이 경복궁 중건을 위해 힘을 모았다.

모금이 시작된 지 하루 만에 엄청난 돈이 모이자 신정왕후는 고무되었다. 1865년 4월 5일, 신정왕후는 십 수만 냥의 원납전을 근거로 하늘의 뜻과 민심이 이번 경복궁 중건에 부합한다고 하교하며 공사비 근심에서 벗어났다는 속내를 드러냈다. 이에 신정왕후는 지방의 백성들까지 원납전을 납부하면 충분한 재정이 모아질 것이라고 판단하고, 백성을 강제로 공사에 동원하기로 한 계획은 철회하였다. 서울과 지방에서는 많은 백성들이 부역을 자원하여 공사 현장에 구름같이 모여들었다고 한다. 조정에서는 농번기

흥선대원군 초상

를 맞아 백성들이 농사일에 소홀할 것을 우려하여 자원하는 백성들을 일절 모집하지 말라는 전교까지 내렸다. 지방에서도 모금이 시작되면서 그 규모가 더욱 커졌다. 모금을 시작한 지 20일째 되던 날에는 하루에만 17만 냥이 넘는 돈이 들어오기도 하였다. 안홍덕이란 인물은 당시 개인으로서는 최대 규모인 8만 냥을 납부하여 초반 기부 분위기를 끌어올렸다. 한 달 만에 모인 돈은 총 83만 4266냥 9전 9푼에 달하였고, 자원군도 1903곳의 마을에서 10만 7194명이 모여들었다. 당시 호조에서 1년간 동전으로 지출하는 재정 규모가 대략 50만 냥 정도였다는 점을 감안하면 한 달 만에 모금된 돈은 가히 엄청난 규모였다. 이렇듯 경복궁 중건 공사가 막 시작될 무렵에는 인력과 돈이 기대 이상으로 모이면서 사업이 순탄하게 진행되었다.

영건도감에 모인 돈은 어디에 쓰였나

전국에서 모인 돈은 공사를 진행하기 위한 각 부분에 지출되었다. 정기적으로 지출하는 대표적인 비용은 자원한 인력과 각 분야의 전문가라 할 수 있는 공장工匠들에게 지급하는 인건비였다. 중건 초기 공사에 투입된 인력들은 대부분 자원한 자들이었지만, 조정에서는 이들을 격려하는 차원에서 음식값으로 일정 금액을 지급하였다. 건호궤乾犒饋라는 이름으로 매달 초에 가존 장인은 1인당 동전 1전, 보통 일꾼에게는 1인당 5푼을 지급하는 것이 일반적이었다.

『동국여도』「경강부임진도」

또한 모인 돈은 경복궁 인근의 민가를 철거하면서 지급한 보상금으로도 사용되었는데, 기와집은 칸 당 10냥, 초가는 칸 당 5냥, 가가假家는 칸 당 2냥씩 도합 3만 3833냥 5전이 지급되었다. 다만 본래 국왕이 행차하는 어로御路에 불법으로 집을 지은 사람들은 보상 대상에서 제외하였다.

각 분야별 전문 인력인 고용된 장인들에 대한 인건비도 책정되었다. 공사 중간중간에 나무를 운반한 백성에게도 1인당 1전씩 상으로 지급하였다. 공사를 지원하던 인력이 사고로 다치거나 사망했을 경우에도 돈이 나갔다. 일례로 황해도 해주에서 수레를 몰

던 인부가 사망하였을 때 장례비용으로 20냥이 지급되었다. 일꾼들을 위로하고 격려하는데도 재정이 투입되었다. 윤5월 11일에는 소를 잡고 술을 빚어 목수와 석수에게 각각 국 한 사발과 술 한 그릇씩을 지급하였다. 이날은 온 도성이 취하고 배불러 기뻐하며 손뼉 치는 모습이 손에 잡힐 듯했다고 한다. 말복을 맞아서는 무더위에 작업하는 자들을 격려하기 위해 공장은 1인당 동전 2전 7푼, 담부군은 1인당 2전, 여러 당상관의 조예는 1인당 1전씩, 도합 720냥의 건호궤를 특별히 지급하였다. 이따금 장인과 인부들에게 술과 안주를 내리기도 하고, 공사에 특별히 공헌한 자들을 포상하여 사기를 진작시키기도 하였다. 겨울에는 추위를 이겨낼 보온을 위해 장인들과 일반 인력들에게 무명 두루마기와 옷감을 지급하기도 하였다. 이렇듯 많은 경비가 인건비와 공사 인력들을 지원하는 데 사용되고 있었다.

인건비성 지출 외에 중건 공사에서 큰 비용이 사용된 곳은 재료비였다. 궁궐 건축에는 다양한 종류의 목재와 석재, 기와, 철물, 석회, 도색을 위한 도료, 기타 수많은 자잘한 재료, 작업에 필요한 각종 도구들이 필요했다. 영건도감에서는 정부가 보유한 장비와 재료를 최대한 활용하면서도 부족한 물량은 모금된 돈으로 구매하였다. 전국 각지에서 궁궐 기둥과 서까래에 사용할 나무를 베어왔고, 도성과 경기 인근 지역에서는 무거운 석재를 조달하였다. 이외 다른 지역에서도 각 지역마다 산출되는 재료를 값을 받고 서울로 올려보냈다. 국가의 주요 물자와 운송수단이 경복궁 중건을 위해 투입되고 있었다. 경복궁 영건에 필요한 나무들을 운반하기 위해 각 포구의 배가 모두 징집되면서 겨울을 앞두고 추수한 곡식과 땔감이 서울로 들어오지 못하는 일도 벌어졌다. 이에 조정에서는 경기 · 황해 · 강원 · 충청도에 관문을 보내 배들이 원활히 왕래할 수 있도록 조치할 것을 지시하기도 하였다.

불안 요소가 하나하나 드러나다

큰 문제 없이 진행되던 중건 공사는 얼마 지나지 않아 불안 요소가 조금씩 드러나기 시작하였다. 영원히 밀려들 것 같던 원납전

자경전에서 바라본 교태전

은 불과 두 달 만에 급감하기 시작하였다. 하루에 십 수만 냥이 모이던 원납전은 6월 이후 급감하여 6월 23일에는 1천 냥을 간신히 넘기기도 하였다. 바로 이튿날 흥선대원군의 분부에 따라 전국 팔도에 관문을 보냈다. 관문의 내용은 임금의 은택을 입어 재산을 모은 자들이 건축비 모금에 소극적이라는 점을 질책하며, 엄하게 처벌을 내리기 전에 적극적으로 원납에 동참하라는 것이 핵심이었다. 이미 한 차례 납부한 자라도 재차, 삼차에 걸쳐 낼 것을 지시하였다.

관문이 내려간 뒤 모금액이 일정 수준을 회복하였지만, 공사를 힘들게 하는 일들이 연이어 일어났다. 늦여름인 7월 10일, 큰 홍수가 발생하여 강가에 쌓아둔 각지에서 보낸 재목이 떠내려갔고, 각종 기와와 벽돌을 굽는 데 들어가는 땔나무도 사라졌다. 다시 나무를 구하고 서울로 옮기려면 큰 비용을 추가로 들여야 했다.

이러한 여러 어려움 속에서도 경복궁 영건은 하나둘 마무리 되었다. 공사를 시작한 1865년의 10월 11일에 교태전·강녕전·연생전·경성전 등 주요 전각의 상량上樑을 신호로 건물 공사가 본격적으로 시작되어 여러 전각과 궁성, 문들이 순차적으로 완성되었다.

그런데 연말이 되자 전국 각지에서 원납전을 대부분 납부하면서 원납전의 규모가 눈에 띄게 줄어들었다. 이에 조정에서는 그간 원납전 납부에 소극적이었던 개성부에 납부를 독촉하였다. 그해 12월 『경복궁영건일기』에는 공사가 한창 진행 중인데 모아둔 돈이 부족하여 날마다 쓰는 장인의 급료도 지급할 수 없는 사정이라고 기록되어 있다. 12월 18일에는 각 전각의 건축이 본격화되면서 물품의 수요가 급증하자 이미 원납전을 납부했던 전라도에도 관문을 보내 미납한 고을의 원납전을 빨리 거두어 밤을 새서라도 올려 보내라고 지시하였다. 늦게 올려보내면 죄를 묻겠다는 경고성 관문이었다. 다급한 재정 상황을 그대로 보여주는 대목이다.

한편, 지방 군현의 서리들이 원납전을 거두는 과정에서 뇌물을 받고 농간을 부리는 일이 곳곳에서 벌어지기 시작하였다. 장기간 원납전을 징수하면서 백성들의 부담이 커지자 일부에서 이를 피하고자 도덕적 해이가 발생한 것이다. 조정에서는 이서들을 각별히 단속하여 가난한 자들이 원납전으로 피해를 보는 일이 없도록 할 것을 지시하였지만, 원납전의 징수는 중지되지 않고 이어졌다. 조정에서는 원납전 납부가 강제성이 없는 자발적 참여라는 점을 재차 강조하였다.

이듬해가 되자 공사는 더욱 속도가 붙었지만, 원납전은 아예 징수되지 않는 날이 있을 정도로 큰 폭으로 감소하였다. 영건이 시작된 첫 해에만 500만 냥이 넘는 원납전이 징수되었지만, 이듬해에는 100여만 냥으로 급감하였고, 1867년(고종 4)에는 60만 냥대까지 떨어졌다. 공사에 자원하는 인력도 크게 감소하였다. 공사 시작부터 인력과 재원을 백성의 자발적인 참여에 절대적으로 의지했던 조정의 입장에서는 매우 난감한 상황이었다.

결국 조정에서는 전국 각지에 관문을 보내 각 분야별 전문가들을 징집해 올리도록 지시하였다. 일례로 1866년(고종 3) 3월 16일에는 팔도에 관문을 보내 각 전당의 석역石役이 너무 많아 지금의 석수로는 감당할 수 없으니 각 읍에 전문가를 일일이 찾아 올리도록 지시하였다. 공사에 필요한 목물과 철물, 기타 잡다한 물품들도 매일같이 전국 각지에 배정하여 빠른 상납을 독촉하였다. 조정의 지시에 따라 전국에서 나무를 베자 이를 사칭하여 나무를 베가는 무리들도 생겨났다.

목물의 수요가 한창 급증했을 무렵인 1866년 3월 5일에는 훈련도감 화공畫工의 임시 건물에서 화재가 발생하여 나무를 다듬는 작업을 하던 건물 800여 칸이 소실되는 대형 사고가 발생하였다. 이 사고로 공사를 위해 다듬어 놓은 소중한 목재도 모두 불타버렸다. 전국의 유명 산지를 전부 수소문해가며 목수를 파견해 어렵게 모은 목재가 한순간에 불타버리면서 공사는 난항에 빠졌다.

이뿐만 아니라 공사에 사용할 초둔草芚을 충청도 예산에서 구입하였는데, 싣고 오던 배가 남양 부흥포에서 풍랑을 만나 파손되면서 전체 수량 561부 가운데 158부만 남고 나머지 403부를 잃

어버리기도 하였다. 설상가상으로 인건비 지출도 증가하였다. 공사를 시작할 때부터 인건비는 호조에서 정한 규정을 준수하였지만, 식비 등의 물가가 인상됨에 따라 장인들의 경우 1전을 추가로 지급하였고, 이어서 일반 일꾼들도 5푼을 인상해주었다. 공사를 진행할 모금액은 줄어드는데 각종 비용은 오히려 증가하는 상황이었다. 공사가 한창 진행 중이던 1866년 10월에는 병인양요가 발발하였다. 『경복궁영건일기』 10월 14일자 기사에는 궁궐 공사는 오히려 조금도 해이해지지 않았고, 밖은 비록 경황이 없어도 안은 편안했다고 기술하였지만, 공사를 지휘·감독하던 각 군영의 대장과 소속 군인이 전투에 투입되는 상황에서 편안할 리도, 공사가 제대로 진행될 리도 없었다.

부족한 돈과 물자, 지방을 독촉하고 왕실의 능원묘까지 침범하다

조정에서는 전국의 감영에 관문을 보내 원납전과 부족한 목재를 구해 올리도록 재촉하였다. 공사에 사용하기 적당한 나무가 있다면 개인의 사양산私養山에도 목수를 파견해 많게는 천 그루 이상의 나무를 베어오도록 하였고, 함경감영에는 태조 이성계의 고조부인 목조穆祖와 그의 비 효공왕후孝恭王后 이씨가 묻힌 덕릉과 안릉의 구역 내에 있는 나무까지도 영건도감에서 파견한 목수가 고르는 대로 베어내서 한 달 안에 서울로 보내도록 지시하였다. 황해도에 소재한 태조의 정비 신의왕후神懿王后의 제릉齊陵, 정종과 정안왕후의 쌍릉인 후릉厚陵 영역에서도 나무 420그루를 베었다.

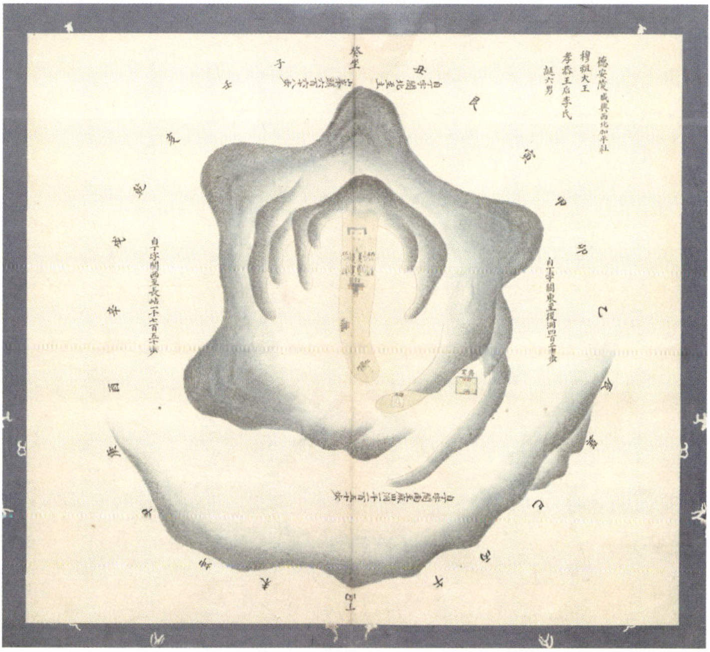

『북도각릉전도형』「덕안릉」(위)과 『조선고적도보』의 덕안릉 전경(아래)

이밖에도 여러 왕실 일원의 능원묘陵園墓가 벌목 대상에 포함될 정도로 목재 수급은 시급했다. 조선왕조의 뿌리라고 할 수 있는 목조의 능에서까지 벌목이 진행되는 상황에서 한반도 어디에도 베지 못할 나무는 없었다.

갑자기 많은 나무를 베어오면서 이를 손질할 목수가 부족해지자 가까운 개성부에 관문을 보내 솜씨 좋은 목수 20명을 찾아서 밤을 새서라도 올려보내도록 지시하였다. 물가를 인위적으로 오르게 하여 영건도감의 재료비 지출을 늘린 혐의로 무쇠를 공급하던 수철계의 공인은 광화문 앞에서 곤장을 쳤다. "공사를 시작한 첫해에만 1만 5000냥에 달하는 재료비를 지급하여 은혜를 보였는데도, 오히려 해당 공인은 물건값을 4배나 올려 자기 욕심만 채우고 나라의 재산을 축냈다."는 것이 주된 이유였다. 그러나 수철계 공인은 억울한 측면이 없지 않았다. 생산되는 공급 물량이 한계가 있는 상황에서 궁궐 공사에 전례에 없던 막대한 철물이 투입되면서 수요를 감당하지 못하고 가격이 오른 이유도 있었기 때문이다. 공사가 길어질수록 재정 압박과 인력 부족, 재료 수급 문제가 가중되면서 조정의 움직임은 더욱 다급해졌다.

1866년 하반기가 되자 원납전도 거의 바닥을 드러냈다. 8월까지만 해도 매달 6만~8만 냥 사이를 유지하였지만, 9월부터는 한 달 총액이 1만 냥 대까지 급감하였다. 재정 확보를 위한 특단의 조치가 필요한 시점이었다. 이에 조정에서는 가능한 모든 수단을 동원하여 재원을 끌어모았다. 평양감영에 관문을 보내 영변부의 아전과 군교들에게 월급을 지급하기 위해 마련하였던 돈 1만 냥을 즉시 올려보내도록 하였다. 전국에 관문을 보내 원납전을 내기로 약속하고도 미납한 자들에게 장형을 가하고 납부를 독촉하도록 지시하였다. 더 이상 자발적인 기부로 포장하기도 어려운 상황에 이른 것이다. 공사의 어려움은 그뿐만이 아니었다. 공사 초반 하루 자원군이 3만 명을 넘던 적도 있었지만, 한 해가 지나자 자원군이 아예 없는 날이 더 많아졌다. 사실상 모든 인력을 고용에 의지해야 하는 상황이었다. 인건비도 자연히 증가할 수밖에 없었다.

한편, 전각이 완성될 때마다 고액의 원납전을 납부한 이들에게는 상을 내렸다. 특히 1만 냥 이상 납부한 자들에게는 지방관을 비롯하여 중앙관청의 관직을 주었다. 사실상 원납금을 받고 관직을 판매한 것과 마찬가지였다. 공사에 참여한 장인과 인력에게도 기여도에 따라 시상하였고, 소고기값을 내려주기도 하였다. 재정이 바닥난 상태에서도 공사를 위해 헌신한 자들을 포상하는 일은 앞으로도 이어질 공사를 위해 중지할 수 없었다.

바닥난 원납전, 재원 마련을 위한 특단의 조치를 취하다

1866년 11월, 마침내 특단의 조치를 시행하였다. 조정에서는 더 이상 들어오지 않는 원납전을 기다리지 않고, 직접 새 동전을 만들기로 결정하였다. 그것이 이른바 '당백전當百錢'이다. 당백전이 오로지 경복궁 중건을 위한 목적으로만 만들어진 것은 아니었지만, 당시 원납전 감소에 따른 공사비 조달 문제가 가장 주요한 배경이었던 것은 사실이다. 당백전은 기존에 통용되던 동전보다 그 가치가 100배나 높게 설정된 동전이었다. 동전 발행은

11월 6일에 결정되었고, 17일부터 금위영에 주전소鑄錢所를 설치하여 주조가 시작되었다. 통상 주전이 결정되고부터 만들어진 동전을 사용하기까지 1년 이상의 기간이 소요되는 데 반해, 당백전은 채 한 달도 지나지 않은 12월 10일부터 사용이 시작되었다. 매우 급박하게 주전이 진행되었다는 사실을 보여주는 대목이다.

또 주전을 하게 되면 어느 정도의 규모가 마련된 뒤에 사용하였지만 당백전은 만들어지는 즉시 재정에 투입되었다. 한 달 남짓한 기간에 60만 냥의 동전을 만들어 사용하였고, 이듬해에도 5월까지 주전을 이어나가 1000만 냥이 넘는 동전을 찍어냈다. 경복궁 영건 첫 해에 거두었던 원납전의 두 배에 달하는 동전을 빠르고 손쉽게 마련한 것이다. 조정에서는 당백전의 발행으로 당장 필요한 비용을 지출할 수 있었지만, 서울 시장은 큰 혼란에 빠졌다. 불과 6개월 동안 주조한 1000만 냥은 19세기 이후 철종대까지 만든 전체 동전의 양보다도 많은 규모였다. 물가는 폭등하였고, 상인과 일반 백성들이 그 피해를 모두 감당해야 했다.

당시 조선의 대외적인 여건도 재정 마련에 큰 장애가 되었다. 경복궁 중건이 진행될 무렵 조선의 바다에는 이양선이 출몰하며 긴장감이 고조된 상태였다. 당장에 국방력 강화가 시급한 현안으로 떠올랐다. 조선은 병자호란 이후 오랜 기간 전쟁을 경험하지 않았다. 이로 인해 19세기 이후에는 군사 훈련이 점점 허술해지고, 필수 병력을 제외하면 군대에 가는 대신 무명이나 동전을 납부하는 것으로 군역 의무를 대신하고 있었다. 도성을 방어하는 핵심 부대인 삼군문에 속한 금위영과 어영청에서조차 지방의 군사들이 입번立番하는 것을 중지하고 동전을 징수하는 실정이었다. 이렇게 거둔 돈은 호조에 보내져서 국가재정에 투입되었다. 그런데 공사가 한창 진행될 무렵 병인양요가 발발하였고, 두 군영도 재정비가 시작되면서 더 이상 번을 드는 대신에 내던 돈인 정번전停番錢을 재정에 활용할 수 없게 되었다. 그 결과 호조의 재정이 위축되면서 영건도감을 지원하기에 더욱 어려운 여건이 되었다. 그나마 다행인 것은 경복궁이 중건되는 기간에 큰 흉년을 당하지 않았다는 점이었다. 하지만 평시에도 정상적인 재정운영이 어려운 형편이었기 때문에 흉년이 아니라고 해서 다른 곳에 신경 쓸 여력은 없었다. 오히려 경복궁 공사가 진행되는 동안 호조의 재정 부족분을 충당하기 위해 영건도감에서 원납전을 지원받는 일도 여러 차례 발생하였다.

시간이 지나면서 공사 방식에도 변화가 생겼다. 영건도감에서 모든 작업을 지휘·감독하던 기존의 방식에서 각 부분마다 장인에게 일정한 공사비용을 지급해주고 전적으로 일임하는 도급都給 방식이 채택되었다. 공사에 자원하는 인력이 거의 사라진 상황에서 장인들에게 부문별 공사를 일임함으로써 인력 수급과 공사 감독에 따른 업무 부담과 비용을 줄일 수 있었다. 공사 인력을 강제 조달할 방안도 추진되었다. 1867년(고종 4) 5월 4일, 신정왕후는 영건도감에 장인이 매우 부족하다는 점을 지적하며 그 원인을 도성 내 사가私家와 경기·충청 지방의 양반가에서 개인적으로 진행하는 공사에 있다고 판단하였다. 이에 사적인 공사를 모두 중단하고, 그곳에서 일하던 장인들을 잡아 올리도록 형조와 한성부, 좌우변포도청에 지시하였다. 이후에도 사적인 공사를 진행한다는 소식이 들리면 엄하게 처벌한다고 경고하였다. 공권력을 투입해

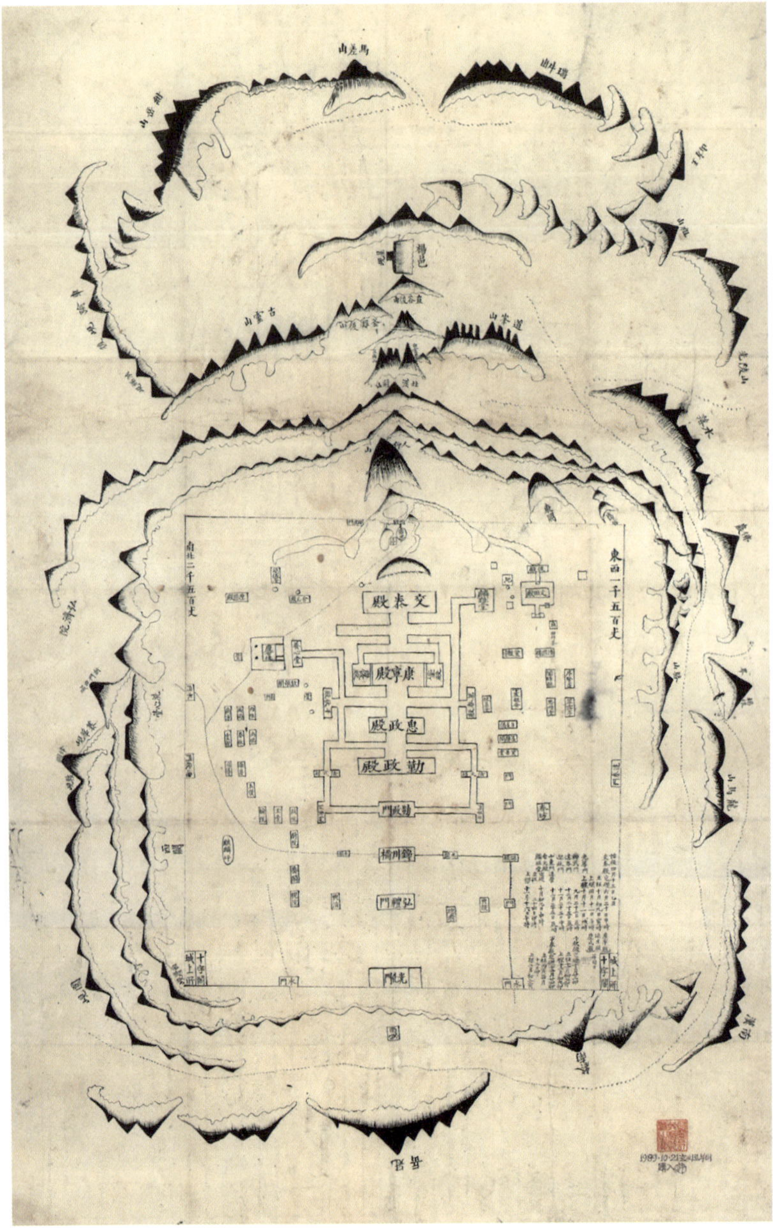

「경복궁도」

사적인 공사를 저지하고 관련 인력을 강제 동원한 것이다.

원납전 감소에 따른 새로운 재정 확보책도 추진되었다. 1867년 2월부터 도성으로 들어오는 각 문을 통과하는 사람들에게 일종의 통행세인 문세門稅를 징수하기 시작하였다. 문세는 각 문마다 담당하는 군영을 정해 성문을 통과하는 물품에 따라 차등 있게 징수하였나. 문세는 도성 안에 거주하거나 상업에 종사하여 자주 왕래해야 하는 사람들에게 큰 부담이었다. 원성이 끊이지 않았지만, 마땅한 재정 대책이 없던 상황에서 경복궁 공사가 끝난 뒤에도 계속해서 문세가 징수되었고, 1873년(고종 10) 10월에 가서야 폐지되었다. 당시 최익현은 사헌부 장령으로 있으면서 경복궁 중건과 관련한 네 가지 문제를 상소한 적이 있다. 첫째는 토목공사를 중지할 것, 둘째는 백성들에게 세금을 가혹하게 거두는 것을 중지할 것, 셋째는 당백전을 혁파할 것, 넷째는 4대문의 통행세를 금지할 것 등이었다. 네 가지는 모두 경복궁 중건으로 인해 발생한 민생 현안으로서 재정 마련과 관련된 사안이었다.

마침내 1868년 7월 2일, 약 40개월의 공사 끝에 경복궁 중건 공사가 대부분 마무리되었고, 고종은 경복궁으로 이어하였다. 경복궁은 임진왜란 때 소실된 지 약 300년 만에 재건되어 왕실의 권위를 높이는 데 기여하였다. 그러나 그 과정에서 발생한 부작용도 적지 않았다. 가장 큰 문제는 재정이었다. 경복궁 중건은 처음부터 종친과 백성들이 자발적으로 납부하는 원납전과 자원하는 인력에 전적으로 의지한 채 시작되었다. 매년 경상비 지출도 걱정해야 하는 국가재정 형편에 사실상 다른 대책이란 없었다. 공사가 진행될수록 원납전과 자원군의 규모는 눈에 띄게 감소하였고, 재정 부족은 결국 강제적인 징수로 이어졌다. 재원 마련을 위해 시행한 당백전 발행과 문세 징수는 큰 사회적 혼란을 가져왔다. 물가는 폭등하였고, 일반 백성과 상인들은 큰 경제적 손해를 감수해야 했다. 공사 기간 동안 투입된 엄청난 규모의 목재와 철물, 기타 잡물들은 시장의 혼란을 넘어서 사회적인 문제가 되었다. 갑자기 공급을 늘리기에 한계가 있는 생산 조건에서 모든 물품이 경복궁 공사에 투입되자 일반 백성들은 필요한 물품이 있어도 구할 수 없는 상황이 벌어졌고, 개인의 사유 재산도 심각하게 침해당했다.

특히 심각한 문제는 급변하는 대외정세에 기민하게 대응하여 국방력 강화에 힘써야 할 시점에 재정과 시간을 모두 허비했다는 데 있었다. 경복궁 중건이 진행되던 시기에 조선을 둘러싼 청과 일본은 서양 세력에 문호를 개방하고, 근대 국가로의 변신에 분주하였다. 산업을 키우고 국방력을 강화하며 다양한 분야에서 개혁을 추진해나가던 시점이었다. 조선을 호시탐탐 노리며 접근하는 서양 세력에 대응해 조선도 국력을 집중하여 국방력을 기르고 국가체제를 정비할 필요가 있었다. 그런데 3년이 넘는 기간 동안 나라의 모든 힘을 경복궁 중건에 쏟아 부으면서 대응은 늦어졌고, 백성들은 지쳤으며, 많은 물력이 사라졌다. 공사 기간 동안 소비된 수많은 물력은 차치하고 징수된 원납전만 계산하더라도 700만 냥이 훨씬 넘었다. 3년간 전국의 재원이 소비되면서 새롭게 무언가를 도모하기 위해서는 회복할 시간이 필요했다. 요컨대, 경복궁 중건 공사는 투입된 인력과 물자로 볼 때 조선 최대의 공사였다. 결국 어려운 여건 속에서도 훌륭한 결과물을 남겼지만, 또한 많은 상처도 남긴 공사였다.

원납전! 원해서 내는 돈인가, 원망하며 내는 돈인가?

나영훈

- 원납전, 악폐로 지목되다
- 누가 얼마를 냈나
- 성리학의 충효 이념, 원납전을 이끌다
- 관직과 이권을 바라고 원납전을 내다
- 원납전, 전국 8도 각 군현에 배당하여 거두다
- 강제 수납의 증거들

원납전, 악폐로 지목되다

1865년(고종 2) 4월, 250년간 폐허로 방치되었던 경복궁의 중건이 결정되었다. 궁궐의 중건에는 당연히 비용이 필요했는데, 흥선대원군과 조정의 신료들은 경복궁 중건에 드는 이 비용을 모두 '원납전願納錢'으로 마련키로 했다. 원납전은 스스로 원해서 납부하는 돈이란 뜻이다. 원납전 모금은 경복궁 공사와 함께 시작되었는데, 어쩐 일인지 공사가 끝난 이후까지도 지속되었다.

1865년 4월 5일, 경복궁을 중건하기로 결정한 지 3일 만에 조정에서는 백성에게 원납전을 거두자는 결정이 이루어졌다. 대규모 국가 토목사업에 원납전을 거두어 재원을 마련하는 일은 유례가 없었는데도 이런 결정은 너무나 빠르게 이루어졌다. 이는 당시 신료들의 너무도 낙관적인 판단에서 나온 것이었다.

찬반에 대한 논의나 일부 신료들의 우려는 잠시, 결국은 입을 모아 한목소리로 원납전의 당위성을 언급했다. 이유원과 김병학은 똑같이 "서민들은 반드시 어버이의 일에 자식이 달려오듯 할 것입니다."라고 했다. 정원용은 "이렇게 큰 국가의 역사에 어찌 백성들이 노동력을 내지 않겠습니까."라고 하였고, 조두순은 "위로는 공경재상으로부터 아래로는 서민에 이르기까지 모두 노동력을 낼 것입니다."라고 하였다.

이런 낙관적인 기대 때문인지, 실제로 조선 정부에서는 "원납전은 나라에서 억지로 배정하여 징수해서는 안 된다. 오로지 백성들 각자가 스스로 납부하는 것에만 의지해야 한다. 만일 협박해 함부로 징수하거나 중간에서 가로챈다면 세금을 가혹하게 거두는

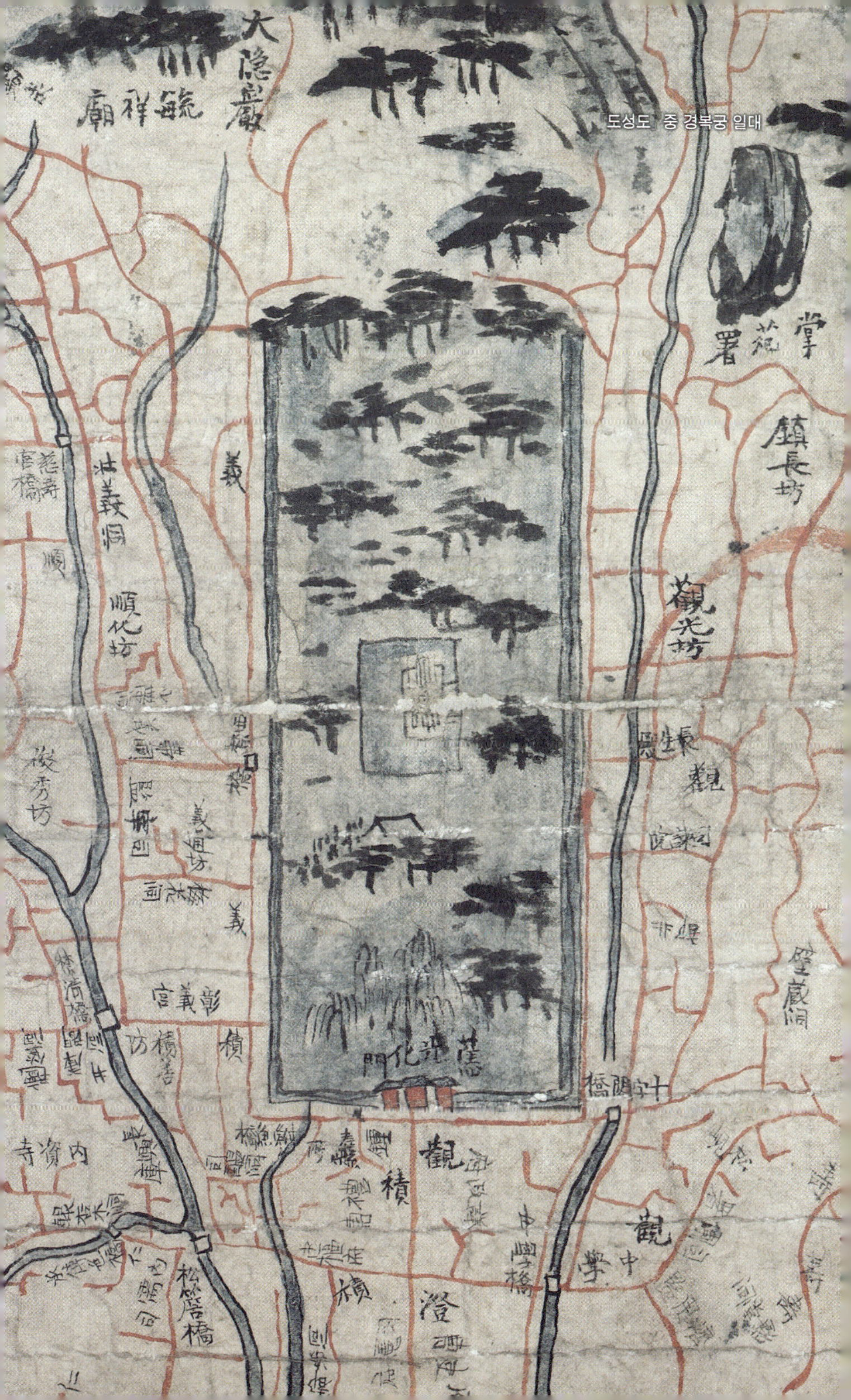

도성도_중 경복궁 일대

것보다 원망이 심할 것이다."라고 하면서 원납전은 반드시 자신의 의지에 따라서만 납부토록 할 것을 지시하였다.

왕실에서 먼저 거금 10만 냥을 내놨다. 원납전 납부를 주장했던 신료들과 중앙의 관료들도 각기 성금을 냈다. 김병학과 조두순은 각각 5천 냥이나 되는 돈을 납부했다. 연이어 수많은 사람들이 원납전 납부에 동참했다. 경복궁이 완성될 때까지 4년간 걷힌 원납전은 총 770만 냥이었다. 물론 시대와 물가의 차이는 있지만, 정조대인 1794년(정조 18)의 수원화성 공사에 78만 냥을 재원으로 지출했던 것을 생각하면 10배나 많은 엄청난 액수가 걷힌 것이다.

조선 정부는 이처럼 엄청난 돈이 모인 것은 국왕의 은혜가 백성들에게 두루 미쳐 뭇 백성들이 자발적으로 원납전 납부에 나섰기 때문이라고 자평했다. 그러나 정부의 이런 긍정적인 평가와 달리 원납전은 그 강제적인 성격으로 인하여 수많은 백성에게 고통을 안겼고, 이에 대한 원망의 목소리도 적지 않았음을 이미 당대의 기록에서 확인할 수 있다. 황현은 『매천야록』에서 "경복궁의 역사를 처음 시작할 때, 재정이 궁색해서 일에 집중할 수 없었다. 이에 팔도의 부호들에게 돈을 부과하여 거두었으므로 파산자가 속출하였다. 원납전願納錢이라 부르지만 백성들은 입술을 삐죽이며 '원납전怨納錢'이라 하였다."고 기록했다. 스스로 원해서 납부하는 돈이라고 정의했지만, 백성들은 원망하면서 납부하는 돈이라고 불렀다는 것이다. 최익현은 1873년(고종 10) 10월, 정부에 대한 격렬한 비판을 담은 상소에서 "원납전 따위는 한시라도 그냥 둘 수 없다."고까지 했다.

당대부터 후대까지 계속된 비판적인 평가 탓에, 지금까지도 원납전은 고종 초년의 정국을 평할 때 항상 감점의 요인으로 인식되고 있다. 예컨대 다음과 같은 평가들이 그것이다.

- 경복궁을 다시 짓기 위해 당백전을 발행하고 강제로 원납전을 걷고 도성문을 드나드는 백성에게 문세를 걷어 백성의 불만을 샀다.
- 원납전을 받아 국가가 주도적으로 매관매직을 하였다.
- 원납전은 순수한 의미에서 스스로 내는 돈이라기보다는 현실적으로 강제성을 내포하고 있다. 지방의 '동장洞長' 등 유력자를 통한 간접 동원 없이는 일반민 개개인의 자발적인 참여를 기대하기는 어려웠다.

당시 정국을 주도하고 경복궁 영건을 결정했던 흥선대원군 개인에 대한 평가는 대체로 찬반이 엇갈린다. 부국강병을 시행한 개혁가에서부터 쇄국정치로 일관한 보수정치인이라는 상반된 평가가 그것이다. 그러나 원납전 하나만큼은 일관되게 잘못된 정책이었다고 지적하고 있다. 도대체 원납전을 얼마나 어떻게 누구에게 거두었기에 이렇게 참담한 평가가 이어지는 것일까.

누가 얼마를 냈나

최근 일본에서 발견된 『경복궁영건일기』는 당시 공역에 참여했던 원세철이 경복궁 중건 과정에 대해 기록한 책자다. 매일매일 경복궁 공역의 변화에 대해 기록했는데, 맨 마지막에는 항상 원납전을 누가 얼마나 냈는지 꼼꼼하게 기록하고 있었다. 이 기록은 매달 정부에 보고되었고 그것이 연대기 사료에 남게 되었던 것이다. 이 기록에 따르면 원납전은 총 735만 냥이 걷혔다고 나온다. 지금까지 알려진 770만 냥과 차이가 나는 것은, 이 책자가 1868년(고종 5) 6월까지의 공역에 대해서만 기록했기 때문이다. 그 직후인 1868년 7월과 8월의 원납전을 포함하면 전체 액수는 알려진 것과 동일하다.

이 책자에는 납부자도 기록되어 있어서 원납전을 누가 냈는지 확인할 수 있다. 다만 1000냥 미만을 납부한 사람은 적지 않았기 때문에 모든 사람의 이름을 확인할 수는 없다. 납부자를 명확히 알 수 있는 경우는 전체 모금액의 84%인 620만 냥을 납부한 인물이나 단체다. 이 가운데 개인의 명의로 납부한 경우가 전체 모금액의 38%인 279만 냥이었고, 특정 단체의 명의로 납부한 경우가 전체 모금액의 46%인 340만 냥이었다.

그런데 개인의 납부와 단체의 납부는 자연히 납부 의지나 동기, 그 배경이 서로 다를 수밖에 없었을 것이다. 예컨대 개인 명의의 납부는 본인 스스로 납부한 것이어서 자발성이 좀 더 드러났을 가능성이 있고, 단체 납부는 아무래도 자기 의사보다는 단체의 의도가 더 강할 수밖에 없었을 것이다. 이러한 차이만으로도 원납전의 납부 동기가 일률적이지 않았음을 짐작할 수 있다.

개인 명의로 원납전을 낸 사람은 총 1211명이나 되었다. 이 가운데 양반이 1010명으로 전체 개인의 83%를 차지한다. 중인은 고작 21명, 평민은 30명, 천민은 6명이었다. 중인 이하를 모두 합

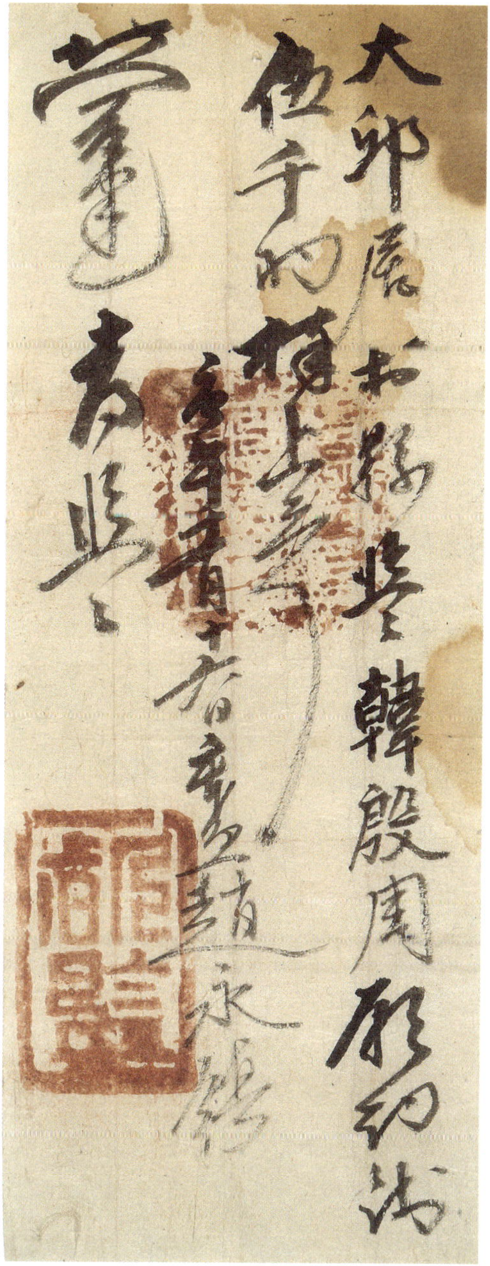

원납전 자문

대구에 거주하는 한은주가 영건도감에 원납전을 납부하고 받은 자문(尺文, 일종의 영수증)이다. 이 자문을 기재해준 고직 조영진이 기재되어 있다. 문서 좌측 하단에는 '도감' 관인이 날인되었다.

쳐 57명, 전체의 4.7%에 지나지 않는다. 신분을 알 수 없는 자를 제외하면 개인적 납부는 압도적으로 양반들이 많이 냈던 것이다.

단체로 원납전을 납부한 경우는 전국 8도에 고르게 분포되어 있었다. 당시의 기준으로 한양과 4개의 유수부를 포함하면 336개의 군현이 있었는데, 이 가운데 98%인 328개의 군현에서 원납전을 납부했다고 한다. 겨우 8개의 군현을 제외하고 대부분의 군현에서 원납전을 납부했다는 것이다. 기록에서 누락되는 경우가 있었음을 감안하면 실제로는 모든 군현에서 원납전을 냈을 것으로 보인다.

그런데 이 대목에서 우리는 상식적으로 몇 가지 의문을 품지 않을 수 없다. 우선 양반들은 왜 그렇게 많은 이들이 원납전 납부에 스스로 동참했던 것일까? 거기에는 정말 강제성이나 다른 이유는 전혀 없는 것일까? 그리고 강제성 없이 순수하게 자진해서 내는 돈이라면 어떻게 전국의 거의 모든 군현에서 원납전을 낼 수 있었을까? 이제부터 이런 문제들에 대해 하나하나 살펴보기로 하자.

성리학의 충효 이념, 원납전을 이끌다

조선은 성리학을 신봉하는 국가였고, 그 지배층의 절대다수가 성리학의 사상에 큰 감화를 받았다. 그런데 이 성리학에서 국가와 사회의 질서를 유지하기 위해 제일 강조하는 덕목이 바로 삼강오륜이었다. 그리고 이 삼강오륜에서도 가장 앞자리에 놓이는 것이 군주에게 충성하고 부모에게 효도하라는 가르침이었다. 국가에 대한 충성스러운 마음은 유교 국가인 조선에 사는 백성이라면 누구나 당연히 지녀야 하는 마음이었다. 특히 조선의 양반들에게는 성리학이 단순한 학문이 아니라 종교와도 같은 신념이었다. 따라서 원납전의 자진 납부는 우선 이들이 몸소 실천하려 했던 충심에서 비롯된 것일 수 있다.

경복궁 중건을 위한 원납전 모금은 실제로 향촌 사회에서 오래도록 유교 이데올로기에 무장된 양반들에게 격렬한 메시지를 던져주었다. 이들에게 국가가 힘들고 어려울 때 온 힘을 다해 돕는 것은 무언가 대가를 바라고 하는 일이 아니었다. 이들의 원납전 납부 동참은 순수한 진심에서 우러나온 것이자 자발적 행위였던 것이다. 실제로 어떤 향촌과 문중에서는 원납전이 잘 거두어지지 않는 현실을 걱정하면서 더욱 적극적으로 원납전 납부를 결의하거나 실행하기도 했다.

안동에 살던 김두흠金斗欽과 그 가문도 그랬다. 김두흠이 작성한 『숭재일록崇齋日錄』에는 경복궁 중건의 경과와 원납전에 대한 저자의 생각 등이 잘 기술되어 있다. 김두흠은 우선 경복궁 중건 소식을 듣자마자 '우리 동방의 아름다운 일'이라며 경탄해 마지않았다. 그는 영건도감이 설치되자마자 기꺼이 원납전 100냥을 납부하였다. 이 기록에 따르면 김두흠과 가까운 사이였던 이효순 역시 빚을 내서라도 원납전을 납부해야겠다는 강한 의지를 보였다고 한다. 그런데 김두흠은 원납전의 자진 납부에만 그치지 않았다. 이후에도 항상 서울의 지인들과 편지를 주고받으면서 원납전이 많이 걷히지 않는 현실에 대해 걱정하더니, 결국에는 문중

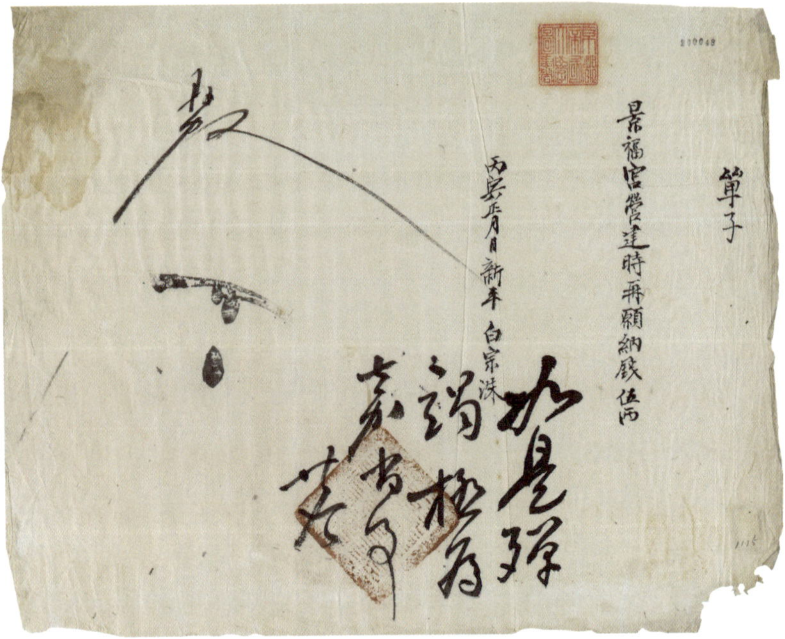
單子

景福宮營建時再願納錢伍兩

丙寅正月 日 新平 白宗洙

원납전 단자

1866년 1월 임실에 사는 백종수가 경복궁 중건 사업에 충당할 기부금 5냥을 바치면서 올린 단자이다. 이에 대해 임실현감은 27일에 "이와 같이 마음을 다하니, 극히 가상하다."라는 답변을 내렸다.

회의를 통해 다시 450냥을 더 마련하여 납부하였던 것이다.

김두흠과 이효순의 원납전 납부에 대해 강제적 성격을 띤 납부였다고 하기는 어렵다. 또 이들의 납부를 관직 획득과 같은 욕망에서 비롯된 계산된 행위로 보기도 어렵다. 이는 순수하게 자발적인 행위였던 것이다. 이들 양반 사대부들은 어릴 때부터 체화된 성리학의 충효 이념에 따라 국가가 어려움을 당하자 빚을 내서라도 보은하기 위한 준비가 되어 있었던 셈이다. 이는 『맹자』에서 "어버이의 일에 자식이 달려오듯 국가의 사안에 힘을 쓴다."는 가르침이 현실에 적용된 결과였던 것이다.

안동지역에서는 이후에도 단체 명의로 20차례가 넘게 원납전을 모아 서울로 올려보냈다. 이는 강제된 행위가 아니라 안동지역 사람들의 유학적 실천과 관련된 순수한 마음의 발로이자 문자 그대로 자진 납부였다. 이는 분명 당시의 조정에서 기대하던 가장 이상적인 형태의 원납전 기부이기도 했다.

그러나 원납전의 납부는 이처럼 순수한 목적, 충과 의라는 덕목의 실현 차원에서만 이루어진 것은 아니었다. 대다수의 자발성을 인정하더라도, 일부에서는 특정한 목적을 염두에 두고 원납전을 납부한 사례도 있었던 것이다.

관직과 이권을 바라고 원납전을 내다

양반들의 원납전 납부 동기로 가장 쉽게 생각할 수 있는 것이 바로 관직의 획득이다. 국가에서는 실제로 원납전을 1만 냥 이상 납부한 사람에게 관직을 부여하였다. 이에 따라 여러 차례에 걸쳐 고액 납부자들에게 관직이 수여되었다. 1866년(고종 3) 10월 1일, "나라를 위한 성의가 참으로 가상하므로, 포상하고 장려하는 뜻을 보여주는 조치가 있어야 할 것이다."라는 전교가 내려왔다. 이때 처음으로 모두 60명이 관직을 받았다. 이들은 주로 수령에 임명되거나 오위장이나 수문장과 같은 무관의 관직을 받았다. 이후에도 세 차례 이상의 관직 수여가 있었다. 이때는 그 수가 많지 않았으며, 원납전으로 관직을 받은 사람은 처음의 60명을 포함하여 모두 77명이었다.

원납전을 납부하고 관직을 받게 되자 일각에서는 "원납전이 바로 당시 국가에서 매관매직을 자행했던 증거"라고 치부하면서 평가절하하기도 한다. 그러나 원납전 납부를 곧바로 매관매직으로 연결하여 폄훼하기는 어렵다.

정부에서는 경복궁 영건을 시작할 때부터 원납전 납부자에게 관직을 수여할 것을 결정하였다. "원납하고자 하는 사람에게 벼슬이나 상으로 보상하는 것은 이미 전한前漢 시대부터 있었던 일이다."라고 하여 관직을 수여하는 것이 이전부터 있었던 일이라고 강조하였다. 실제로 조선은 건국 초기부터 국가에서 다양한 중대 사업을 마치고 나면 항상 그 일에 종사했던 관원들에게 관직으로 포상을 내리기도 하였다.

한편 1만 냥 이상의 돈을 납부하는 것도 아무나 할 수 있는 일은 아니었다. 당시 1만 냥은 실로 엄청난 액수였다. 4년 동안 경기우도에서 납부한 총액이 2만 1000냥에 지나지 않았다는 점은 개인이 1만 냥을 납부하는 것이 얼마나 대단한 일인지 방증한다. 또 원납전을 납부한 개인이 총 1211명이었는데, 그 가운데 7%에 불과한 77명만이 관직을 받았으므로 관직이 남발되었다고 평가하기도 어렵다.

이처럼 원납전이 매관매직의 직접적인 증거나 원인은 아니라고 할 수 있지만, 현실적으로 관직 수여는 원납전 납부의 중요한 동기가 되었던 것도 사실이다. 국가에서는 관직 수여와 같은 달콤한 미끼를 던져 백성들이 좀 더 적극적으로 원납전을 납부하기를 바랐다. 그리고 그것은 실제로 1000명이 넘는 개인들이 원납전을 납부하게 된 중요한 동기의 하나가 되었을 것이다. 원납전으로 관직을 받은 인원이 77명에 불과한 것은 결과론이었고, 얼마의 액수가 관직 수여의 기준이 되는지는 아무도 몰랐다. 이런 상황에서 다수의 사람들이 원납전을 냈다. 모두 목적 없는 순수한 행위였다고 보기는 어렵다.

앞에서도 살펴본 것처럼 원납전을 납부한 개인은 대부분 양반이었다. 양반이 아닌 경우는 5% 미만에 불과했다. 이는 양반들이 부유했기 때문이기도 하지만, 이들이 일정 부분 관직 수여를 바라고 원납했을 가능성도 충분히 예상할 수 있는 것이다. 물론 관직을 받기 위해 원납전을 납부했다고 당당히 밝힌 사람은 당연히 찾을 수 없다. 그러나 관직 수여가 양반의 신분을 유지하기 위해 상당히 중요한 요소였던 당대 조선사회의 현실을 생각하면 원납전을 납부한 다수의 양반들이 관직 획득을 위해 납부했을 가능성을 완전히 배제하기는 어렵다.

일례로, 용천에 거주했던 김이주金履周라는 사람은 자신의 영욕을 위해 원납전을 납부한 사람이었다. 1865년 12월 12일, 김이주는 문중 회의를 통해 "우리 가문이 국가에서 대대로 녹을 먹어 왔는데 이제야 은혜를 갚을 수 있게 되었다."면서 가문에서 돈을 모아 원납전을 납부할 것을 독려하였다. 가문 내에서 원납전 납부에 대한 찬반 논쟁이 치열했으나 결국은 김이주의 뜻대로 납부하기로 결정되었다. 그러나 김이주는 모인 돈을 가문의 이름으로 납부하지 않고 개인의 이름으로 납부하였고, 결국 문중 회의를 통해 김이주의 원납 강행이 자신을 영예롭게 하기 위한 개인적 욕망에서 비롯되었음이 확인되었다. 원납전은 취소되고 김이주는 큰 질책을 받았다. 김이주는 아마 원납전 납부로 관직을 받고자 했는지도 모른다.

원납전은 관직 이외에도 다양한 이권 획득을 위해 활용되었다. 원납전 모금 초창기에 서울에 사는 가난한 백성인 한세현韓世顯이라는 사람은 마침 집을 팔아서 생긴 돈 100냥을 의로운 마음으로 원납하였다고 한다. 흥선대원군은 곧바로 가난한 백성의 임금을 향한 마음이 정성스럽다면서 본인이 납부한 돈의 열 배가 되는 1000냥을 포상금으로 내렸다. 경상도 상주에 거주하는 송일태宋一泰는 천한 장인이었는데 1000냥이나 되는 거금을 마련하여 납부하였다. 흥선대원군은 송일태를 천역에서 면제시켜주었다. 이처럼 관직은 아니지만 무언가 다른 보상을 기대하고 원납전을 내는 사람도 있었을 것으로 여겨진다.

김도제라는 이는 개인적인 채권을 원납전으로 바치기도 하였다. 자신이 사적으로 빌려준 돈을 받을 길이 사라지자 자기가 받아야 할 돈을 원납전으로 납부하겠다고 감영에 요청하였다. 김도제는 김재호와 김긍렴에게 4600냥을 빌려주고 박희전에게는 9400냥을 빌려주었다고 했다. 그는 이 돈으로 원납전을 내려하였는데, 이들이 갚지 않아 낼 수 없다고 관아에 호소하였다. 정부에서는 "이는 개인 사이에 이루어진 거래이지만 원납전으로 납부한다고 했으니 이제 공적인 재산과 같다. 장교를 보내서 이들 채무자를 잡아들여 돈을 받아내라."고 명하였다. 김도제는 어차피 자신이 돈을 받을 수 없음을 알고 있었다. 돈을 갚지 않는 사람도 괘씸했고 국가에서 명예라도 얻으려는 목적으로 채권을 원납전으로 돌린 것이다.

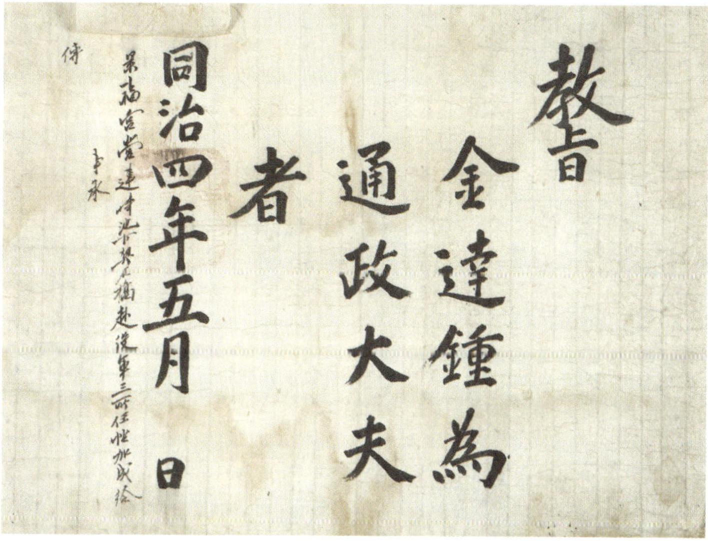

教旨
金達鍾爲
通政大夫者
同治四年五月 日

김달종 교지
1865년 5월 경복궁 영건을 기념하고자 김달종에게 통정대부의 품계를 내린다는 교지이다.

지방의 수령들 역시 자신의 출세를 위해 지역에 공금으로 모아둔 자금을 자기 개인 이름으로 납부하기도 했다. 개인 납부자 가운데 가장 많은 유형이 바로 이들 수령들이었다. 납부자 명단에서 수령은 모두 389명이나 확인된다. 수령들이 이렇게 많이 원납전을 납부할 수 있었던 것은 그들이 부유했기 때문이 아니다. 이들의 납부는 개인의 사비를 털어서 낸 것이 아니라 지역에 공금으로 축적된 자금을 자기 이름으로 납부했을 가능성이 컸다. 수령들은 공적으로 활용해야 할 지방관서의 재원을 자기 집안의 문집이나 족보를 간행하는 등 사적으로 사용하기도 했다. 수령들은 많은 경우 본인의 출세를 위해 자기 이름으로 원납전을 납부했던 것으로 보인다.

이처럼 원납전의 납부는 단지 일방적인 강제에 따른 것만은 아니었다. 여러 계층에서 다양한 배경과 목적으로 개인의 자발적 의사에 의해 이루어진 납부도 분명 존재하였다. 이런 점에서 원납전의 납부 이유나 목적을 하나로만 설명하기는 어렵다고 하겠다.

원납전, 전국 8도 각 군현에 배당하여 거두다

김두흠이나 이효순의 경우에서처럼, 개인 명의의 원납전 납부에서는 자발적인 요인이 어느 정도 확인된다. 그러나 단체 납부에서는 이러한 자발성이 거의 찾아지지 않는다. 백성들의 단체 납부는 대부분 강제성을 띠고 있었다는 얘기다.

우선 경복궁 중건 때의 원납전은 전국 8도 336개 군현에서 거두지 않은 곳이 없을 만큼 모든 지역에서 냈다. 군현마다 편차는 있었지만, 단 8개의 군현을 제외하고 98%인 328개의 군현에서 원납전을 납부했다. 또 원납전을 납부한 군현의 호구와 그 금액을 비교해보면 상호 관련성이 확인된다. 대체로 호구가 많은 군현은 많이 내고 호구가 적은 군현은 적게 낸 것이다. 이는 누군가의 인위적 조정에 의해 원납전이 지방마다 조율되고 할당되었을 가능성을 알려준다.

물론 모든 도에서 일률적으로 같은 금액을 낸 것은 아니고 지역에 따른 차이도 있었다. 예컨대 평안도나 함경도, 황해도와 같은 북부 지역에서는 다른 지역보다 훨씬 많은 원납전을 납부한 반면, 경기도와 강원도 등 중부 지역에서는 원납전을 상대적으로 적게 납부하였다. 삼남지역은 평균적인 액수를 납부하였다. 이때의 차이는 호구의 차이에 따른 것은 아니지만, 그렇다고 인위적 조정이 없었다는 증거도 아니다. 이들 지역에도 인위적인 조정과 할당은 분명히 존재했다. 그렇다면 이때의 조정과 할당은 어떤 기준으로 이루어졌을까? 왜 북부 지역은 더 많은 돈을 내고, 인구가 많은 중부 지역은 어떻게 더 적은 돈을 내게 되었을까?

실제로 평안도에서는 118만 냥, 함경도에서는 76만 냥, 황해도에서는 44만 냥을 납부하였다. 경기도의 11만 냥과 비교하면 엄청난 액수라고 할 수 있다. 이런 차이를 이해하기 위해서는 우선 북부 지역의 특수성을 이해해야 한다. 먼저 평안도와 함경도는 잉류지역이라고 해서 중앙에 세금을 납부하지 않고 자체적으로 보관하던 특수한 지역이었는데, 이는 국방과 외교상의 필요에 따른 조치였다. 좀 더 구체적으로는, 평안도의 경우 청나라 사신이 지나는 길목에 해당하여 사신 접대를 감당해야 했으므로 세금의 중앙 납부가 면제되고 그 돈이 평안도 안에 축적되었다. 국방비를 감당해야 하는 함경도의 경우도 마찬가지였다. 함경도는 여기에 홍삼 무역을 통해 상당한 별도의 수익을 확보하고 있었다. 함경도 의주의 포삼별장이 15만 냥이나 되는 원납전을 납부하기도 하였는데, 이는 이들이 지닌 재원이 상당하였음을 말해주는 것이다. 포삼별장이란 의주 관세청 소속의 말단 관리로, 국가가 관리하는 무역품인 삼을 의주에서 중국의 책문까지 실어 나르던 일을 맡았던 벼슬아치다.

한편, 평안도와 함경도는 중앙에 임시적 사안이 발생할 때마다 수시로 재원을 납부하던 지역이기도 했다. 황해도의 경우에

『동여도』「경조오부도」

는 다른 지역보다 많은 동전이 유통되었으며, 평소에도 높은 비중으로 동전을 세금으로 납부하던 곳이었다. 이러한 지역적 사정에 의해 이들 지역은 상대적으로 더 많은 원납전을 납부할 수 있었고 납부해야 했던 것이다.

반대로 강원도에서는 10만 냥, 경기도에서는 11만 냥을 납부하였다. 이들 지역은 인구 대비로 따져볼 때 매우 적은 금액을 납부했음을 알 수 있다. 그렇다고 특혜를 받은 것은 아니고, 원납전을 적게 내는 대신 다른 방식의 부담을 져야 했다. 우선 경기도 지역은 서울과 인접한 곳이어서 노동력을 직접 징발당했다. 경복궁 공역 초기의 자원군은 실제로 다수가 경기도 백성들이었다. 자원군을 일종의 '원납'으로 여겼다는 것이고, 경기도 백성들은 돈을 내는 대신에 몸으로 때웠던 것이다. 또 원납전 대신 다수의 현물을 납부하기도 하였다. 강원도 지역은 목재와 같은 궁궐 공역의 핵심 재료가 마련되는 곳이었다. 강원 산간에서 벌목한 목재는 한상을 따라 서울로 운송되었는데, 산지에서 목재를 자르고 나르는 일에 강원도 백성들이 동원되어야 했다. 이런 이유로 이들 지역은 다른 지역에 비해 원납전의 납부에서 감면될 수 있었던 것이다.

이처럼 원납전은 전국 8도 330여 개 군현에서 모두 납부하였고, 지역적 사정이 철저히 고려되어 배분되었다. 이는 원납전이 순전히 백성들의 자발적인 동참에 의해 모금된 것만은 아니며, 누군가의 지시로 특정한 기준에 의해 할당되고 강제적으로 징수되었을 것임을 암시하는 것이다.

강제 수탈의 증거들

실제로 지역에서 백성들의 명의로 올라가는 원납전이 강제 수탈이었다는 정황은 다수의 기록에서 포착된다. 특히 단체 명의의 납부는 누군가 주동적 인물의 지시로 강제되었을 가능성이 높다. 그런데 이런 강제적 단체 모금의 과정에서는 필연적으로 불균등한 배분으로 인한 불만의 소지가 생겨나게 마련이다.

먼저 원납전이 직간접적 강제 수탈에 가까웠다는 증거들을 살펴보자. 우선 중앙에서 지방에 내려 보낸 수많은 공문서에서 원납전 납부를 강요하는 모습이 확인된다. 앞서 보았듯이 중앙에서는 백성들을 괴롭히지 말고 자발적으로 납부하게 하라는 지시를 내린 바 있었다. 그러나 또 다른 한편으로는 수시로 원납전의 납부 실적이 저조하다는 질책을 지방에 내려보내고 있었다.

예컨대 1865년 5월 24일, 중앙정부에서는 평안도에 관문을 보내면서 이렇게 말한다. "평양은 기자의 도성이라 조정에서 우대하고 있다. 또 평양에는 벼슬한 사람들의 집안과 부유한 집안이 많은데도 하나같이 '원하는 자가 납부하는 것이다.'라는 핑계를 대면서 서로 책임을 미루고 원납전을 내지 않고 있다. 조정에서는 누가 내지 않았는지 알고 있지만 원납이니까 강제하지는 않는다. 그러나 내버려 두면 또 용렬하게도 내지 않을 것이고, 이를 백성들이 본받아서 안 내지 않을까 염려되는 바가 있다." 결국은 원납전을 무조건 내라는 말이다.

1865년 12월 2일, 개성에도 이런 내용이 포함된 관문을 보냈다. "팔도 각 읍에서 원납을 거의 완료했다. 그러나 오직 개성만이 원납전 10만 냥이 있다고 하면서도 한 푼도 내지 않았으니 이상하다. 지금 영건에 쓸 돈이 부족하니 독촉해서 올해 안으로 납부하라." 이는 직접적으로 원납전을 개성에 강제하는 언사다.

1865년 12월 18일, 전라감영에도 관문을 보냈다. "이번 경복궁 영건은 물품이 많아서 구하기가 어렵다. 각 도의 원납전은 대부분이 완료되었는데 유독 전라도만은 그 납부액이 적을 뿐만 아니라 아직도 납부하지 않은 고을이 있다고 한다. 원납전을 받는 대로 밤낮을 가리지 말고 올려 보내라." 이는 중앙에서 원납전을 어떻게 인식하고 있었는지 적나라하게 보여준다. 아직도 미납한 고을이 있다는 말은 미납한 고을은 없어야 한다는 말이다.

이처럼 중앙정부에서 지방에 보낸 공문서는 당시 원납전을 강제하고 있던 정부의 태도를 잘 보여준다. 여기에 원납전이 사실상 중앙정부에 의해 고을마다 강제로 할당되었다는 지방 수령의 고백도 있다. 당시 서원현감을 지냈던 김익정은 "경복궁을 중건하려고 원납전과 은전隱田을 조사하여 찾아내라는 명령이 있었다. 다른 고을들은 백성의 재산이 많고 적음을 불문하고 호의 수에 비례하여 원납전을 거두었다."고 하였다. 그러면서 자신은 "원납을 호에 부과하는 것은 전세를 고르게 하는 정치가 아니라고 여겨서 부유한 사람에게만 걷고 가난한 자에게는 걷지 않았다."고도 첨언하였다. 즉, 중앙에서 원납전을 요구하자 각 지역 수령들은 자신들의 고을에서 호의 수를 참작하여 원납전을 강제로 거두었던 것이다. 그런데 이때 각 지역에 따라 원납전을 거두는 기준이 모두 달랐다.

이처럼 고을에 따라 달랐던 원납전의 징수는 결국 모든 사람에게 공평하게 일정액을 거둔 것이 아니라 사정을 참작하여 서로 다른 기준으로 거둔 정황을 알려주기도 한다. 그리고 이런 기준 없는 부과는 아전들의 무분별한 재량권 남용을 유발하게 마련이다. 특히 원납전의 징수를 담당한 지역 아전들이 뇌물을 받아먹고는 부유한 사람들은 면제해주고 가난한 사람들에게서는 몇 배나 되는 액수를 거두기도 했다고 한다. 이러한 아전들의 농간으로 백성들의 고통은 당연히 실제로 부담할 자기 몫보다 훨씬 더 가중되었다.

이상에서 살펴본 것처럼 원납전의 납부에는 다양한 동기가 공존하고 있었다. 누군가에겐 관직 획득을 위한 기회가 되었고, 누군가에겐 유교적 충심을 보여줄 수 있는 절호의 기회였으며, 누군가에겐 이권을 차지할 수 있는 발판이 되었다. 충심이든 이권이든, 이러한 자발적인 요소 역시 드물지만 기록에서 확인된다. 그러나 대다수의 원납전은 결코 자발적이지 않았다. 원납전은 조선 8도의 대다수 힘없는 백성들에게 부과되었다. 단체 모금이라는 미명으로 수많은 사람들이 자발적인 의지와 상관없이 원납전을 내야 했다. 각 지역의 사정에 따라 인위적으로 할당되고 분배된 원납전은 두말할 것도 없이 백성의 고혈을 빨아먹던 일종의 세금이었다. 수령들은 원납의 성과를 통해 자신의 충심을 과시하고자 백성들을 더욱 채찍질했다. 지역의 유지나 향리들은 원납전을 납부하는 과정에 개입하여 중간에서 떼어먹거나 불평등하게 배분하는 등 다양한 폐단이 자행되었다. 그 피해는 고스란히 가난하고 힘없는 백성들에게 돌아갔다. 원납전은 공역이 다 끝난 1868년 이후에도 계속해서 걷히고 있었다. 경복궁을 중건한다는 명분은 이미 사라지고 위정자들은 이 세금으로 자신들의 배를 채우기에 급급했다.

다시 첫머리로 돌아가서, 1873년 10월 "원납전 따위는 한시라도 멈춰야 하는 폐단"이라던 최익현의 강력한 저항의 언어가 그래서 더욱 가슴 아프게 다가온다. 원납전은 명백하게 백성들을 괴롭히는 별도의 세금이었다. 이들에게 원납전은 결코 원해서 내는 돈이 아니라, 분명 원망하면서 내야 했던 돈이었다.

궁궐을 세우기 위해서 철거를 한다고? 영건의 아이러니!

배우성

1865년 4월 10일 밤, 경모궁

민심은 어디에?

광화문, 건춘문, 영추문 밖의 민가들

돌 떠오기 또는 철거하기

철거의 광풍이 궁궐, 관청, 왕의 집터와 사당까지

대원군의 시선

1865년 4월 10일 밤, 경모궁

칠흑같은 밤, 사도세자의 사당인 경모궁이 갑자기 분주해지기 시작했다. 경복궁을 다시 세우는 공사를 앞두고 열린 제사 때문이었다. 이런 제사를 고유제告由祭라고 하는데, 정조는 나라에 큰 일이 있거나 궁궐을 수리할 경우 경모궁에서 고유제를 지내도록 했다. 이날 경모궁에서 고유제가 열린 것은 정조가 정해놓은 이 지침을 따른다는 의미가 있었다.

제사를 돕는 관리가 사당에 딸린 부속건물에서 제사에 필요한 물품을 준비했다. 제사를 진행하는 관리들도 복장을 갖추었다. "두 번 절하시오!" 진행자가 소리치자, 대기 중이던 관리들이 두 번 절하고 각자 미리 정해진 자기 자리로 나가 섰다. 이어 진행자의 안내에 따라 헌관도 자기 자리에 위치했다. 헌관은 제사를 주관하는 사람이다. 이날 헌관을 맡은 사람은 윤치희尹致羲로, 헌종의 후궁인 정빈 윤씨의 아버지이기도 했다.

진행자가 윤치희에게 고했다. "관원들이 모두 대기하였으니 제사를 시작하소서." 진행자가 거듭 외쳤다. "두 번 절 하시오!" 윤치희는 이어지는 진행자의 외침에 따라 사도세자의 신위를 향해 두 번 절하고는 잔을 올렸다. 이어서 고유문을 읽을 차례가 되었다. 경복궁 공사가 시작될 것임을 사도세자의 혼령에게 알리는 절차였다. 사도세자의 사당에 이런 내용의 글이 낭랑하게 울려 퍼졌다.

태조께서 용처럼 날아 나라를 세우신 일이 크고 넓었으므로, 기반이 갖추어지고 도읍이 정해져 태평성대가 대대로 이어오게 하셨습

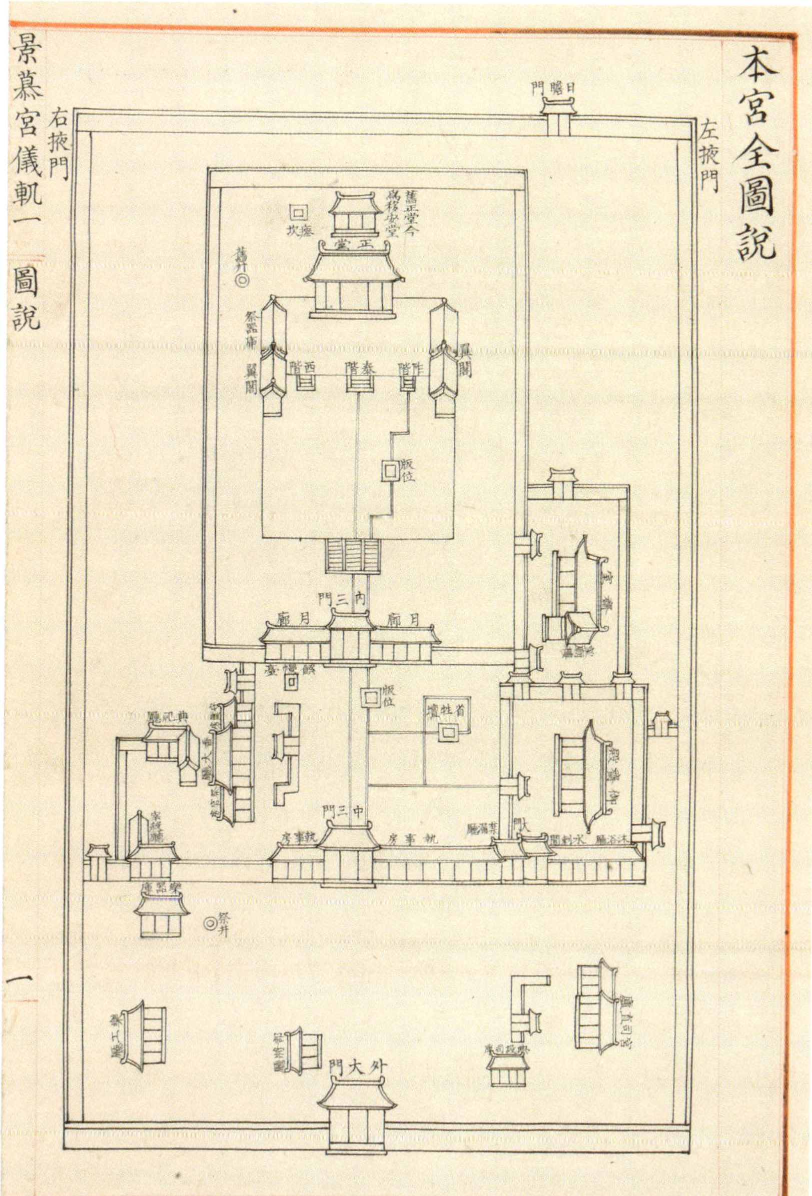

『경모궁의궤』「본궁전도설」

1920년대 경모궁

니다. 이에 경복궁을 새로 지으시니, 근엄하고 정돈되었으며 시원하고도 깊은 곳이 되었으니, 전각으로는 근정전이요 누각으로는 경회루였습니다. 임금께서 남쪽을 바라보고 정치를 펼치시고 나라를 지켰으나, 불에 타 잿더미가 되어버린 경복궁 옛터에는 아직 쑥도 자라지 못했습니다. 여러 임금의 남기신 뜻이 저를 바라보며 믿어주시며, 대왕대비께서 하교로 크게 선포하여 점을 쳐서 묻습니다. 이에 경복궁을 정 중앙에 다시 지으니, 바라건대 온 나라의 집이 되기를. 예관을 보내어 정성껏 고하노니 신령께서 감응하시기를….

이날, 경복궁 공사를 알리는 제사는 경모궁에서만 열린 것이 아니었다. 경복궁, 종묘, 사직, 창덕궁 효문전, 북악산, 목멱산, 한강 등 다른 여러 곳에서도 동시에 열렸다. 경복궁은 원래의 궁궐

터이고, 종묘와 사직은 나라의 두 기둥이다. 창덕궁 효문전은 철종의 신위를 모신 곳이다. 북악산과 목멱산, 그리고 한강은 서울을 둘러싼 산줄기와 물줄기이다. 바야흐로 경복궁 중건공사가 시작된다는 사실이 전국의 모든 사람들과 조상신에게 공표되는 순간이었다.

민심은 어디에?

공사가 한창이던 1866년(고종 3) 병인양요가 발생했다. 그해 10월, 사간원에서 5품 벼슬을 한 적이 있던 박주운朴周雲 이 상소를 올려 대규모 토목공사와 과도한 사치를 문제 삼았다. 경복궁 중건공사를 에둘러 비판한 것이다. 이에 대한 임금의 대답은 이랬다.

> 경복궁을 짓는 것은 곧 천명天命을 따르는 것이니 그대는 나의 뜻을 헤아리라.

경복궁 공사를 '천명', 즉 하늘의 명을 따르는 일로 정당화하는 논리는 충분히 곱씹어볼 만하다. 우선 이런 대형 토목공사를 천명이라고 주장하기 위해서는 양반과 백성들을 설득할만한 근거가 있지 않으면 안 된다. 유교문화권에서 천명은 민심과 짝하는 단어다. 누군가 천명을 받았다는 것은 곧 민심이 그와 함께하고 있음을 의미하는 것이었다. 그러니 경복궁 중건공사를 천명이라고 하기 위해서는 백성들의 자발적 참여와 지지가 있었음을 증명해야 한다. 『경복궁영건일기』 서문 두 번째 단락에 백성들의 자발성에 관한 내용이 등장하는 것은 결코 우연한 일이 아니었던 셈이다. 서문을 쓴 원세철은 이렇게 말했다.

> 대원위 합하가 먼저 3만 꿰미의 돈을 내어 창설하게 하였으니, 바로 4월 4일의 일이다. 이에 벼슬아치와 어린아이부터 하인과 천인에 이르기까지 기뻐하지 않는 사람이 없이 서로 알리고 마음을 다해 원납하였다. 5일 뒤에 대왕대비께서 특별히 10만 금을 내려 공사비용에 보태도록 하였다. 바야흐로 공사가 시작되자 멀고 가까이에 사는 백성들이 삼태기와 가래를 가지고 식량을 지참하여 서로 다투어 달려오는 것이 마치 아들이 아버지의 일에 오는 것과 같았는데, 하루에 1만을 헤아렸다.

서문뿐만 아니라 『경복궁영건일기』 본문 곳곳에서도 백성들의 자발적인 참여와 지지가 언급된다. 광화문 옛 문에 누군가 한글 가사를 내건 일도 있었다고 한다. 물론 경복궁 공사를 미화하는 노래다. 그중에 이런 내용이 있다. "조정에 가득 찬 충성스런 신하들이 힘을 합치고 온 나라의 백성들이 기꺼이 따르니 백성들이 온 마음으로 스스로 돕는 일이 거룩하다." 신료와 백성들이 '스스로' 참여하고 있음을 강조한 내용인데, 일반 백성들의 자발성을 강조하기 위함인지 한글로 작성했다.

민심의 실상은 정반대에 가까웠다. 양반들과 백성들은 자원이나 원납의 이름으로 행해지는 강압에 반발했다. 공사에 필요한 돈을 기부하는 '원납願納'은 '원해서 납부한다.'는 뜻을 가진 말이지만, 진정으로 마음에서 우러나와 돈을 낸 사람들은 거의 없었다. 이 노래 가사처럼 백성들이 자발적으로 공사에 참여했다고 말하기는 어려운 것이 실상이다. 이런 상황에서 대원군은 '민심이 경복궁 공사를 지지한다.'며 백성들을 동원했다. 양반들이나 백성들은 원납전이라는 이름으로 돈을 내야 했으며, 자원이라는 이름으로 공사에 기여해야 했다. 고통스러운 것으로 친다면 누구나 마찬가지였다. 그러나 사대문 안쪽 백성들, 특히 경복궁 주변 주민들의 체감도는 훨씬 높았다. 이곳에 예기치 못한 철거의 광풍이 가장 먼저 몰아쳤기 때문이다.

광화문, 건춘문, 영추문 밖의 민가들

경복궁을 새로 짓는다는 것은 경복궁 주변을 정비한다는 의미이기도 했다. 특히 경복궁 담장에 붙어있는 민가는 철거가 불가피했다. 다만 무상으로 몰수할 것인가, 보상금을 지급할 것인가가 문제였다. 고위 관료들 사이에서 토론이 이어졌고, 결국 보상금을 지급하는 쪽으로 방침이 정해졌다. 1865년(고종 2) 4월 12일의 일이었다. 그달 20일, 철거민들의 거처를 경희궁의 함춘원 안담장 밖으로 옮기라는 하교가 한성부에 내려졌다.

경복궁 동쪽의 성 밑 민가들이 우선 철거되었는데, 그래도 여전히 도로는 좁은 상태였다. 그해 4월 28일, 영건도감은 도로를 넓히기 위해 천변의 민가까지 철거할 것을 건의했다. 영건도감은 경복궁 공사를 주관하던 관청으로, 오로지 경복궁 영건만을 위해 설치된 임시기구였다. 이들의 건의는 받아들여졌고, 다시 하교가 한성부에 내려졌다. 기와집 85칸, 초가집 592칸, 임시가옥 10칸 반에 대해 칸당 각각 10냥, 5냥, 2냥씩의 보상금이 지급되었다. 이 집들을 철거하는 데 쓰인 돈은 모두 영건도감으로부터 나왔다. 자원과 원납의 이름으로 백성들이 낸 돈이 자기들의 집을 철거하는 비용으로 지급되는 아이러니한 상황이 벌어진 것이다.

문소전 터 뒤편 담장 밖에 있던 초가집들도 철거되었다. 경복궁 동편으로 삼청동천이라는 하천이 흘렀는데, 이 초가집들은 그 하천이 흐르기 시작하는 지점에 있어서 문제가 되었다. 큰비라도 내리게 되면 불어난 유량이 궁궐 담을 압박하며 흐르는 데다가 도로마저 좁아서 곧잘 역류하곤 했기 때문이다. 그해 윤5월, 영건도감은 하천변의 가옥 21채, 모두 합쳐 140칸에 달하는 초가집을 칸당 5냥씩의 보상금을 지급하고 철거했다.

1866년에 들어서서도 철거는 계속되었다. 그해 2월 종친부를 고쳐 짓는 공사가 시작되었는데, 2월 19일에 영건도감은 종친부 주변에 있던 민가 104채를 보상금 지급 방식으로 철거했다.

같은 해 4월에는 경복궁 주변 민간 가옥에 대한 최대 규모의 철거 작업이 시작되었다. 보상금 지급 방식으로 철거된 민가들은 경복궁의 남쪽, 동쪽, 서쪽에 폭넓게 분포했다. 경복궁을 둘러싼 삼면에서 기와집 1872칸, 초가집 2553칸, 임시가옥 77칸 등 총 4502칸의 민가가 철거되었다. 이런 수치는 경복궁 중건공사가 경복궁 내에 건물을 짓거나 광화문 앞길을 정비하는 수준을 훨씬 뛰어넘는 초대형 프로젝트가 될 것임을 예고하는 것이기도 했다.

돌 떠오기 또는 철거하기

영건도감이 경복궁 주변의 민가들을 철거한 것은 궁궐 주변을 정비하기 위해서였다. 그런데 철거는 경복궁 주변만이 아니라 도성 안팎의 다른 곳에서도 행해졌다. 주로 공사에 필요한 석재를 얻기 위해서였다. 석재를 마련하기 위해서라면 물론 돌을 '떠오는' 것이 기본이다. 지금은 '돌을 캔다.'고 말한다. 채석장은 돌을 '캐는' 곳이다. 그런데 지금처럼 발파하여 돌을 얻는 시대가 아니라면 이야기가 다르다. 바위에 정 같은 것으로 구멍을 내고 그곳에 나무를 넣은 뒤 물을 부어 그 물이 얼어붙어 팽창하는 힘을 이용하면 돌을 떼어낼 수 있다. 이를 '부석浮石'이라 하고, 부석을 하던 곳을 부석소浮石所라 부른다.

대원군과 영건도감은 경복궁 중건 과정에서 '채석'이 아니라 '부석'의 방식으로 공사에 필요한 석재를 마련했다. 삼청동, 옥천암(지금의 홍은동), 영풍정(지금의 창신동), 해창위계(지금의 종암동), 노원, 납대울 상계·중계, 손가정(지금의 삼선동), 동소문 밖, 안남동, 사월리, 불암, 조계 등 여러 곳이 부석소로 활용되었다.

대원군은 좀 더 손쉽게 석재를 확보하는 방법도 궁리했다. 석재를 마련하기 위해 할 수 있는 모든 방법을 다 써볼 요량이었다. 마침내 석재로 된 도시기반시설 가운데 일부를 철거하는 조치가 내려졌다. 1865년 윤5월 9일에 철거된 송계교松溪橋라는 다리는 가장 대표적인 사례다.

『대동여지도』의 「경조오부도」를 보면, 지도 정중앙이 한양 도성이다. 지도에서 직선으로 표시된 것은 길이고, 구불구불하게 표시된 것들은 개천이다. 동대문을 빠져나와 동묘東廟를 지나면 물길을 하나 만나게 된다. 지금의 성북천이다. 이 하천을 지나 얼마 안 가서 길이 두 갈래로 나뉜다. 위쪽 길을 따라 제기현祭基峴을 넘으면 고암鼓岩이라는 곳에 이른다. 오거리다. 이곳에서 1시 방향으로 길을 잡으면 다시 두 개의 하천(지금의 월곡천과 정릉천)을 건너야 한다. 이곳을 지나면 삼거리를 만난다. 다시 3시 방향으로 길을 잡고 우장현雨裝峴을 넘어 직진하면 마침내 청계천으로 합류하는 큰 하천과 만난다. 지금의 중랑천이다. 중랑천과 만나는 바로 그 자리에 석교石橋라는 표시가 선명하다. 경복궁 중건과정에서 철거되는 돌다리, 즉 송계교이다.

중랑천 위에 놓인 이 돌다리는 임금이 선왕의 왕릉에 행차할 때 반드시 거치는 길목이었다. 다리를 건너면 곧 태릉에 이르고, 그곳에서 다시 지금의 동구릉에 닿기 때문이다. 이 돌다리가 대대적으로 정비된 것은 정조 때였다. 1783년(정조 7) 7월 27일, 병조의 관원이던 정존중이 상소를 올렸다. "지금 임금님의 왕릉 행차가 멀지 않았으니 도로를 수리해야 합니다. 송계교 돌다리가 상태가 좋지 못하니 경기감영에 분부하여 고치게 해야 하겠습니다." 다음 달 공사가 시작되었다. 그해 8월 12일, 정조가 경기도를 책임지고 있던 심이지에게 물었다. "송계교를 고치는데, 부석浮石을 해야 하겠는가?" 심이지가 대답했다. "전에 다리에 있던 석재를 그대로 써도 좋겠습니다만, 부족한 석재는 새로 떠내야 하겠습니다." 임금의 행차 일정이 정해져 있었으므로 공사는 신속하게 진행되었다. 그해 8월 25일, 정조는 창덕궁 돈화문을 나선 뒤, 수리된 송계교를 거쳐서 원릉元陵을 방문했다. 원릉은 영조와 계비

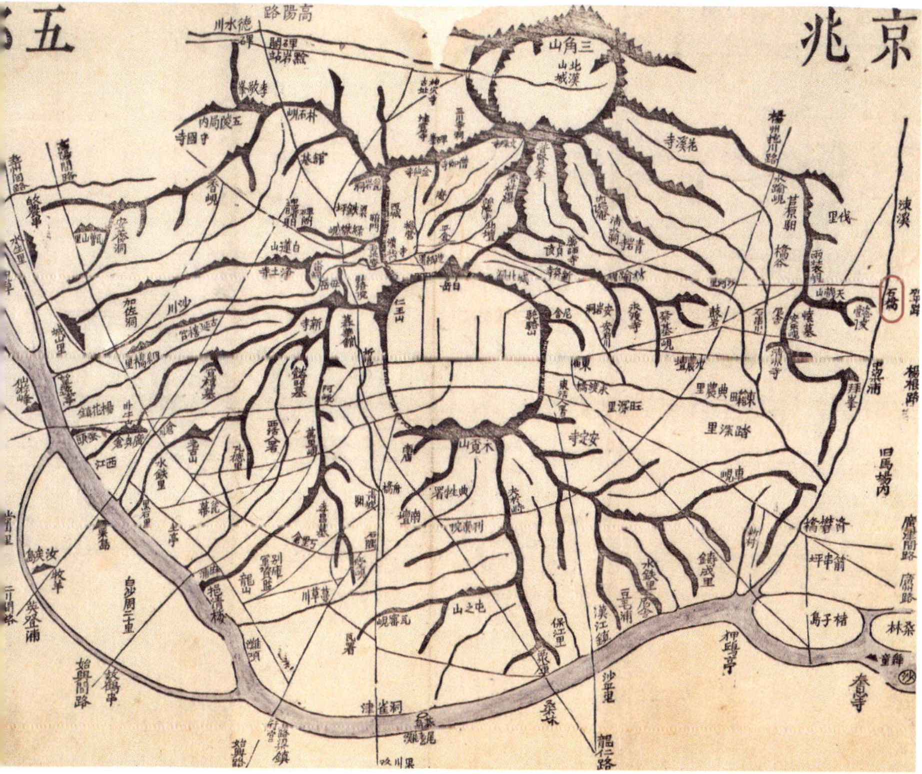

『대동여지도』「경조오부도」 지도 우측 가장자리에 석교(붉은색 원 표시)가 써있다.

정순왕후 김씨의 부덤이다. 훗날 대원군이 석재를 확보하기 위해 철기한 다리가 바로 이것이었다.

다리의 규모는 어느 정도였을까? 지금 이 다리가 남아있지 않으니 정확하게 말하기는 어렵다. 그러나 추정할 수 있는 실마리가 전혀 없는 것은 아니다. 1795년(정조 19) 만안교라는 다리가 완성되자, 정조가 이렇게 말했다. "만안교 공사가 완료되었는데, 길이가 길고 넓어서 송계교, 만세교와 나란히 일컬을 만하다고

만안교

한다." 다행스럽게도 지금 만안교가 남아 있어서 송계교의 규모를 미루어 짐작해볼 수 있다.

만안교는 원래 안양천 위에 놓인 다리였다. 정조는 이 다리 위를 지나 수원으로 행차했다. 길이 32m, 너비 폭 7m, 높이 3m이며, 7개의 수문을 가지고 있다. 사진에서 보이는 것처럼, 무지개 모양으로 휘어 반원형의 꼴로 쌓은 구조물을 홍예虹蜺라 하고, 그렇게 만들어진 수문을 홍예 수문이라 한다. 다리 전체를 말할 때는 홍예교라 한다. 지금의 만안교는 1980년에 국도를 확장하면서 원래 위치에서 약간 옮겨진 상태이다. 1795년 10월 4일, 서유방이 공사를 마무리 짓고 정조에게 보고서를 올렸다. "이 돌다리는 홍예 수문이 5칸, 길이가 100자, 너비가 22자, 높이가 15자이며, 좌우 선창船艙의 석축石築은 총 160자입니다." 홍예 수문의 숫자를 빼고는 현재 전하는 만안교의 규모와 일치한다. 1795년 이후 어느 시점에서 홍예 수문이 5개에서 7개로 늘어난 것 같다. 대원군은 이 만안교와 비슷한 규모였을 송계교를 철거하고, 거기에서 얻은 석재를 경복궁 공사에 재활용했던 것이다.

1865년 윤5월 26일, 광화문 서쪽 부어교(붕어다리) 주변 민가를 철거하는 과정에서 옛 종각의 주춧돌 여섯 덩어리가 드러났다. 영선도감은 이 돌의 표면을 다듬어 공사에 활용했다. 1866년 4월, 동대문 밖에 있던 살곶이 다리 주변에 돌로 쌓은 축대도 마찬가지의 운명을 맞았다. 교통의 요지에 있는 이 돌다리 자체를 철거할 수는 없었으므로 그 주변에 쌓은 돌 축대라도 뜯어낸 것이다. 1868년 3월에는 영미정 앞 돌다리가 철거되었다. 여기에서 나온 석재는 경복궁 서금천교, 남금천교 및 경회루 돌다리를 만드는 데 쓰였다.

석재에 관한 한 도성 안팎 시설물 가운데 활용도가 높지 않은 것들이 우선 철거 대상이 되었음을 알 수 있다. 홍제교는 홍제원 북쪽에 있던 돌다리였다. 16세기에 편찬된 『신증동국여지승람』에도 등장할 정도로 오랜 역사를 지니고 있었지만, 언제부터인가 다리로서의 기능을 상실했다. 1783년(정조 7) 송계교를 정비하자고 주장했던 정존중의 눈에 홍제교는 관리가 안 되어 버려진 다리로 비쳤다. 19세기에 편찬된 『동국여지비고』에 홍제교는 "지금은 폐지되었다."고 적혀 있다.

석재 확보에 열을 올리던 대원군으로서는 이 다리의 철거를 망설일 이유가 없었다. 1865년 12월, 영건도감은 실제로 철거하기 시작했다. 여기에서 얻은 석재는 경복궁 담장의 받침돌이나 궐내에 지어질 건물의 디딤돌로 사용하고, 일부는 남겨서 종친부 앞

돌다리를 만들 생각이었다. 그러나 철거가 마냥 순조롭지만은 않았다. 흙과 모래에 묻혀 있는 돌다리 아래쪽이 문제였다. 마치 이전하기 전 반쯤 묻혀 있던 만안교 하부의 모습이 연상된다. 영건도감은 이 흙과 모래를 모두 걷어내는 비용이 새로 돌을 떠오는 비용보다 더 클 수도 있다고 판단하고 철거를 중지했다. 쓰임새가 적은 돌다리 하나를 철거하면서도 철저하게 손익을 계산했던 것이다.

철거의 광풍이 궁궐, 관청, 왕의 집터와 사당까지

궁궐이나 관청 건물 중에서도 철거의 바람을 피하지 못한 경우가 있었다. 우선 경복궁에 새로 들어선 자미당은 창덕궁의 자경당, 즉 자경전을 옮겨온 것이다. 궁궐 중에 훼손 정도가 가장 심한 곳은 경희궁이었다. 1865년 8월 22일, 영건도감은 경희궁의 건물들 가운데 숭정전, 회상전, 정심합, 사현합, 흥정당을 제외하고 나머지는 모두 철거하고 목재는 상태가 좋은 것들을 나인칸이나 궐내각사를 만드는 데 사용하게 했다. 나인칸은 궁궐 나인들의 생활공간이며, 궐내각사는 궁궐 안에 있던 관청 건물들을 말한다. 바로 이날부터 경희궁 마당에 깔려 있던 얇고 넓적한 돌이나 각종 디딤돌들이 철거되어 광화문 공사에 쓰였다. 경희궁 어조당과 융복전의 목재는 경복궁에 흠경각과 자선당을 짓는 데 활용되었다. 그밖에 경희궁을 철거하고 얻은 자재들은 내각, 승정원, 홍문관, 사옹원 등 경복궁의 궐내각사 건물들을 만드는 데 사용되었다.

1867년(고종 4) 7월, 영건소는 여전히 잡석, 토석, 초석 등 자재 부족에 시달리고 있었다. 건물의 터를 잡으려면 우선 땅을 파서 돌로 메우고 공이로 다져야 한다. 그런 연후에야 초석을 놓을 수 있다. 이 공정에 필요한 것이 잡석, 토석, 초석이다. 잡석은 잘게 부순 돌, 토석은 흙이나 모래 자갈, 초석은 건물의 받침돌이다. 영건도감은 경희궁의 전각을 철거한 자리에서 나온 잡석들을 서북시의 말과 군마를 동원하여 실어 날랐다. 며칠 뒤 대원군이 개인적으로 자원군 100명을 내었다. 경복궁 중건을 시작할 때 동원된 자원군이 다시 등장한 것이다. 그들은 3일간에 걸쳐 경희궁 안 담장을 철거한 곳에서 확보한 잡석을 실어 날랐다.

관청 건물 중에서는 유일하게 선혜청에서 관할하던 균역청 건물이 철거되었다. 1867년 6월, 영건도감은 대원군의 분부를 담은 문서를 선혜청에 내려보냈다. 거기에는 이런 요지가 담겨 있었다. "사실상 쓸모없이 방치되어 있는 균역청 건물을 철거하고 거기에서 나오는 목재·석재·기와·돌 등 일체의 자재를 영건소에 보내 활용하게 할 것이니, 영건도감에서 파견될 패장이 도착하거든 곧 철거하라." 다음날, 곧바로 필동에 있던 균역청의 청사와 창고가 모두 철거되었다. 청사 25칸, 동쪽 문 3칸, 서쪽 문 2칸, 창고 114칸, 측간 2칸 등이었다. 2칸에 불과한 측간, 즉 화장실까지 모두 철거했다는 사실이 흥미롭다. 그밖에 영추문 밖에 있던 월궁月宮의 중심건물 22칸도 철거되었다. 거기서 나온 자재는 수라간을 만드는 데 사용되었다.

왕이나 왕실의 사적인 공간들조차 철거로부터 안전하지는 못했다. 역대 임금의 잠저나 사묘 중에서는 영조의 잠저인 창의궁

「서궐도안」 숭정전 일대 조선 후기 경희궁의 모습을 보여준다.

의 변화가 눈에 띈다. 잠저는 임금으로 추대된 사람이 왕위에 오르기 전에 살던 집을, 사묘는 조상의 신위를 모신 사당을 가리킨다. 창의궁은 현재의 통의동 35~69번지에 이르는 넓은 지역에 있었던 것으로 추정되고 있다. 한때 이곳에는 효장세자의 사당인 효장묘와 의소세손의 사당인 의소묘가 설치되기도 했다. 무엇보다 영

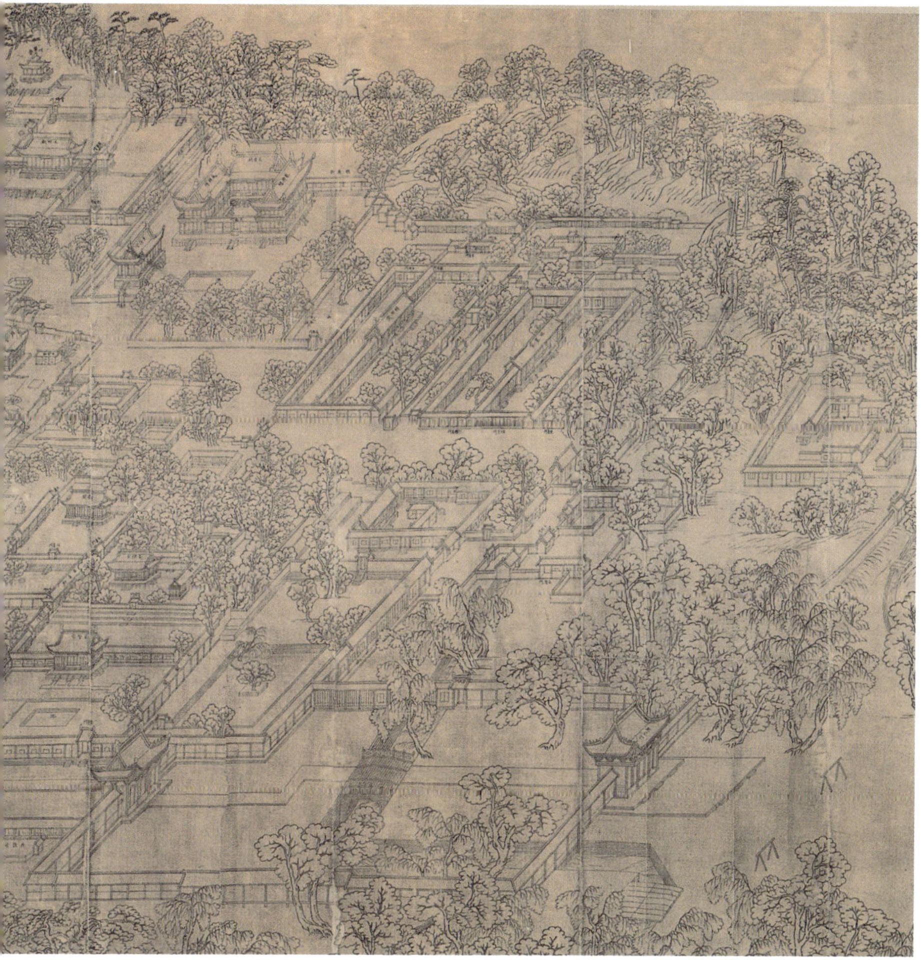

조의 잠저라는 상징성이 있는 공간이었다. 그러나 이 규모 있던 궁집은 경복궁 공사 과정에서 심한 몸살을 앓았다. 1866년(고종 3) 3월, 영건도감은 창의궁 함일재의 재목을 가져다 경복궁 흥복전의 터를 쌓았다. 창의궁의 월대와 석재도 모두 철거하여 경복궁 공사에 재활용했다.

20세기 초
경희궁 숭정전

창의궁에 생긴 빈 공간에는 창호소가 들어섰다. 창문을 만드는 작업공간이다. 의소세손의 사당, 어진을 보관하던 장보각, 그리고 부속 건물들이 아직 남아있어 신성하다고 할 수 있는 그 영역 안에 토목공사를 위한 임시 가건물이 설치되었던 것이다. 문제는 여기서 그치지 않았다. 그해 12월, 창의궁 내 창호소에서 불이 났다. 불길은 창문짝을 태우고 장보각과 그 주변으로 옮겨붙었다. 공사를 위해 설치된 가건물 50칸도 소실되었다. 장보각에 보관되어 오던 임금의 초상은 육상궁 안에 있던 냉천정으로, 의소세손의 신위는 영빈이씨(사도세자의 생모)의 사당인 선희궁으로 옮긴 뒤라 다행히 화를 면했다. 그러나 창의궁은 이 화재로 다시 한번 큰 타격을 입었다. 이듬해인 1867년 11월, 창의궁 안쪽으로 또 다른 가건물이 들어섰다. 삼군부를 다시 설립하는 데 필요한 석재를 가공하는 공간이었다.

창의궁은 1868년 연호궁의 사당이 이곳으로 옮겨 오게 되면서 그나마 사당의 기능을 회복했다. 연호궁은 정빈이씨(효장세자의 생모)의 사당인데, 원래 경복궁 서북쪽, 육상궁의 동쪽에 있었던 것으로 추정된다. 1868년 4월 1일, "연호궁 사우를 창의궁으로 옮겨 안치하는 일자를 가려 올리라."는 전교가 내렸다. 다음 달인 윤4월, 연호궁에 있던 정빈이씨의 신위가 창의궁으로 옮겨갔다. 연호궁이 있던 건물에는 경복궁을 경비하는 군사들의 숙직 공간이 마련되었으며, 그 주변 공간은 경복궁의 후원으로 조성되었다.

대원군의 시선

영건도감이 철거되는 민가들에 대해 기와집 한 칸당 겨우 10냥 등의 보상금 지급 기준을 세웠던 것은 이들 가옥에서 나오는 자재들의 가치가 그다지 높지 않았기 때문일 것이다. 그렇다면 재활용 가치가 높은 자재들이 나올 수 있는 가옥의 경우에는 어땠을까? 칸당 10냥이라는 기준을 넘겨 비싸게 사기도 했다. 예컨대 영건도감은 90칸 규모인 장동 박진사의 집을 사들이는 데 무려 2600냥을 지불했다. 기준 가격의 무려 3배에 가까운 고가로 사들인 것이다. 『경복궁영건일기』에는 이런 방식으로 사들이거나 또는 원납받은 가옥들의 칸수와 가격, 소유사 등에 관한 정보가 자세하다. 1866년 12월 6일자의 기록이 그중에서도 가장 상세하다.

가장 비싼 값으로 사들인 것은 매동이라는 곳에 있던 홍난섭洪蘭燮의 집이었다. 영건도감은 160칸에 달하는 이 집을 4500냥에 사들였다. 매동은 지금 우리가 서촌이라 부르는 경복궁 서쪽 편 마을이다. 홍난섭은 남양홍씨(당홍계)로, 그의 아버지, 할아버지, 증조할아버지가 모두 높은 벼슬을 하지는 못했다. 홍난섭 자신도 마찬가지였다. 그런 홍난섭이 경복궁의 서쪽 편에 160칸에 달하는 대저택을 소유하게 된 데에는 사정이 있었다. 1771년(영조 47) 홍익돈洪益惇이라는 인물이 청근현주淸瑾縣主의 남편감으로 정해졌다. 청근현주는 사도세자와 수빈박씨 사이에서 태어난 딸이었다. 영조의 손녀였던 것이다. 영조는 지나치게 사치하지 않는 선에서 이 손녀가 살아갈 집을 먼저 수리하게 했다. 이듬해인 1772년(영조 48) 3월, 청근현주가 홍익돈과 혼례를 치렀다. 홍난섭은 홍익돈의 손자였다. 홍난섭은 할아버지인 홍익돈의 집을 이어받았으며, 대원군은 그 홍난섭의 집을 비싼 값에 사들였던 것이다. 홍난섭만은 아니었다. 집을 스스로 바친 사람들 중에는 조기진趙基晋, 그리고 홍재룡洪在龍의 후손도 있었다. 조기진은 대원군의 사위인 조경호趙慶鎬의 아버지이고, 홍재룡은 헌종의 장인이다. 모두 사도세자로 이어지는 왕실의 일가였던 것이다.

대원군이 고가를 주고 사들인 저택들 중 상당수는 경복궁 주변에 밀집되어 있었다. 대원군이 민가를 대대적으로 정비한 곳들도 광화문, 건춘문, 영추문 밖이었다. 경복궁을 다시 짓기 위해 철거와 매입, 원납을 고집했던 대원군의 정치적 의도는 바로 그 경복궁 주변 공간 속에도 투영되어 있었다. 영건도감은 경복궁 주변으로 내각과 옥당 같은 궐내각사의 연락기구를 두었는가 하면, 관상감이나 통례원처럼 궁궐이나 육조거리와 떨어져 있는 관청을 위한 건물도 세웠다.

특히 훈련도감, 금위영, 어영청을 위한 공간을 경복궁 주변에 배치한 점이 눈에 띈다. 새로운 궁궐과 세 군사기구를 연결하는 매개체를 궁궐 가까이에 둔 것이다. 삼군부를 다시 세웠던 것과 아

「도성대지도」 속의 경복궁 일대

울러, 물리적인 문제 때문에 경복궁 주변으로 이전해올 수 없었던 이 세 군사기구의 부속 시설을 경복궁 주변에 배치하려 했던 것이야말로 대원군의 경복궁 프로젝트가 무엇을 의도하고 있었는지 잘 보여준다. 경복궁은 물론 다시 지은 궁궐이다. 그러나 경복궁은 궁궐 안팎, 나아가 도성 안에 퍼져있던 주요 기구와 각 관청, 군사기구를 연결하는 공간적 중심으로 기획되었다는 점에서 완전히 새로운 궁궐이기도 했다. 대원군은 다시 지은 경복궁을 새로운 정치운영의 중심, 새로운 행정 및 군사 시스템의 중심, 더 나아가 새로운 정치사회질서의 중심으로 만들어가고 싶었던 것이다.

과연 서민들이 자식처럼 달려와 궁궐을 지었을까?

유승희

경복궁 공사의 고민거리, 노동력의 동원
구름처럼 몰려 든 자원군
자원인가, 징발인가
단순 작업에 투입된 자원군
자원군의 모습은 각양각색
자원군을 지원하는 사람들

경복궁 공사의 고민거리, 노동력의 동원

경복궁은 1394년(태조 3) 조선왕조의 법궁으로 건설되었다가 임진왜란 때 소실된 이후 고종 초까지 폐허로 남아 있었다. 임진왜란 직후 선조가 경복궁 건설 관련 자료를 모아 궁을 재건하려고 했지만 경복궁의 중건은 약 300년의 시간이 더 흐른 뒤에야 이루어질 수 있었다.

1865년(고종 2) 4월 2일, 대왕대비 신정왕후는 경복궁이 조선 건국 시의 정궁일 뿐만 아니라 백성들의 복과 국운의 터전이라는 점을 강조하며 경복궁 중건의 당위성을 여러 대신들 앞에서 개진하였다. 그러나 경복궁의 건설에는 대규모의 물자, 재원, 노동력이 필요했다. 그 가운데에서도 공사에 투입될 노동력은 경복궁 중건에서 가장 큰 고민거리였다. 대신들은 경복궁 공사에 백성들이 자발적으로 참여할 것이라고 기대했다. 그러면서도 한편으로는 부역 징발의 필요성을 주장하였다. 영의정 조두순趙斗淳 또한 공경재상에서 서민에 이르기까지 모든 계층의 노동력을 동원해야 한다고 주장했다. 하지만 신정왕후의 생각은 달랐다. 그는 경복궁을 중건하는 궁극적 목적이 백성에게 있음을 강조하며, 국가가 강제적으로 민정을 징발하는 문제에 대해 회의적이었다.

결과적으로 경복궁 중건이 확정되었지만 공사에 투입될 노동력의 조달 방식에 대해서는 어떠한 결론도 나지 않았다. 경복궁 공사가 공식적으로 시작된 4월 13일, 일을 하려고 궁궐 밖에서 대기한 사람은 190명의 한성부 방민이었다. 영건도감은 이들을 자원군自願軍으로 기록하였다. 자원군으로 경복궁 공사의 노동력을 조달하는 것은 재정 지출에 대한 국가의 부담을 줄일 수 있는 방식이었다. 더구나 많은 사람이 자원한다면 국가의 경복궁 중건 계획에 백성이 자발적으로 동참한다는 정치적 의미를 부여할 수도 있었다. 하지만 자원군만으로는 궁궐 중건과 같은 대규모 공사에 쓸 노동력의 지속성을 보장할 수 없었다. 그럼에도 국가는 공사 초기 석 달의 노동력을 자원군으로만 충당하고 있었다.

구름처럼 몰려 든 자원군

자원군은 '스스로 원하여 공사에 참여한 사람'을 의미하며, 원부군願赴軍으로도 불렸다. 모두 자발성을 내포하고 있다. 약 4년에 달했던 경복궁 공사에서 총 61만 6114명이 자원군으로 활동하였다. 경복궁 공사가 시작된 초기 3개월 동안 가장 많은 수의 자원군이 몰려들었다. 공사 시작 일주일 만에 첫날 190명에서 5544명으로 증가하였고, 열흘 만에 1만 7000명이 넘을 정도로 한성부 방민과 근교지역 백성의 경복궁 중건에 대한 관심은 높았다. 이에 고종은 경복궁 중건에 애쓰는 자원군을 보기 위해 4월 25일 경복궁 공사 현장을 방문했는데, 이날 자원군의 수는 3만 명이 훌쩍 넘는 3만 6479명에 달했다. 고종이 "전국의 백성이 자원하려고 구름같이 모여들었다."고 표현할 정도로 경복궁 공사장은 자원군으로 북적거렸다. 이들 가운데에는 한성부 방민이 3만 5881명으로 가장 많았으며, 나머지는 모두 지방 사람들이었다.

한성부 방민의 경우 동대문 밖과 이현梨峴의 자원군들은 경회루 연못에서 나온 진흙을 운반하는 일에 참여했다. 반촌민 500명도 자원하여 3일 동안 일을 하였다. 서부의 경우 마포, 공덕동, 서강, 용산강, 남문 안, 태평동 등 주로 경강 주변과 남대문 일대의 방민이 공사에 자원하였다. 이들은 대부분 공사에 쓸 목재와 석재를 운반하는 데 동원되었다. 남부의 경우 둔지리屯芝里의 방민이 참여했으며, 북부는 삼청동, 장동, 재동, 안동, 자하골, 모화관, 아현 등지의 방민이 참여했다. 장동지역은 300명이 자원했으며, 재동은 80명이 참여하여 궁궐 내 우물을 준설하였다. 아현의 자원군 40명은 땅을 일구는 일에 능숙하여 땅속에 묻은 수채[隱溝]를 뚫는 일에 동원되었다.

지방의 백성들도 식량과 가래[鍤]를 가지고 먼길을 마다하지 않고 자원하여 일을 하였다. 파주의 백성들이 농사철에도 불구하고 자원하였으며, 더욱이 이들은 돌아갈 때 가지고 갈 식량 중 남는 것과 돈 60여 냥을 공사에 보태도록 바치기도 했다. 안산 마유면 월곶리 백성 60명도 자원하여 일을 했으며, 부평에 사는 양반 김진현의 문중에서는 8명이 자원하여 5일 동안 일을 했다. 심지어 한 달 동안 자원하여 일한 사람도 있었다. 수원의 문봉규와 북청의 조종석은 혼자서 한 달간 일했으며, 함흥의 석수石手 8명도 자원하여 한 달간 일하고자 하였다. 하지만 석수들의 경우 한성부에서 식비와 주거지를 마련하는 데 경제적으로 어려웠고, 공사가 한두 달에 그칠 것이 아니었기 때문에 영건도감에서 이들을 고용하여 광화문 공사장에서 일하도록 하였다.

정부는 이러한 지방의 자원군 동원을 공사 초기부터 반대하였다. 그 이유는 지방 자원군이 식량과 가래 등 공사 도구를 지니

『동국여도』「도성도」

고 먼 곳에서 와야 했기 때문이다. 더욱이 농번기에 농사 시기를 잃게 되면 큰일이기에 정부는 전 지역에 공문을 여러 차례 보내 모내기 철과 추수기의 자원군 동원을 금지하였다.

자원군의 신분도 다양했다. 양반을 비롯하여 군졸, 시전상인, 마부馬夫, 노비, 기생, 승려, 의녀, 가마꾼, 조졸漕卒(조운선의 인부), 뱃사람에 이르기까지 전 계층의 사람들이 경복궁 공사에 자원하였다. 입전 상인들은 삼청동에서 건춘문에 쓸 석재를 운반하였으며, 백목전 상인은 600명을 동원해 동대문 안에 방치되어 있던 옛 흥천사의 대종을 광화문 앞으로 옮기는 데 앞장섰다. 조졸의 경우 호남 법성창法聖倉의 조졸 320명이 궁궐 안에서 베어낸 나무를 근정전 앞뜰로 옮겨 쌓는 것을 시작으로, 창원의 조졸 154명,

여지도 「도성도」의 동대문 일대

덕수궁에 있는 흥천사 동종

영남 우조창右漕倉의 조졸 119명, 밀양의 조졸 150명이 3일 동안 일을 하였다. 흥선대원군은 법성창의 조졸들이 가지고 온 주기舟旗 18개가 물과 관련되는 물건으로 관악산의 화기를 제어할 수 있다고 하여 근정전 월대月臺 위 4면에 꽂아 두도록 하였다. 그리고 이들에게 무명 18필과 돈 20냥을 상으로 주었다.

이들 자원군은 한 차례 참여하는 것에 그치지 않고 2~4차 심지어 5~6차에 이르기도 하였다. 훈련도감, 어영청, 총융청의 군졸이 두 차례에 걸쳐 일을 했으며, 종친부의 사령 8명은 세 차례에 걸쳐 10일씩 일을 했다. 압구정에 사는 노인기는 여섯 차례에 걸쳐 5일씩 일을 하였다. 특히 경기도 고양 용두리 지역민들은 총 다섯 차례에 걸쳐 공사에 참여하였다. 이들은 경복궁 후원 연못의 준천 작업에 참여하였으며, 후원 전답에 씨를 뿌려 추수를 하는 등 경복궁 중건 기간 내내 자원하여 후원의 관리를 전담하였다.

이처럼 자원군은 특정 지역이 아닌 한성부 및 전국에서 참여하고 있었다. 하지만 자원군 외에 역사를 방해하는 자도 있어 정부에서는 이들에게 북을 지워 조리돌리기를 시행하기도 하였다. 시전상인인 방효함方孝涵과 이도흥李道興이 마을 사람들이 일을 하는 동안 사사건건 방해를 하자, 정부에서는 이들에게 북을 지워 조리돌리는 회시回示의 벌을 내렸다.

『기산풍속도』

❶ 모군 ❷ 북을 지워 회시의 벌을 받는 모습 ❸ 무동이 춤을 추는 장면 ❹ 탈춤 추는 장면

자원인가, 징발인가

그렇다면 이러한 자원군을 모두 정말 자발적으로 참여한 사람들로 볼 수 있을까? 자원군으로 처음 등장한 190명의 한성부 방민은 '3일 부역'이라는 종이 깃발을 내걸고 경복궁 공사장 밖에서 대기하였다. 근교에서 오는 자원군들은 자신들이 먹을 식량과 공사 도구인 가래를 지참하고 경복궁 건설에 참여했다. 이들의 형상은 전형적인 민정 징발을 통한 부역군의 모습이었다.

정부가 경복궁 중건에 민정을 징발하지 않을 생각이었다면 공사 초기부터 고용 노동에 의한 모군募軍을 노동력으로 조달했어야 한다. 그런데 모군은 공사가 시작된 지 석 달 뒤인 6월 2일에야 고용되기 시작하였다. 그것도 자원군의 수보다 훨씬 적은 52명이었다. 이러한 점은 적어도 국가의 노동력 동원 구상 이면에 3일 부역에 따른 민정 징발이 자리 잡고 있었음을 말해준다. 그럼에도 정부는 이것을 징발이 아닌 자원으로 표방하고 있었던 것이다.

병인양요가 발발했던 1866년(고종 3) 9월과 10월에 자원군의 수가 101명으로 고정된 것도 영건도감에 의해 자원군이 징발되고 있었다는 증거이다. 1866년 8월 프랑스 함대가 양화진에 이르러 경강 주변의 수심을 측량하고, 이후 9월 8일에 강화도 북동쪽에 있는 갑곶에 상륙하여 강화부를 점령하자, 한성부 방민은 크게 동요하였다. 도성 안 창고는 비어 곡물 가격이 크게 올랐으며, 피난민이 줄을 이어 한성부 내의 많은 집이 비게 되었다. 신분을 막론하고 피난을 가느라 가마와 물건들이 도로에 줄을 이었고, 부인들은 산속으로 도피하기도 하였다. 이러한 상황에서 한성부 방민이 경복궁 중건 공사에 자발적으로 나가기에는 한계가 있었다. 따라서 영건도감은 경복궁 공사에 필요한 일정 수의 자원군만을 받을 수밖에 없었다.

이처럼 자원군에는 자발적으로 참여한 사람과 강제적으로 동원된 사람들이 혼재되어 있었다. 특히 각 동洞의 임장任掌에 의해서 자원이 강요되기도 하였다. 자원군들을 경복궁 공사장으로 인솔하고 관리하는 사람은 해당 동의 임장이었다. 이 임장들이 영건도감에 단자를 올려 자원군을 데리고 오면 영건도감에서 각 공사장으로 분배하였다. 더욱이 자원군의 수가 날로 증가하자 국가에서는 이들을 동원·관리한 임장들에게 그 공로를 포상하였다. 그러자 임장들이 포상을 받을 생각으로 너나없이 자원군을 강제적으로 모집하거나 힘으로 위협하는 경우가 발생했다. 이에 국가에서는 이 같은 상황이 반복되지 않도록 한성부에 임장들을 규제하도록 하는 한편, 폐단의 원인이 된 임장의 포상도 금지하였다.

임장뿐 아니라 개인이 자원군을 동원하기도 하였다. 개인에 의해 모집·동원되어 자원군이 된 사람의 경우 돈을 받고 일하는 모군의 형태였다. 어영대장 이현직李顯稷은 총 2400명의 자원군을 모집하였다. 그는 어영청 군졸 가운데 허위로 이름을 기록하고 급료를 받은 80명을 처벌하는 대신, 이들에게 한 명당 부역군 30명을 데려오도록 하였다. 그리하여 이현직은 총 2400명의 자원군을 모집하였고, 매일 200명씩 영추문, 신무문의 축성소築城所에 이들을 배치하여 일을 시켰다.

서흥에 사는 과부 홍씨는 모군 22명을 동원하여 3일간 일을 하게 했으며, 한 달 뒤에는 2차로 30명을 더 동원하여 3일간 일을 시켰다. 내의녀 30명은 모군 각 1명씩을 고용하여 3일간 공사장에서 일을 하도록 하였고, 영천에 사는 윤태영의 아홉 형제는 두 차례 30명을 동원하여 3일간 일을 하도록 하였다. 운현궁 또한 자원군 100명을 동원해 서궐 안 담장을 허물고 거기서 나온 잡석을 3일 동안 운반해 왔다. 양반들은 집에서 부리는 가정家丁을 동원하기도 했다. 덕산에 거주하는 유학 맹흠누는 가정 10명을 데리고 10일간 일을 했으며, 안산의 김귀현도 가정 10명을 데리고 와서 경회루 연못을 준설하였다.

자원군 가운데에는 정부의 포상에 감사하는 의미로 다시 노동력을 내어 자원 부역한 사람도 있었다. 일종의 사은부역謝恩赴役이다. 포도청 동한童漢 3명은 가자加資되는 포상을 받아 2차로 70명을 데리고 와서 일을 하였다. 이들은 부역군의 흥을 돋우기 위해 무동舞童과 창우倡優를 동반하기도 하였다. 내의녀 경옥 또한 포상에 대한 감사의 뜻으로 2차로 50명이 3일간 일을 할 수 있는 지원금을 냈다.

이처럼 경복궁의 중건은 많은 수의 노동력이 투입되어야 하는 대공사였다. 축성이나 토목공사의 경우 그 규모에 따라 필요한 노동력이 결정되었는데, 경복궁 중건에서는 이에 대한 구체적인 논의가 나오지 않았다. 더욱이 공사 시작부터 남모군을 고용하지 않고 자원군만으로 3개월을 버틸 정도로 자원군은 경복궁 중건의 주요 노동력이었다. 자원군에는 말 그대로 자발적으로 참여한 사람도 있지만, 임장 등 동의 차원에서 이루어진 자원군의 모집은 징발의 성격을 띠었다. 더욱이 임장에 의한 자원군의 동원은 강제성을 동반하기도 하였다. 영건도감은 이러한 형태의 사람들을 모두 자원군으로 기록했다.

경복궁 공사 기간 중 자원군이 왕성하게 활동한 시기는 공사 시작 후 1년 반 정도이다. 시기로는 1865년 4월부터 1866년 11월까지다. 공사 3년째인 1867년부터 이듬해 4월까지 자원군의 활동은 중지되었으나 공사가 마무리되는 시점인 1868년 윤4월에 다시 등장하여 자원군으로서의 역할을 마무리하였다.

단순 작업에 투입된 자원군

공사가 시작되는 1865년 4월 13일, 19명의 자원군은 근정전의 터를 다지는 작업에 참여하였고, 14일에는 48명의 자원군이 전각의 터와 궁궐 내 수도水道를 청소하였다. 경복궁은 임진왜란으로 소실된 이후 약 300년간 방치되었기 때문에 제초와 개간 작업에 많은 노동력이 소요되었다. 자원군은 개간 작업 과정에서 그을린 흙은 모아서 전각 터의 움푹 꺼진 곳을 메웠으며, 깨진 기와는 궁궐 담장을 축조할 때 예비 재료로 한 곳에 모아두었다. 그리하여 공사를 시작한 지 13일 만에 경복궁 내 전각의 터와 수도의 모습이 형태를 드러낼 수 있었다.

자원군은 경복궁 후원 및 경회루 연못, 궁궐 내 우물의 준설 작업에도 동원되었다. 4월 22일부터 1주일간 자원군 2만 5324명이 참여하여 후원 연못의 준설 공사를 실시했다. 경회루 연못에 자라난 풀도 제거하였다. 이 작업은 4월 22일 시작해서 14일 동안 진행되었다. 오래된 풀을 삽으로 잘라내고 새끼줄로 묶어서 끌어

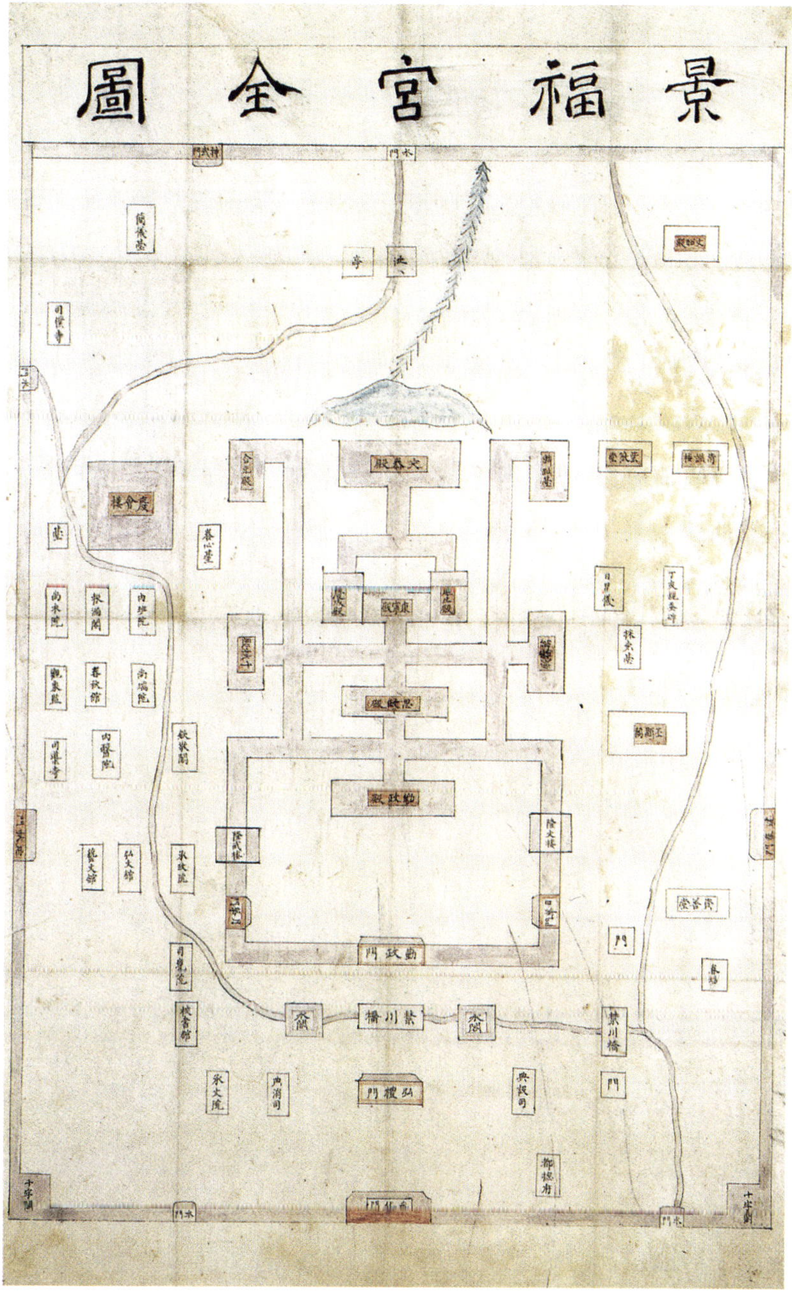

「경복궁전도」

내는 작업에 자원군 9210명이 동원되었다. 풀을 제거한 후 연못 내 진흙을 파내는 공사도 실시하였다. 동문東門 밖 자원군들은 삼태기나 바가지를 이용하여 흙을 걸러냈으며, 안산의 김귀현金龜鉉은 자신의 가정 10명을 이끌고 두레박을 이용해 진흙을 퍼 날랐다. 마포와 이현의 자원군들은 나룻배 한 척을 가지고 와서 연못의 진흙을 싣고 제방 밖으로 끌어내기도 하였다. 남부 둔지리의 양반 이응화李應和는 동네 사람 200명과 함께 말 30필을 몰아 연못의 진흙을 밖으로 실어 날랐다. 경복궁 공사에 말을 이용하기 시작한 것은 경회루 연못 준설이 처음이었다. 일의 편리성 때문에 이때부터 경복궁 공사에 말을 이용하기 시작하였다. 이처럼 경회루 연못 준설 공사는 나룻배, 말 등이 동원될 정도로 작업이 힘들었던 것 같다. 이 공사에 자원군 7만 5320명이 동원되었고, 영건소에서 매입하여 지급한 삼태기가 8600닙[立]이나 되었다.

아울러 신무문, 교태전, 문소전 뒤 움푹 팬 곳에 흙을 보충하고 이를 돌로 포장하는 공사도 실시하였다. 이 작업에는 자원군 1521명이 5일 동안 참여하였다. 교태전과 문소전 뒤의 패인 곳도 흙으로 덮었는데, 연못 준설 과정에서 나온 진흙이 사용되었다. 진흙에 풀이 섞여 있어 폭우가 내리거나 사람이 밟고 다녀도 바닥이 꺼질 염려가 없었기 때문이다.

공사에 쓸 목재와 석재의 운반에도 자원군이 동원되었다. 석물의 조성과 운반은 가장 많은 노동력이 투입되는 일이었다. 영건도감은 5월부터 교태전과 광화문의 공사를 시작하였고, 윤5월에는 신무문 공사를 진행하였다. 따라서 목재와 석재를 운반할 인력이 다수 필요했는데, 자원군 가운데 사찰의 승군들이 참여하였다.

1865년 5월 15일 북한산 중흥사의 승려 92명이 경복궁 중건 공사에 참여한 것을 시작으로 각처의 승려들이 이어서 자원하였다. 승려가 도성 안으로 들어온 것은 80년 만에 처음 있는 일이었다. 영건도감에서 승려 가운데 솜씨 좋은 장인이 있다는 말을 듣고 도성문에 전령을 붙여 이들의 출입을 허용했기 때문이다. 자원한 승려들은 목재를 끄는 데 능숙했기 때문에 바로 소명원 예복소로 배치되었다. 10월에도 봉원사 등의 승려 110명이 잡석 1짐씩을 가지고 와서 광화문에서 3일간 일을 했으며, 북한산성의 승려 30명 또한 잡석 1짐씩을 들고 총섭總攝의 통솔 하에 참여하였다.

이처럼 자원군은 경복궁 공역 과정 중 주로 단순한 작업에 투입되었다. 자원군은 4월 13일 공역을 시작으로 잡초 제거, 전각터의 개간, 경회루 및 후원 연못의 준설, 도로 포장, 도랑 청소, 목재와 석재의 운반 등 잡다한 공역에 참여하였다. 이는 자원군의 비전문성 때문이었다.

자원군의 모습은 각양각색

공사장에 등장한 자원군의 모습은 화려했다. 자원군은 오색 고깔에 비단을 잘라 꽃처럼 붙이거나 패랭이에 공작 깃털을 꽂은 모습으로 공사에 참여하였다. 특히 자원군이 머리에 쓴 고깔은 지역마다 특징이 있었다. 안동에서 온 자원군은 '김金' 자를 쓴 고깔을 썼는데, 아마도 '안동 김씨'를 뜻하는 것으로 보인다. 뚝섬은 오색의 고깔을 착용하였으며, 정동貞洞은 흰색의 고깔을 써서 다른 지역과 자신들을 구별하였다.

아울러 자원군들은 자신들이 일하는 위치에 깃발도 세웠다. 깃발에는 자원한 사람들의 지역명이나 지역이 아닌 경우 자신들의 존재를 드러내는 문구를 적었다. 자원군들이 들고나온 깃발의 명칭을 보면, 부평에서 온 김진현 문중의 경우 자신들이 충신공忠臣公의 8대손임을 보여주기 위해 깃발에 '충신공 8대손'이라고 적었다. 사은謝恩의 목적으로 자원한 사람들은 '모소임사은기某所任謝恩旗'라는 깃발을 내세웠으며, 여러 차례 자원한 사람들은 자신들의 마을 이름[洞名]과 자원한 차수를 적어 '모동재삼차기某洞再三次旗'라는 깃발을 들었다. 이밖에도 '남부묵동등삼처지성주만세등기南部墨洞等三處之聖主萬歲燈旗', '구발소지태평등기舊撥所之太平燈旗' 등 나라의 태평과 번영을 기원하는 의미에서 자원 지역과 기원 내용을 적은 깃발도 있었다.

이러한 자원군의 고깔과 깃발은 복잡한 공사장에서 다른 지역의 자원군과 자신을 분별하기 위한 것이었다. 그러나 점차 자원군들이 반드시 지녀야 하는 유행물이 되어 서로 뽐내는 양상을 보였다. 처음에는 종이로 대충 만들어지던 깃발이 점차 채색 비단으로 변했으며, 나중에는 양모가 되어 공사장에서 펄럭였다. 안동의 김자金字 고깔, 뚝섬의 오색고깔도 처음에는 종이로 만들었다가 비단으로 변했다. 깃발 가운데에는 경강지역 자원군의 '오강기五江旗'가 가장 크고 화려했다고 한다. 고깔과 깃발을 준비하지 못한 마을은 붉은색이나 파란색의 작은 깃발을 머리에 꽂았다. 서부 정동지역의 경우 자원군 500명의 고깔과 깃발을 모두 흰색으로 통일하였다. 정동이 한성부 서쪽에 위치하고 서쪽을 상징하는 방위

「여지도」「도성도」 경복궁 일대

의 색깔이 흰색이었기 때문이다. 여기에 들어가는 비용은 정동에 거주한 호조 좌랑 임면수林冕洙가 모두 부담했다.

아울러 자원군이 일하는 공사장에는 이들의 노동력을 북돋우기 위한 징, 북, 꽹과리 등이 동원되었다. 후원 연못의 준설과 보토補土 작업에 징과 북이 동원되었으며, 법성창의 조졸 320명이 궁궐 내에서 베어낸 나무를 근정전 앞뜰로 옮겨 쌓을 때도 노래와 함께 북이 동원되었다. 자원군들을 위문하기 위한 각종 풍물패도 성행하였다. 무당패, 광대패, 거사패, 각처 악공, 선소리꾼, 초막 산민 등이 장구, 북, 꽹과리, 피리, 생황을 치며 뛰놀았다. 선소리꾼이 뛰놀며 소리하면 사람들이 소리로 화답하여 경복궁 공사장 주변은 몹시 시끄러웠다. 일을 하고 돌아가는 자원군들의 길에는 수천 개의 깃발이 휘날렸고, 그 뒤로 각양각색의 고깔이 대오를 이루며 뒤따르는 가운데 한편에서는 무동이 춤을 추고, 한편에서는 징과 북이 울려 소란하고 시끄러웠다.

이처럼 경복궁 건설에 대한 한성부 방민의 관심은 컸다. 오랜 기간 묵혀있던 조선 초의 법궁이 다시 건설된다고 하니 모든 이의 이목이 집중되었다. 따라서 공사장 주변으로는 영건 공사가 잘 진행되는지 구경하러 온 사람들로 북적거렸다. 경회루 연못을 준설하는 자원군들이 진흙투성이가 되어 인파 속에서 춤을 추자 구경나온 부녀들이 소리 내어 웃으며 흩어졌다 모여드는 모습을 『경복궁영건일기』에서 일대 장관이라고 한 것을 보면 많은 사람들이 운집해 있었음을 짐작할 수 있다.

자원군을 지원하는 사람들

경복궁 공사에 참여한 자원군에 대한 국가의 지원과 포상도 있었다. 먼저 영건도감은 지방에서 온 자원군의 숙소문제를 해결하였다. 공사 초기부터 경기 지역의 백성들이 자원해 오자 정부는 부역 기간 이들의 거주지를 마련하도록 한성부에 지시하였다. 지방의 자원군일 경우 거주지가 먼 사람들이 많아 하루 일한 후 귀가할 때 피로로 병에 걸릴 위험이 많았다. 따라서 한성부에서는 이들 가운데 일을 마치고 돌아가지 못한 사람들의 숙소를 한성부 내 방민들에게 각기 분배하여 편안하게 쉴 수 있도록 하였다. 아울러 이러한 국가의 지원이 있다는 것을 지방의 자원군에게도 알려주었다.

또 정부는 자원군에게 일정량의 돈을 지급하기도 하였다. 자원군이 공사에 참여한 지 3일 만인 4월 16일에 영건도감은 이들의 노고에 감사하는 마음으로 한성부 자원 방민 683명에게 한 명당 돈 1전씩, 도합 68냥 3전을 지급하였다. 고종이 경복궁 공사장을 방문한 4월 25일에도 자원한 방민 3만 5881명에게 각각 1전씩

3588냥 1전을 지급하였다. 지방의 자원군인 안산 백성 60명에게는 돌아가는 비용을 포함해 1명당 2전씩의 돈을 지급하였다. 이들에게 돈을 지급한 이유는 비를 맞으면서도 공사에 참여했기 때문이다. 아울러 안산의 자원군을 감독하고 통솔한 삼소임三所任(동리의 일을 번갈아 맡아보던 동장·집강·풍헌) 박명대·윤춘중·최종근을 가자하였고, 대원군 역시 안산 백성들에게 술과 안수를 보내고 상으로 20냥을 주었다. 그리고 해당 면의 잡역을 면제하여 이들이 수고한 일을 장려하였다.

자원군을 감독하고 관리·통솔한 삼소임에 대한 포상도 이루어졌다. 정부는 장려의 차원에서 자원을 독려하고 자원군을 통솔한 삼소임에게 체가자帖加資(조보에는 내지 않고 교지나 체지만을 주던 가자)의 상을 주었다. 이때 자급을 받은 삼소임이 7166명에 달하였다. 그러나 이러한 삼소임에 대한 포상이 자원군을 강제적으로 모집하는 원인이 되자 정부는 체가자하여 시상하는 일을 금지하기도 하였다. 임장들은 이소임二所任을 삼소임으로 속이기도 하였다. 부평의 경우 이소임뿐인데도 자급을 받기 위해 해당 동의 양반 송택영을 삼소임이라고 이름 붙여 보고한 후 자급을 받는 일이 있었다. 그러자 송택영이 삼소임과 같은 자급에 들어가는 것을 수치스럽게 여기고 자급을 반납하였다.

이러한 정부의 포상에는 남녀의 차이가 없었다. 정부는 모든 자원군이 경복궁 공사에 즐거운 마음으로 참여했기 때문에 동일하게 대우하여 처리해야 한다는 입장이었다. 그 결과 사람을 사서 공사에 참여한 기생 연연燕燕도 정부로부터 가자의 포상을 받았다. 이 외에 안산의 자원군을 데리고 온 중관 강세길과 다섯 차례 자원하여 일을 한 백지연도 가자하였다. 강세길은 안산의 자원군에게 연못을 준설하자고 선창한 공이 있었으며, 백지연은 5차에 걸쳐 자원했을 뿐만 아니라 300명이 먹을 수 있는 술과 음식을 지원한 공적이 있었기 때문이다.

국가의 지원 외에 개인적으로 자원군을 지원한 사람들도 있었다. 영의정 김병학과 호조 판서 김병국은 자원군 425명의 비용을 자신들이 모두 부담하였다. 이들은 3일 동안 자비로 고군雇軍을 동원하여 자원군의 일 부담을 덜어주었다. 수원 유학 조존항은 25명의 사람이 29일간 일을 하는 비용을 대었으며, 서강에 거주하는 김형섭은 150명이 3일간 일하는 비용을, 정인검은 70명이 3일간 일하는 비용을 대었다. 서강 흡동洽洞에 거주하는 이순민은 50명이 3일간 일할 수 있는 비용을, 영천에 거주하는 유학 윤태민은 70명이 3일간 일할 수 있는 비용을 지원하였다. 이 밖에 이병훈은 50명이 3일간 일하는 비용을, 면천沔川의 이우신은 100명이 10일간 일하는 비용을 지원하였다.

자원군에게 음식을 지원하기도 했다. 현석리玄石里에 사는 반민 김인성은 공사에 참여한 자원군을 지원하기 위해 쇠고기 300근, 절병折餠 2400개, 탕湯 3항아리, 청주淸酒 30동이를 공급하였다. 마포에 사는 이의상 또한 각종 반찬과 술, 고기들을 지원하였다. 그가 가져온 물품은 새우젓 반 항아리, 굴젓 3항아리, 조기젓 3묶음, 장조림[醬肉] 2항아리, 청주 10동이, 익힌 고기[熟肉] 10근, 담배[南草] 10근이었다. 총융청에서는 이들이 가져온 음식들을 자원군 200명에게 며칠 동안 제공하였다.

국가의 막중한 공사를 방해한 부정행위들

공사 현장에서 일어난 장인의 일탈
자재 조날 과정에서의 여러 문제
중간에 끼어든 각종의 농간과 토색질
원납전 빛 당백전으로 인한 여러 문제
환표를 비롯한 금융 관련 사기 사건

조영준

경복궁의 중건은 오랫동안 묵혀 왔던 숙원 사업을 현실화한 비상한 기획이었다. 궁궐의 건축을 계획대로 완수하기 위해서는 지휘와 감독을 책임진 관리나 현장에서 기술력을 발휘하는 공장工匠을 비롯하여 품팔이에 동원된 일꾼들과 자재를 공급한 공시인貢市人에 이르기까지 모든 관계자가 합심하여 추진력을 얻을 필요가 있었다. 하지만 시대와 지역을 넘어서 공사가 진행되는 과정에는 항상 잡음이 뒤따르게 마련이고, 국가의 막중하고 큰 공사인 궁궐의 영건도 예외가 될 수는 없었다. 『경복궁영건일기』나 『영건일감』에는 이러한 일탈의 장면들이 소상하게 기록되어 있어, 경복궁 중건의 성패 여부가 단지 재원의 조달이나 인력의 확보에만 달려 있었던 것이 아님을 여실히 보여주고 있다.

공사 현장에서 일어난 장인의 일탈

경복궁 중건공사는 반드시 꼼꼼하고 철저하게 이루어지지만은 않았고, 여기저기에서 허술함이 드러나고 있었다. 공사 현장에서 직접적으로 일탈의 주체가 되었던 자들은 장인匠人이나 일꾼 무리였다. 아주 단순한 일례를 들자면, 1865년(고종 2) 11월에 석수石手 한 사람이 못을 다듬을 때 몰래 빼돌리곤 하다가 적발된 절도 사건이 보고되었다. 이러한 소소한 문제가 누적된 결과, 공사 현장에서는 큰 문제가 발생하기도 했다.

1866년(고종 3)의 어느 봄날, 신무문의 동성東城 4칸과 서성西城 5칸이 무너져 내렸다. 겨울 동안에 쌓아 올린 것이 제대로 마르지 못했던지 붕괴하고 만 것이다. 요즘에도 그렇듯이 겨울에 부실공사를 하게 되면, 날이 풀리면서 무너져 내리는 일이 비일비재하다. 다시 무너지면 안 되었기에 높이를 다소 낮추어 다시 쌓음으로써 부실공사에 대한 대처가 이루어질 수밖에 없었다.

1868년(고종 5)의 어느 날에는, 궐내 각사와 각처의 칸수가 시어소時御所와 비교하여 훨씬 많이 배지되었음이 밝혀지게 된다. 또한 어떤 수패장首牌將과 도편수都邊首는 나인간內人間에 칸가間架를 기준보다 많이 설치하였고, 어떤 화사畫師는 나인간의 연목 끝에 육화六花를 그려 넣는 부정을 저질렀다. 그 결과 나인간 및 각사의 담은 흙담으로 만들고 담벽에는 회를 바르도록 조치하였다.

이렇게 공사의 관리가 제대로 이루어지지 못하는 상황에서, 동원된 인력의 관리 역시 부실하였으며, 이는 일차적으로 점고點考의 문제로 나타나게 되었다. 1866년 2월의 기록을 보면, 근정전 월대 위에 큰 북을 설치하고 새벽마다 쳐서 공장과 담모군을 모아 점고하였고, 아침 식사 때에는 방울을 흔들어 해산시켰다가 식후에 북을 쳐서 불렀다고 하며, 3월에 이르면 또 정오에 북을 쳐서 점심시간을 주었다고 한다. 하지만 이러한 점고는 형식에 그쳤던 것이 아닌가 싶다. 어영청의 군졸 중에서 거짓 기록으로 급료를 받은 경우가 드러나기도 했고, 관저전關雎殿 등패等牌가 경회루 등패로부터 일꾼을 빌려와 거짓으로 수를 채우기도 했기 때문이다.

그렇게 거짓으로 등록하여 품삯을 받는 폐단이 많아지자, 1867년 2월 12일부터 계사計士가 각 방 서리를 데리고서 점고하기 시작하였다. 하지만 궐문 출입에 제한이 거의 없어서, 점고할 때 대리 출석을 하거나, 점고를 받은 후에 무단으로 나가곤 했기에 조사할 때마다 누락된 인원이 얼마나 되는지 알 수 없었다. 그래서 두 번의 식사 때를 빼고는 나가는 것을 금지하기에 이르렀으며, 부득이 출입해야 할 때는 보고하도록 하는 등 보다 엄격한 관리가 시행되었다고 한다. 하지만 용모파기容貌疤記가 없는 상황에서는 인상착의를 파악할 수 없었으므로 제대로 된 인원 점검은 사실상 불가능했던 것으로 보인다.

점고의 문제는 포상의 문제로도 연결되었다. 1865년 윤5월에 상으로 자급資級을 올려주는 상가賞加와 관련하여, 부평의 역부役夫가 이소임二所任뿐인데도 삼소임三所任이라고 사칭하여 자급을 받은 사례가 드러나기도 했다. 점고의 문제는 일을 하지도 않고서 일을 했다고 하는 것이었는데, 그보다 더 큰 문제는 일을 해야 할 장인들이 도망쳐서 돌아오지 않는 것이었다. 경복궁 중건의 역사役事를 위해서는 한성부 이외의 전국 각지에서 전문 수공업자들이 동원되어야만 했는데, 그렇게 동원된 사람들이 자기네 고향으로 돌아가 버리는 문제가 번번이 나타났던 것이다.

1866년에서 1867년으로 넘어가던 시기에 석수들이 설을 쇠려고 각자 고향에 내려가려 하자 세찬전歲饌錢을 넉넉히 지급하여 서울 체재를 유도했지만, 한밤중을 틈타서 모두 도망가 버렸다고 한다. 이들은 오랫동안 돌아오지 않았는데, 급료를 미리 지급했던 까닭에 금전적 피해까지 겹쳤다. "요즘처럼 장수匠手의 무리가 아무렇지 않은 듯 도망하여 숨기를 조금도 거리낌 없이 심하게 한 적은 없었다. 공역을 시작한 지 이미 3년이 되었는데 영건은 아직도 반을 넘기지 못했다."는 기사는 도망이 일상화된 실태를 그대로 잘 보여주고 있다. 도망간 장수의 사례는 석수뿐만 아니라 인거

『기산풍속도』의 목공(왼쪽)과 야장(오른쪽)

장引鋸匠, 조선장造船匠, 기거장岐鋸匠, 목수 등으로 다양했다.

각 고을에서 올라온 공장이 몇 달 동안 서울에서 부역을 계속하는 과정에서 아침저녁으로 밥을 사 먹는 문제가 생기게 되자, 영건도감에서는 쌀을 사서 그들에게 싼값으로 지급해주어 살아갈 방도를 마련해주고자 정성을 베푸는 등의 노력을 아끼지 않았지만, 역시 도망가 버리고 말아서 아무런 소용이 없었다. 노방산 장수들을 서울로 다시 잡아들이기는 현실적으로 쉽지 않았는데, 지방의 색리色吏는 그들이 병이 났다고 하거나 애초에 경내에 없었다고 하는 등 핑계를 대기에 급급했기 때문이다.

솜씨 좋은 장인이 떠나간 자리는 청탁을 통해 함부로 들어온 도패장都牌將이나 편수邊首가 차지하였다고 하니, 이미 발생한 문제를 해결하기도 전에 새로운 문제가 생기고 마는 구조적 난관이 있었음을 알 수 있다. 또 그렇게 제대로 된 전문 인력이 부족한 상황에서 국가의 공역을 담당해야 할 공장을 사삿집에서 사적으로 부리는 사례도 발각되곤 하였으니, 그야말로 무엄하기 이를 데 없는 상황이 연출되고 있었던 것이다.

자재 조달 과정에서의 여러 문제

공사에 필요한 자재를 서울로 조달하는 과정에서도 여러 가지 문제가 나타났다. 우선 거론할 수 있는 유형은 물에 떠내려간 재목을 사사로이 빼돌려서 사용한 경우이다. 예컨대 1865년 8월에 온릉溫陵에서 베어낸 나무 중에서 소나무 3개가 물에 떠내려갔는데, 고양 경내에서 모두 발견되었다. 그런데 그중의 하나가 둘로 쪼개져 있었으며, 쪼개진 나머지 한 쪽이 보이지 않았다. 조사 결과, 어떤 사람의 집 앞에서 발견되었는데, 흙구덩이 안에 묻어 놓고 소나무 가지로 가려 놓았다고 한다. 이러한 사례는 일종의 절도 또는 '점유이탈물횡령'에 해당하는 것이었으며, 꽤나 자주 기록된 유형의 사건이었다.

어떤 사람은 떠내려 온 재목을 쪼개어 배를 만들거나 판板을 만들기도 했고, 동리의 임장任掌이 떠내려 온 배에 실린 나무를 건져내어 가져가기도 했으며, 풍랑을 만나 파손되어 흩어진 초둔草芚을 몰래 수습하여 팔아먹거나 숨겨놓은 자들도 있었다. 그렇게 대개는 자기 물건으로 간주하고서 내어놓지 않는 경우가 많았다. 때로는 표류되었다는 보고를 받고서도 과연 그것이 실제로 표류가 되었는지, 표류되었다고 하더라도 수색하여 가지고 올 수 있는지 등에 대한 의문이 제기되기도 했다. 아무튼 유실된 목물木物의 회수가 결코 쉽지 않았음은 분명하다.

영건을 위한 목재가 유실되어 특정 포구에 떠내려간 경우 해당 관아에서 소유권의 귀속을 주장하며 내어놓지 않는 경우도 있었기에, 영건도감의 부복貿木을 위한 차인差人의 실력 행사가 그리 쉽지만은 않았다. 해당 차인이 소지한 공문이 사칭된 것이라 우기면서 군옥郡獄에 잡아 가두겠다고도 했으니, 그 사정을 알 만하다.

공문이 거론되곤 했던 이유는, 자재 조달 과정에서 발생한 문제의 유형 중에 영건을 사칭하는 경우가 많았기 때문이다. 특히 사양산私養山이나 구목邱木 등의 벌목을 자행한 사례가 눈에 띈다. 예컨대 1865년 9월에 안산군의 어떤 사람이 영건에 쓸 목물이라고 사칭하여 다른 양반가의 산에서 베어내고는 토색질을 하였다고 한다. 영건도감을 단순히 빙자하거나 가탁하는 경우도 있었고, 도감의 관문關文 또는 공문을 칭탁하기도 했으며, 도감의 목수라고 사칭한 사례도 있었다. 또한 영건도감이 아닌 지방 감영의 관문이나 고을의 전령 또는 군영의 공문을 가지고 작벌을 행하기도 했다.

대개 도감에서는 목물의 조달을 위해 미리 값을 치르고 차인을 보내서 베어내어 상납하게 하였으며, 뱃삯도 미리 지급하곤 하였는데, 현지의 사정이 그리 녹록치만은 않았다. 몸체가 큰 나무를 독점하여 베어버린 사례도 있었고, 지정된 목재가 아닌 소나무만 베어내어 이익을 취하는 것만 탐하기도 했다. 가장 흔히 발생한 문제는 상납이 지체되는 것이었다. 예컨대 1866년 10월의 기사를 보면, "영건에 쓸 대량大樑, 고주高柱 등의 각종 목물을 함경도에서 베어낸 후 운반하여 공충, 전라의 도내 각 해당 고을에 정박했다고 한다. 빨리 운반하여 바치라는 뜻을 직접 관문으로 보냈었는데, 몇 달이 되도록 아직도 움직임이 없으니, 매우 답답하고 걱정스러워 패장牌將에게 위임하여 조사를 해 보니, 배가 정박한 여러 고을에서 전혀 마음을 쓰지 않고 포구에 방치하며 수송할 뜻을 갖지 않는다고 한다."라는 내용이 있다.

지체의 사유는 각양각색이었다. 단순히 게으름을 피우며 끝내 바치지 않았다는 경우도 있고, 공장이나 모군募軍의 식량으로 맡긴 곡식을 도둑질하여 문제가 생긴 경우도 있었으며, 배를 지연시켜 기다리게 했기 때문에 기한을 맞추지 못했다는 사례, 강이 얼어서 배로 운반할 수 없었다는 사례, 쌓아둔 나무를 누군가 훔쳐갔다는 사례, 중간에서 누군가가 농간을 부려 사사로이 작별하였다는 사례 등도 있었다. 대개는 사유를 정확히 알 수 없었을 정도로 관리가 치밀하지 못하였기에 중간에 농간이 얼마든지 발생할 수 있는 구조였고, 거기에는 지방관의 비협조 또한 한몫을 하였던 것으로 보인다.

상납의 지체는 비단 목재에만 국한되는 것이 아니었다. 와서瓦署와 관계된 진흙을 밟는 소의 상납이 지체된 사례도 있었다. 또한 불을 피울 야로冶爐에 쓸 백탄白炭, 풍락송風落松의 판매 대금, 각종의 철물, 석회, 돌덩어리石子, 박석礡石, 백지白紙 등의 상납 지체 사례가 확인되고 있다. 1868년 5월에는 박석의 납입이 4년 동안이나 지체되어 확인할 증빙 자료가 없는 지경에 이르렀다고 한다. 그렇게 어떤 품목의 경우에는 상납분이 부족하여 문제가 되었던 반면에, 생갈生葛·반주홍磻朱紅·석간주石間朱 등은 이미 수효

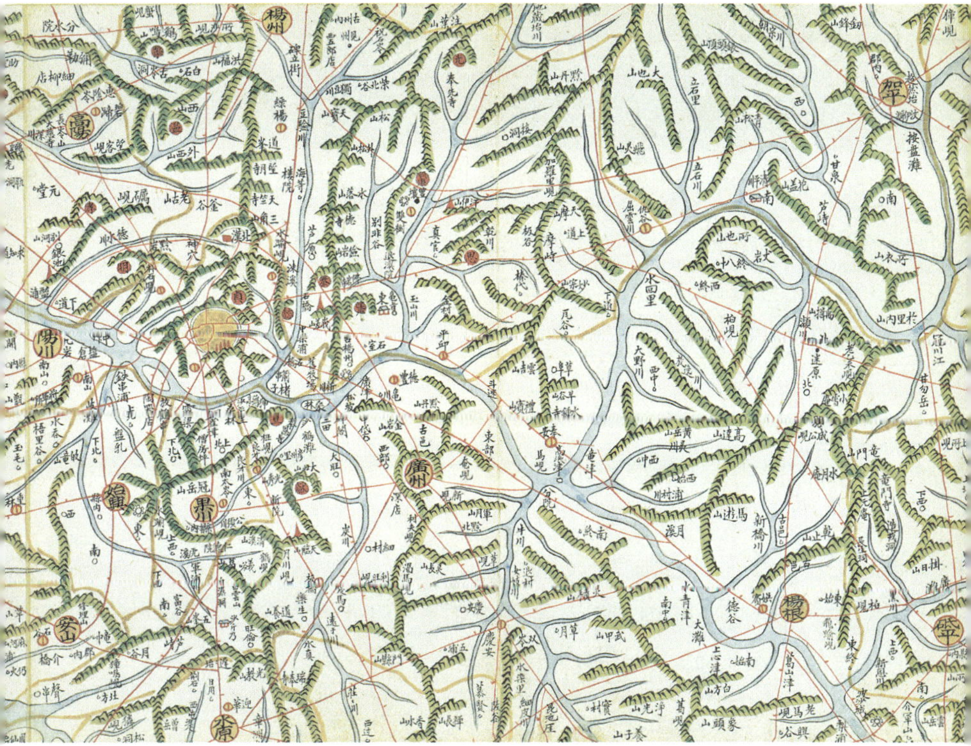

『동여도』 경기 일대

가 많았는데도 더 납부하고자 청탁한 사례가 있었고, 이를 규제하기 위해 1867년 4월에 절목節目을 마련하기도 했다.

중간에 끼어든 각종의 농간과 토색질

각종 상납의 과정에는 대금 및 부대비용의 지급이 수반되었으므로, 이익이 있는 곳에 끼어들게 마련인 각종의 토색질과 농간이 쉽사리 자행되곤 하였다. 우선 상납을 담당한 자들이나 상인이 저지른 문제가 있었다. 예컨대 1865년 6월에 황해도 배천군에서 철을 산다는 핑계로 농기구를 빼앗고 헐값을 지급한 사례가 있었고, 1866년 5월에 공인이 현지에서 살 때는 싸게 사서 상납 후에 정산[會減]할 때는 높은 가격을 받았다는 이야기도 보인다. 이런 유형이 가격의 농간에 해당한다면, "양근의 숯 상인에게 먼저 1섬당 2궤簣씩 정하여 값을 지급하였는데, 간사한 짓이 점차 늘어나 1궤 반만을 담거나, 혹 완전히 납부를 거부하는 경우도 있다."하는 이야기에서처럼 수량의 농간도 확인되고 있다.

또한 상납을 위해 마련한 철물을 사상私商에게 밀매密賣 또는 잠매潛賣를 하여 사적인 이익을 취한 사례가 곳곳에서 보인다. 예컨대 1866년 10월에 황해도에 내려보낸 차인이 "감히 제 주머니를 채우려는 계략을 품고서 마음대로 팔아버리고 상납하려는 뜻이 없다."라는 사례가 대표적이다. 때로는 감관監官, 점주店主, 사상 등이 한통속으로 호응하여 철물의 상납을 어렵게 하곤 하였다.

중간에서 토색질을 감행한 대표적 세력은 역시 각 고을의 관령管領, 이속吏屬, 임장 등이었다. 예컨대 "인제의 목상木商 최경화崔敬化, 영월의 목상 이경유李敬裕는 영건도감의 목물 진배進排를 담당하는 자들로, 1865~1866년의 두 해 동안 이미 베어놓은 나무에 그 읍명邑名, 면호面號, 나무 이름, 그루 수를 표시하여 당초의 공문에 분명히 밝혀놓았으므로 의심할 필요가 없는데, 인제·양구·춘천에서 붙잡아 두고 허다한 재목을 일절 내려 보내지 않았다. 이는 필시 아래에서 조종하여 억지로 빼앗고 토색질을 감행하려는 계략이다."라는 기사가 보인다. 뿐만 아니라 1867년 9월에 영건도감 측의 인물이 원납전 1000냥의 상납에 대해 추가로 경비

[浮費]를 강탈하고, 이자에 이자를 더해 부과한[邊上加邊] 사례도 있었다.

목재 상납의 경우에는 수운을 활용하는 경우가 많았으므로 토색질이 가장 자주 일어난 곳은 포구 지역이었다. 연강沿江 지역에서는 강의 상류와 하류를 막론하고 시량선柴糧船에 대해 트집을 잡곤 하는 토색질이 적지 않았다. 관서의 어떤 포구에서는 선가船價나 분세分稅와 같이 명색名色이 없는 잡세, 즉 무명잡세가 부과되기도 했다. 결국은 지나가는 배를 붙잡아서 뇌물을 요구한 것과 다르지 않은데, 명시적으로 뇌물[賂]이라고 표현된 사례도 확인된다.

뇌물을 받고 납부하게 될 때에 발생하는 부작용은, 부유한 사람에게 유리하고 가난한 사람에게 불리한 상황이 전개된다는 점이다. 예컨대 "실로 조금 넉넉하여 많이 바칠 수 있는 백성에게는 매번 뇌물을 받고 액수를 줄여서 납부하도록 하고, 사람 꼴을 갖추지 못할 정도로 가난하여 제 몸조차 보존하지 못하는 부류에게는 이속들이 간혹 원망을 품고 많은 돈을 강제로 거두었다."는 기사가 보인다.

1867년 3월에는 상납과 관련된 운반비용을 각 고을에 분정分定하려는 시도가 있었는데, 위와 같이 지방관의 협조가 제대로 이루어지지 않았던 까닭에 결국에는 중앙 관서인 아문衙門의 상납분 중에서 떼어낸 것으로 잡비를 충당했다고 한다.

상납의 과정에서 중간에 폐단을 일으킨 또 하나의 세력은 한가하고 잡된 무리, 즉 한잡배閑雜輩였다. 이들은 각종 물목을 마련하여 상납하는 과정에서 훼방을 놓곤 했다. 한잡배는 동리에서 작

유운홍 필 풍속도
짐을 가득 실은
배의 모습이다.

당한 무리도 있었으나, 군영의 패장을 사칭하는 경우도 있었던 것으로 보인다. 이렇게 여러 문제가 발생한 이유는 역시 "힘들이지 않고 이득을 얻으려는 마음", 즉 모리牟利에 기인한 것이라고 하겠다.

원납전 및 당백전으로 인한 여러 문제

영건의 재원 마련을 위해 활용된 수단으로는 원납전과 당백전이 있었다. 우선 원납전을 상납하는 과정에서 여러 가지 문제가 발생했는데, 가장 흔히 일어난 사건은 착복이었다. 예컨대, 1865년 6월의 기사를 보면 "황해도 배천군에서 원납전을 중간에서 착복하여 한 푼도 납부하지 못하게 되자 원망하는 소리가 떠들썩했다. 관련 색리 무리가 관청에 속여서 보고하고, 그 해악은 백성에게 미치게 되었기 때문이다."라는 내용이 보인다. 요즘 식으로 이야기하자면, 일종의 '배달 사고'가 일어났던 것이다. 원납전의 배달 사고는 꽤나 자주 발생하였다. 1865년 10월에 진주의 유철환兪喆煥이 1만 냥을 원납전으로 바치고자 하였는데, 그의 아들 유치백兪致百이 1만 냥을 서울에 가지고 와서는 3000냥만 바치고 7000냥은 본인이 가져가 버린 사건이 대표적이다.

그밖에도 강릉 김참봉의 원납전을 주문진의 어떤 사람이 바꿔서 쓰고서는 1866년 8월까지 바치겠다고 하였지만 양요洋擾의 발발을 틈타 1866년 12월까지 납부하지 않은 사례, 1867년 1월에 황간의 원납전을 전 좌수가 도둑질한 사례, 1867년 4월에 나주의 민인民人이 원납전 1만 냥을 중간에서 써버리고 차일피일 미루다가 끝내 납부하지 않았던 사례, 1867년 5월에 영건도감에서 받은 원납전 가운데 2760냥을 명천에 거처했던 허사첨사許沙僉使가 상경할 때 중간에 멋대로 사용한 사례, 길주의 어떤 사람이 민인의 원납전 중 1500냥을 1865년에 영납차인領納差人에게서 중간에 빌려 쓰고 1868년 윤4월까지 바치지 않았던 사례 등이 확인된다.

원납전은 마땅히 중앙에 직접 상납되어야 했지만, 그 과정에서 상인에 의해 일시적으로 '상업 자금'으로 활용되기도 했다. 예컨대, 1867년 8월에는 함경도에서 1300냥의 돈을 원거리에 상납하는 데에 어려움이 있어 미역으로 바꾸어 올려보냈다는 내용이 보이고, 1867년 10월에는 명천의 박채벽朴采碧이 맡긴 원납전 1000냥을 김봉욱金鳳郁이 장사 밑천으로 활용한 사례도 있었으며, 1866년 1월에 어떤 무리가 영건을 사칭하며 순영巡營을 속여서 원납전을 획송劃送하고 멋대로 행상하며 경차京差에게 환급한다고 핑계 대었는데, 장리將吏는 마음대로 부리는 것만 생각하고 8~9할을 거저먹고서 나머지만 바쳤다는 사례도 있었다. 물론 이렇게 "바꾸어 쓰는[換用]" 것과 "마음대로 부리는[操縱]" 행위는 처벌 대상이었다.

이처럼 원납전에 대해서 이속吏屬이 뇌물을 받고 멋대로 '조종'하려 했음을 알 수 있는데, 1865년 11월의 사례를 보면 좌수座首, 이방吏房, 선파璿派 등의 다양한 직책이 관여하기도 했음을 알 수 있다. 구체적인 액수가 드러난 사례로서, 태천 원납전 사건이 있다. 1866년 3월에 태천 백성들의 원납전이 모두 1만 7470여 냥이 되지만 영건하는 곳에 여러 차례 나누어 바친 것은 고작 1만

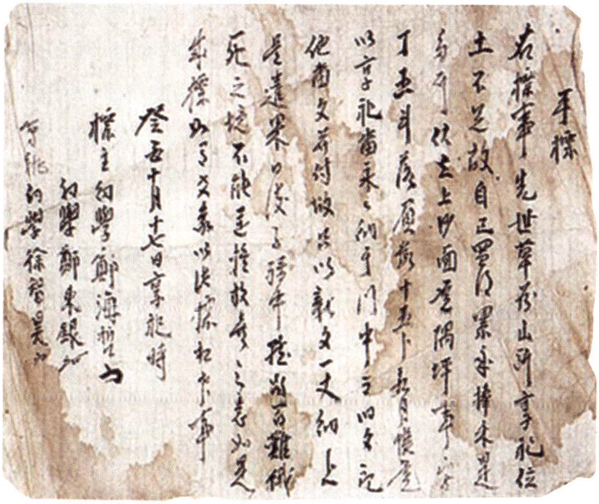

조선시대 수표
돈이나 물건을 빌리거나 매매를 할 때, 약속하는 내용과 함께 당사자와 증인 등이 이름을 쓰고 수결을 했다.

1277냥에 불과하고 1320냥은 짐값 등의 잡비라고 칭하고, 그 나머지 4879냥 남짓은 유리由吏 김이언金利彦이 중간에서 투식偸食하고 납부하지 않은 것이었다. 이는 전형적인 횡령에 해당한다. 하지만 김이언은 같은 해 4월에 "횡령한 것이 아니라 백성들에게 원납전을 미처 다 걷지 못한 결과 이처럼 지체되는 잘못이 있었다."고 하며 처벌을 모면하였다. 조금 다른 이야기지만, 1865년 12월에 여러 토호가 여항閭巷에서 폐단을 저지르며 오로지 남의 재물을 속여 빼앗는 것[騙財]를 일삼아서 백성들의 원납전을 상납했다는 기사도 보인다.

또한 원납전의 '환용' 과정에서 '환전'을 하기 위해 수표手標나 수기手記를 작성하는 등 채무가 발생하는 경우가 잦았는데, 제대로 추심되기를 기대하기는 어려웠다. 예컨대 1868년 2월에 곤양 조진사의 원납전 1100냥을 환용한 사례, 1868년 3월에 영건소의 원납전 2050냥을 대출한 사례 등에서 구체적으로 확인된다.

1867년 5월과 1868년 3월에는 원납전 2200냥을 납부하기로 한 사람이 예전에 다른 사람에게 빌려주었던 돈[私債]을 국가가 대신 추심하여 공납公納 대상으로 설정하고자 했던, 전형적인 길거拮据의 사례도 보인다.

각종 재목의 상납이 지체되었던 것처럼, 원납의 상납 지체도 상습화되어 골칫거리였다. 예컨대 1865년 10월에 서울의 어떤 사람이 구리[銅] 3만여 근을 원납하고자 원산의 어떤 이에게 맡겨 두었는데, 차인이 가지러 가서도 20여 일 동안 소식이 없었고, 이에 관문으로 독촉한 사례가 있었다. 1867년 2월의 종성鍾城의 사례에서는 원납전의 수송이 1년 이상 늦어져 징수할 곳이 없어져버린 지경에 이르렀다는 기사도 있고, 1868년 4월에는 김해 원납전 1000냥 중의 잔액 350냥의 상납이 3년이나 지체되었다는 내용이 보인다.

1867년 6월의 기사를 보면, 함흥의 이형실李亨實이 함경도의 원납전 3100냥을 가져가서 정해진 기일을 여러 차례 어기고 납부하지 않았는데, 이를 족인族人인 이형하李亨夏 등 여러 친족에게 분배하여 징납徵納하도록 한 사례가 눈에 띈다. 이와 같이 원납전의 상납을 친척들에게 부과하여 대납代納하게 한 사례가 드물지 않았다. 본인뿐 아니라 친족을 동원하여 원납전을 모금하려 했다가 낭패를 본 경우도 있었다. 1865년 12월에 용천의 김이주金履周는 친족의 재력을 모아서 원납전을 내기로 했는데 몇 사람의 의견이 달라서 원납전을 내지 못하고 있다고 하면서, 족인族人 8명의 이름을 아뢰었다. 감영에서 거두어 올려보내라고 하였지만, 알고 보니 김이주의 호소가 속임수였던 사건이다.

원납전은 본래 자발적으로 내는 것이지만, 일단 내기로 하고 나서 내지 않았다면 이는 일종의 기만으로 취급되어 처벌의 대상이 되었기 때문에 이러한 사건이 문제가 되었던 것이다. 원납전뿐만 아니라 공역을 하겠다고 서약[成標]하고서 일을 맡았다가 내키지 않아 미루었던 1865년 11월의 사례에서도 "마음가짐이 간교하고 흉악"하다는 평가를 하고 있다.

호대당백전

1866년 11월에 호대당백전戶大當百錢, 즉 당백전의 주조가 개시되었다. 그 목적은 경복궁 중건의 비용 마련을 위한 것이었다. 1닢의 당백전이 100닢의 당일전(엽전)에 해당하였기에, 액면가치와 소재가치 사이에 현격한 차이가 있었고, 이는 당백전의 본질이 악화惡貨였음을 보여준다. 그래서 통용을 강제하기 위해 "각 읍에서 공납하는 것은 새 돈(당백전) 2/3와 예전 돈(엽전) 1/3을 서로 섞어서" 하도록 했다. 1866년 12월부터 당백전이 통용되었고, 공장의 품삯도 당백전으로 나누어주게 하였다. 1867년 5월에 철폐되었으니 당백전의 주조가 장기에 걸친 것은 아니었다.

하지만 각종 물품을 상납한 상인이나 운송을 담당한 자들 또는 생산을 담당한 공장 등은 당백전이 "불편하다."며 거절하곤 했다. 실제로 소액 거래를 위한 환전의 불편함이 있었던 것인지, 아니면 "시간을 끄는 습성"을 가진 상인들이 상납을 지체하기 위한 핑계로서 당백전을 들먹였던 것인지는 알 수가 없다. 하지만 관부에서 당백전의 통용을 신칙한다고 해서 민간에서의 원활한 통용이 확산되는 것은 아니었음이 분명하다. "공사公私 거래를 보면 경향의 시장에서 당백전이 편리하게 통용"되고 있다는 도감 측의 입장을 그대로 믿기 어려운 이유는, 벌목한 나무를 판매한 대금으로 확보한 당백전을 다시 엽전으로 거두어들이려 했던 1868년 4월 서흥의 사례를 통해서도 알 수 있다.

당백전의 "불편함"을 도감 측도 인정하였음은 1868년 2월의 "지난 봄부터 장인과 담모군의 품삯은 당백전으로 지급했다. 며칠을 합쳐야 1푼을 받으므로, 당일 음식 구매에 불편함이 있을 듯하였다. 품삯 중 매일 엽전을 섞어서 차등 있게 지급했다. 패장과 장색匠色은 1전 5푼, 담군은 7푼, 모군은 5푼이다."라는 기사에서도 드러나고 있다.

환표를 비롯한 금융 관련 사기 사건

공사 현장에서는 사기 사건이 벌어지기도 했다. 예컨대 1865년 7월에 경복궁 바깥에 와서 살며 밥을 파는 것을 생업으로 삼았던 식주인食主人이 있었는데, 사역使役하는 석수 10여 명이 미리 밥값을 계산하여 동전 81냥 1전을 지급하자, 이 식주인이 갑자기 상점을 철거하고 도망가 숨어버린 일이 있었다. 이런 사건은 다소 예외적이지만, 사기 사건이 보다 자주 나타난 사례는 환표換標를 작성하고 이행하지 않은 경우에서 찾을 수 있다.

환표는 환간換簡 또는 환換이라고도 하며, 고액을 원거리에

송금할 때 작성되곤 하였던 조선시대 고유의 금융 기법에 해당한다. 당대의 본위화폐가 동전인 상평통보였기 때문에 각종 자금을 장거리로 운송하기 위해서는 비용이 많이 들었고, 그러한 문제의 해결을 위해 환표가 활용되었다. 하지만 가짜 환표를 발행하여 사기를 치거나, 환표를 가지고 온 사람에게 돈을 지급하지 않는 퇴환退換의 사례가 만연하여 경복궁 중건의 공역이 신행되는 네 지장을 초래하곤 하였다.

가짜 환표를 발행한 사례는 1866년 4월에 이원利原의 김용성金鎔成이 호소한 내용에서 확인된다. 김용성의 원납전 3000냥에 대해, 공이갑孔以甲 등 5명이 포상布商이라고 칭하면서 경중京中에 남겨둔 돈 4000~5000냥이 있으니 이것과 서로 바꾸면 짐삯을 쓰지 않아도 된다고 하여, 즉시 환표를 받아서 서울의 포상 도가都家에 갔더니, 애초에 남겨둔 돈도 없었고 환표는 그냥 위표僞標였다고 한다. 또 1865년 11월에 경성鏡城의 현익상玄翼商이 백성들의 원납전 등 1만 2075냥에 대해 전표錢標를 받고 홍원洪原에 사는 박동인朴東寅에게 환급換給하여 납부하게 했다는 내용이 보이는데, 이듬해 3월의 기사에서는 현익상이 운반 과정에서 함흥 퇴기의 집에서 원납전을 낭비해버리고 박동인과 함께 수표를 위조하여 관의 제급까지 받았음이 드러난 바 있다.

퇴환의 사례는 1867년 2월에 임천의 어떤 이가 호소한 내용에서 확인된다. 그는 원납전 1만 냥 중에서 8000여 냥을 이미 마련하여 납부하였고, 1578냥은 같은 고을에 사는 무시 상인[苧商] 박중경朴重慶이 전해 7월에 바꾸어 쓴 후에 환표를 써주었다고 한다. 박중경이 원래 큰 상인이었고, 형제 족속도 모두 부유하였기 때문에 믿어 의심치 않았으나, 환표를 서울의 모시 상인에게 건네자, "일찍이 거래한 물품이 조금 있었으나, 몇 개월 전에 이미 모든 수량을 계산해 갔고, 지금은 남은 돈이 없다."고 하면서 환표에 "퇴退" 자를 써서 내주었다고 한다. 그래서 박중경에게 그 돈을 내놓으라고 따졌더니, 핑계만 대고 시간을 끌어서 돌려받을 길이 없었다고 한다. 마찬가지로 1867년 3월에도 환전주인換錢主人이 퇴환을 핑계 대며 돈을 지급하지 않고 수기를 작성하였는데, 그 뒤로도 계속 미루기만 한 사례가 보인다.

원납전 상납의 지체와 관련하여 환표가 발행된 경우도 있었다. 1866년 7월의 기사를 보면 송석기宋錫基라는 자가 전해 겨울에 원납전 4100냥의 환표를 경저리에게 발급하였으나 완납하지 못하였고, 같은 해 10월에도 원납전의 상납을 독촉받았으며, 1867년 4월과 7월에도 여전히 '환전'을 하지 못하여 3년을 질질 끌고 있어 어디로 귀속되었는지 모르는 지경에 이르렀다고 한다. 또한 1866년 10월에 평양 김경석金經錫의 원납전 6000냥을 김효준金孝俊이 우선 가져다 쓰고 신대섭申大燮에게 환간을 부쳤지만, 돈은 변통되지 않고 미루기만 했던 사례도 있다.

결국 환표나 환간은 일개의 '송금증' 또는 '지급 명령서'에 불과한 것이어서 신용에 기반하지 않은 거래에서는 지급이 보장되지 않는다는 맹점을 가지는 것이었다. 거부나 거상의 환표도 믿기 어려운 당대 금융 제도의 부실함이 그대로 드러나는 장면이라고 하겠다.

경복궁 공사의 지연,
화마와 서양오랑캐의 습격

화재를 막아야만 한다

화재의 피해와 복구, 공사의 지연

서양오랑캐의 침략, 뱃길을 막다

전쟁에 동원되는 군대, 중단되는 작업들

김창수

화재를 막아야만 한다

인사人事는 하늘에 달려 있지만, 공사工事 역시 하늘의 도움이 없이는 순조롭게 이루어지기 어렵다. 불은 공사의 진행과 일정을 망가뜨리는 가장 큰 재앙이었다. 목재가 주를 이루는 조선시대의 궁궐 전각은 화재에 매우 취약했다. 때문에 화마火魔로부터 궁궐을 보호하고자 하는 바람은 풍수風水에 기댈 정도로 간절한 것이었다. 강녕전에 상량할 때 올린 은[純銀]으로 만든 돈에는 모든 귀퉁이에 '수水' 자를 새겼으며 무게는 물을 상징하는 6푼으로 제작했다. 근정전 상량에는 진홍색 종이에 '용龍' 자 천 개를 수水 모양으로 그렸다. 진홍색과 용 모두 불을 제압하는 물의 상징이었기 때문이다. 특히 관악산의 화기火氣를 조금이라도 누르기 위해 조운선 인부들이 가져온 깃발을 근정전에 꽂도록 하거나, 관악산 방향으로 옛 물길을 내기도 하고, 관악산 꼭대기에서 구운 숯을 근정전과 경회루 북쪽에 묻어두기도 하였다.

그렇지만 조선의 위정자들이 풍수 대책만 고집한 것은 아니었다. 조선 초기부터 궁궐 화재를 방지하기 위해서 실제적인 조치들도 취해졌다. 가장 중요한 것은 물이었다. 통을 쓰거나 땅을 파서 물을 저장해 놓는 것은 조선 초부터 규정된 지침이었다. 불의 확산을 막기 위해 화재 주변의 불이 옮겨붙기 쉬운 건물들을 제거하는 것도 중요한 일이었다. 이를 위해 괭이, 도끼, 낫, 쇠스랑 등의 소방기구도 비치하였다.

그렇지만 충분한 소방기구들이 적절히 배치되어도 결국 이를 운용하는 것은 사람이었다. 조기에 불을 발견하고 신속히 대처

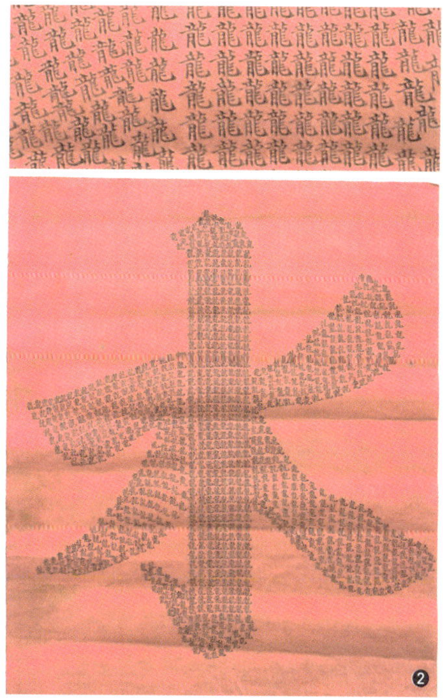

❶ '水' 자명 육각형 은판
❷ '水' 자문 지류(위는 확대)
❸ 용문 지류

하는 것이 예나 지금이나 가장 확실한 대책이다. 그런데 화재는 대체로 대응하기 어려운 저녁부터 새벽 사이에 발생했다. 경복궁 중건 과정에서 가장 피해가 컸던 것은 1866년(고종 3) 3월과 1867년(고종 4) 2월의 화재였다. 1866년의 화재는 밤 12시경, 1867년의 화재는 저녁 8시경에 발생했다. 화재가 이렇게 늦은 시간에 일어난 이유로는 난방 과정에서의 부주의나 실수를 떠올릴 수 있다. 다만 『경복궁영건일기』에서 확인되는 10건의 화재 중 난방이 집중되는 겨울과 봄뿐 아니라 여름과 가을에도 화재가 일어났다. 여기에는 밤늦게까지 지속된 작업[夜役]도 한몫했던 것으로 보인다. 작업이 늦어지거나 왕의 행차를 앞두고 야간작업을 진행했던 일이 종종 확인된다. 1866년 3월의 화재는 화공畫工의 작업소에서 발화했는데, 음력 3월은 난방이 절실했던 시기는 아니었다는 점을 감안하면 불빛이 많이 필요했던 야간 잔업 때문이 아니었을까 싶다.

화재가 야간에 일어나는 만큼 순찰의 역할은 더없이 중요하였다. 경복궁 영건이 시작되면서 각 분야의 인력을 배치할 때 당연히 수직군守直軍도 정해졌고, 형조를 통해 10명이 선발되었다. 1865년(고종 2) 6월 성곽공사를 개시할 때 각 군영이 맡은 공사 현장에서도 군졸들이 수직의 임무를 부여받았다. 1866년 6월 광화문을 비롯한 성문과 성곽이 완성되어 각 군영의 장교 및 군졸들에게 시상을 하였다. 순라巡邏와 수직守直을 맡았던 장교와 군졸들에게도 상을 주었는데, 네 개 군영(훈련도감, 금위영, 어영청, 총융청)의 장교 360여 명과 군졸 2700여 명에게 무명 1필과 돈 4냥씩을 지급하였다. 1년 여간 매일 같이 야간 순찰과 당직에 참여했던 모든 군인들을 대상으로 했던 것으로 보인다.

이런 나름의 예방책에도 불구하고 큰 화재를 모두 막을 수는 없었다. 1867년 8월 광화문 동쪽 인부들의 거처에서 불이 나 작업소까지 타고 광화문 선단석도 불에 그을렸다. 조정에서는 수직군들이 제대로 순찰을 하지 못했다고 보고 이들을 징벌했다. 동십자각 화공 작업소에서 생긴 화재에 대해 의정부에서는 불을 끄는 도구와 야간 경비를 하는 병졸이 있었지만 불에 접근하지도 않고 번지는 것을 구경만 하고 있었다며 강하게 비판하였다.

이에 책임자인 훈련대장에 대해서는 파면, 장교와 군졸은 유배형에 처할 것을 요청하였고, 국왕은 이를 허락하였다. 다만 경복궁 영건에서 훈련도감이 맡고 있는 역할과 훈련대장의 비중으로 인해 곧 용서한다는 전교를 내렸고, 이에 장교 및 군졸에 대한 처벌도 취소되었다. 당시 수직 군인들의 입장에서는 죽다 살아난 심정이었을 것이다. 1867년 8월에 작업소와 임시숙소에 불이 났을 때, 목재 운반을 맡은 송군松軍이 신속하게 진압해 불이 더 이상 번지지 않았다. 그렇지만 당시 수직했던 군사들은 태만했다는 이유로 곤장을 맞았다.

순찰을 통해 화재를 미연에 방지했던 경우도 있었을 것이다. 다만 이미 발생한 화재는 사람의 힘으로 막기 어려웠고 우리가 지금 알 수 있는 사실은 일어난 화재뿐이다.

화재의 피해와 복구, 공사의 지연

1865년 8월, 광화문 인부의 임시숙소에서 불이 났다. 목재가 가득한 공사장에서 발생한 불은 삽시간에 번졌다. 이 불로 광화문 기단 작업을 하고 있던 작업소 28칸에 불이 붙었고, 광화문 홍예석虹霓石 14괴와 선단석이 불에 그을리고, 심지어 일부는 떨어져 나갔다. 화마의 힘은 돌도 견디지 못했던 것이다. 1866년 3월의 화재는 훨씬 큰 규모였다. 자정 무렵에 발생한 불로 인해 나무를 다듬는 작업소 800여 칸이 타버렸고 근처에 쌓아 놓은 목재 역시 전소되었다. 당시 순찰과 수직을 맡은 군인들에게 유배형을 요청할 만큼 피해가 매우 컸다.

1865년 7월의 기록에 따르면 당시 설치된 작업소의 규모는 치목治木 · 치석治石 · 야로冶爐 및 잡물고雜物庫 · 애막艾幕(임시숙소) · 전고錢庫와 관련된 작업소 총 350여 칸, 광화문 작업소 361칸, 건춘문 작업소 59칸, 영추문 작업소 70칸, 신무문 작업소 29칸으로 총 869칸이었다. 그해 7월부터 화재가 발생한 이듬해 8월까지 약 1년이 지났기 때문에 작업소가 더 늘어났을 가능성이 크다. 그렇다고 해도 작업소 상당수가 소실되었던 것으로 보인다. 의정부는 당시 현장의 총 책임을 맡고 있던 훈련대장 이경하李景夏의 파면과 담당 군인의 유배를 요청했다. 고종의 배려로 처벌이 시행되지는 않았지만 영건의 주요책임자 중 한 명인 훈련대장의 파면까지 언급된 것은 사태의 심각성을 잘 보여준다.

대한제국시기 애국계몽운동에 참여했던 윤효정尹孝定은 그의 저서 『풍운한말비사風雲韓末秘史』에서 1865년의 화재로 인해 극도로 분노한 흥선대원군이 훈련대장 이경하를 처형시키려 했다고 묘사했다. 사실 여부는 확인하기 어렵지만 윤효정, 나아가 당대 지식인들의 눈에 그렇게 비칠 정도로 화재의 피해가 컸던 것이다.

화재의 여파는 작업소뿐 아니라 목재의 부족으로 이어졌다. 1865년의 화재 이전에 목재와 관련된 기사들을 살펴보면, 백성들이 원납하거나 조정에서 지정 또는 구매한 것을 모두 합쳐서 약 8만여 개가 확인된다. 이외에 별다른 문제없이 수송된 목재들은 기록에 잘 나오지 않기 때문에 그 이상의 목재가 경복궁 영건 장소에 도착했을 것이다.

그런데 화재가 발생한 1866년 3월로부터 약 한 달 후인 4월 8일, 영건도감에서는 강원 감영에 문서를 보내 인제, 춘천 등에 이미 값을 주고 목재를 벌목했는데 운반이 늦어지고 있다며 질책하였다. 이때 기록된 목재는 총 20만 개였다. 목재의 양도 양이지만 운반에 들어가는 노동력을 생각하면 그야말로 엄청난 숫자다. 20만 안에는 화재로 소실된 목재와 함께 애초에 필요한 물량도 포함되어 있었을 것으로 보이지만, 화재가 아니었다면 이렇게 어마어마한 양이 필요했을까 싶다.

화재의 피해는 크지 않았지만 고종의 가슴을 철렁이게 한 사건도 있었다. 같은해 12월 경복궁 동쪽의 영추문 근처에서 작업을 하던 도중, 영조의 잠저潛邸인 창의궁에서 화재가 발생했다. 당시 창의궁 내 장보각藏譜閣에는 영조의 노년기와 소년기를 그린 어진御眞이 두 개나 있었다. 화재 상황은 실시간으로 보고되었고 근정전 공역을 맡고 있던 이경하가 신속히 의정부 정청으로 어진을 옮기도록 했다. 고종은 이 소식을 듣고 당일 영조의 어진을 즉시 궁 정동의 육상궁 안에 있던 냉천정冷泉亭으로 옮겨 봉안하도록 했다. 화재는 왕실의 권위가 담긴 물건도 가리지 않았다.

주의하고 또 주의했지만 1867년 2월에도 대규모 화재가 발

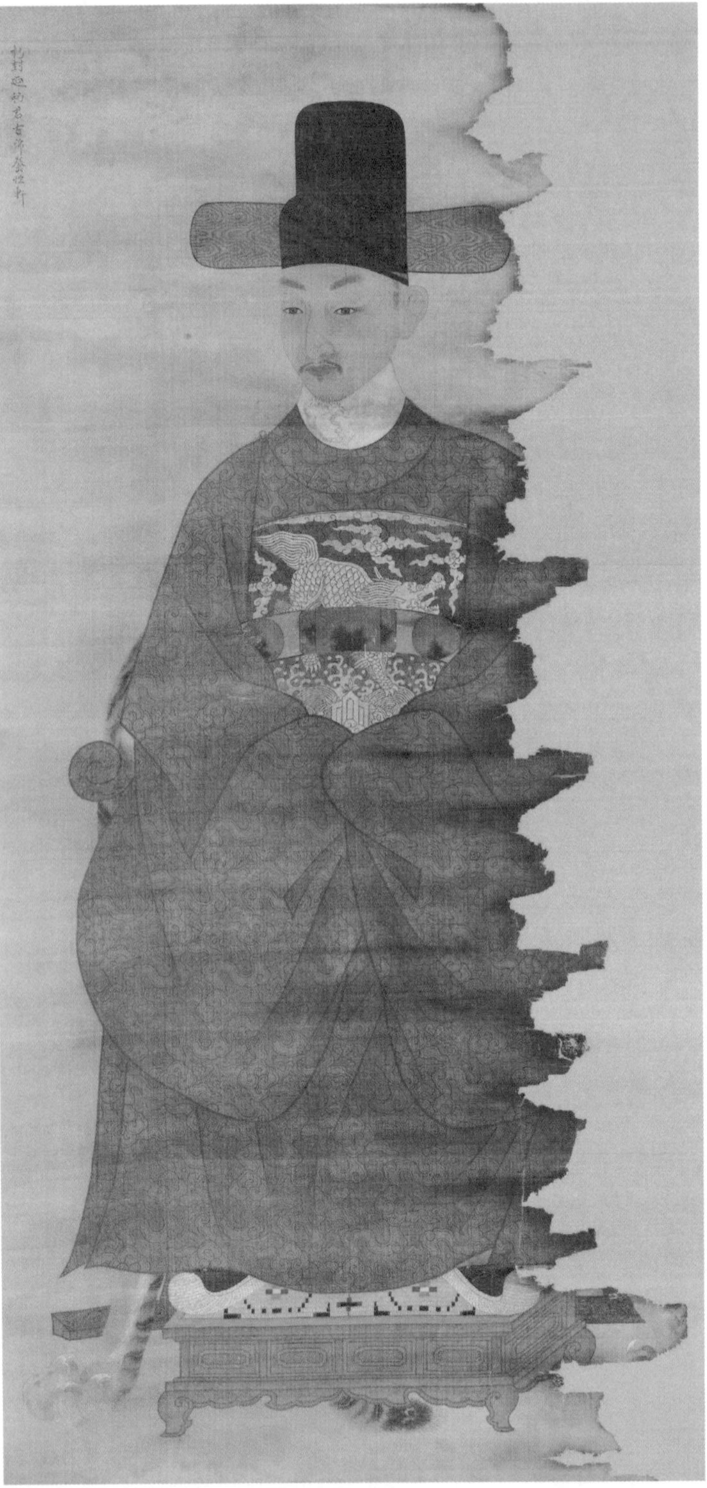

연잉군 초상

영조의 21세때 초상이다. 창의궁 장보각에 모셔져 있었는데, 1866년 화재 때 언급된 어진인지는 알 수 없다.

생했다. 저녁 6시 무렵 서북풍이 거세게 부는 가운데 별간역別看役의 처소에서 시작된 불은 서쪽의 영추문에서 동쪽의 건춘문 안쪽에 있던 전고錢庫와 잡물고雜物庫까지 번졌고, 수많은 작업소에 저축해 두었던 목재도 대부분 불에 탔다. 이 목재들은 사정전 남쪽 행각行閣 등을 짓는 데 쓸 용도였다. 화재가 발생한 경우 순라와 수직군에게 책임을 묻는 것이 일반적이었지만, 고종조차 바람이 세차게 부는 가운데 인력으로 할 수 있는 방법이 없다는 것을 인정하면서 전각에 불이 붙지 않은 것만으로도 다행이라고 여겼다. 이 때문에 영건도감에서 관련 군졸들의 조사를 요청했지만 고종은 원인 규명을 중단시켰다. 다음날 고종은 명령을 내려 호조판서로 하여금 날마다 공사 현장을 감독하도록 했다. 그러나 이미 너무나 많은 목재가 불에 타 대부분의 작업이 중지되었다.

목재가 없이는 공사를 지속할 수 없었다. 이에 곧바로 전국 각지에 목재 확보와 운반을 지시하는 명령이 내려졌다. 강원도에는 화재 이전에 베어낸 서까래용 목재 420개를 신속히 운반하도록 했고, 충청도에는 안면도에서 동량으로 쓸 나무 500개를 베어낸 후 10일 안에 경강京江에 도착시키라는 무리한 명령을 내리기도 했다. 이후에도 지속적으로 광주, 가평, 강원도 등에 적게는 1000개에서 많게는 8000개의 목재를 수급하도록 공문을 보냈다. 같은 해 7월에는 건릉, 원릉 등 수원부 관할의 능원에서 베어낸 목재 1만 7502개가 육로로 이동하는 상황이 확인된다.

광해군대 중건된 경희궁의 경우 1500칸으로 알려져 있는데, 공사 과정에서 지방에 할당된 목재는 약 3만여 그루라고 한다. 단순 비교하면 중건된 경복궁이 광해군 당시의 경희궁보다 5배 정도 큰 규모이므로 최소 15만 그루 이상의 목재가 들어간다는 계산이 나온다. 그렇지만 두 차례의 큰 화재는 이 이상의 목재를 필요하게 만들었다. 공사 기간은 길어지고, 나무를 베어 운반하는 백성들의 노고는 더욱 가중되었다. 화재가 일어나지 않기를 바라는 마음은 풍수에라도 의지할 수밖에 없었다.

서양오랑캐의 침략, 뱃길을 막다

궁궐 역사가 한창 진행 중인 1866년 8월 16일, 느닷없이 이양선 몇 척이 양화진 근처로 와서 조선의 군민들을 크게 놀라게 하였다. 그 이양선은 프랑스 극동함대 소속의 배였다. 서해 일대에 이양선이 출현한 적은 있지만 서울의 지척인 한강 안쪽까지 들어온 것은 처음이었다. 중국 천진에서 왕래하던 배가 멀리 조선에까지 온 이유는 그해 초에 발생한 조선 왕조의 천주교 탄압 때문이었다.

조선에서는 유교 이외의 믿음을 사악한 가르침[邪教]으로 규정하여 전파를 제한하거나 심각한 경우 신도들을 사형에 처하기도 하였다. 조선 초기에는 불교가 갖고 있던 정치적 위상을 박탈하였고 19세기를 전후해서는 새롭게 전파되기 시작한 천주교가 탄압의 대상이었다. 1866년 초, 천주교 신자에 대한 대대적인 체포와 처형이 단행되었다. 그 과정에서 수천 명의 종교인들이 죽음을 맞이하게 되었는데, 그중에는 프랑스인 신부도 포함되었다. 병인박해로 불리는 이 사건은 병인양요의 직접적인 원인이 되었다.

『1872년 지방지도』「강화부전도」

『1872년 지방지도』「강화부전도」 문수산성(위)과 정족산성(아래) 일대를 확대한 것이다.

프랑스 신부의 사망이 중국에 주재하고 있던 프랑스 공사에게 전해지면서 상황은 심각해졌다. 주청 프랑스 공사 벨로네Henri de Bellonet는 조선과의 전쟁을 추진했고, 청 조정에는 간섭하지 말라는 압박을 가했다. 2차 아편전쟁으로 북경까지 점령당했던 청은 조선의 종주국이라는 명분만 있을 뿐 프랑스를 중재할 힘은 없었다. 다만 조선에 프랑스의 침공이 있을 수 있다는 문서를 보내줄 따름이었다.

1866년 8월 프랑스 함대는 조선의 연안 측량을 시작으로 강화도 부근으로 집결했다. 9월에는 갑곶진을 함락시키고, 곧이어 강화성을 공격하여 점령한 후 약탈을 감행했다. 그러나 10월 문수산성 근방과 정족산성 전투에서 패배한 후 끝내 철수하였다. 약 3개월간 지속되었던 병인양요는 조선 군민들에게 심각한 대외 위기의식을 안겨주었다. 당시 서울에서 호조의 하급 관직을 맡고 있던 이윤선은 당시의 상황을 다음과 같이 기록하였다.

> 전에도 간혹 소동이 있던 때가 있었지만 근일보다 심한 적은 없었다. 상하 귀천인 중에 짐을 꾸리지 않은 이가 없으며 부인들은 산중으로 도피하여 교여轎輿와 물품들이 도로에 연이었다. 어제 강화도가 함락되었다는 소식을 들은 이후 더욱 심해졌다.
>
> 『공사기고』 고종 3년 9월 10일

서양오랑캐의 공격은 서울 도성 내를 극도로 혼란스럽게 했고 피난민들이 줄을 이었다. 이러한 상황에서 중건 공사를 중단해야 한다는 상소가 올라오는 것은 당연했다. 비상시국에 특별히 관직에 임명된 이항로李恒老, 전 헌납 박주운朴周雲 등은 토목 공사로 인해 민력이 지나치게 소모되는 현실을 비판하였다. 특히 박주운은 양요와 같은 상황에서 공사를 지속하는 것은 민심을 거스르는 행위라고까지 하였다. 그러나 고종은 경복궁 중건의 뜻을 전혀 굽히지 않으면서 다음과 같이 답하였다.

> 정사를 보는 대궐을 짓는 것은 곧 천명을 받아 왕업을 이어가기 위한 것으로 오늘날 조정의 신하들이 나의 뜻을 헤아리고 있을 것이다.
>
> 『승정원일기』 고종 3년 10월 13일

실제로 양요가 발생하기 이전인 1866년 7월에 동원된 연인원은 공장工匠과 담모군擔募軍을 합쳐서 약 7만 2000명이었다. 양요가 시작된 8월에는 약 7만 6000명, 전쟁이 격화된 9월에는 약 9만 1000명, 10월에는 약 11만 명이었다. 7월과 비교해 9월에는 약 2만 명이, 10월에는 3만 8000명이 더 늘었던 것이다. 따라서 동원 노동력의 숫자로만 본다면 영건은 무탈하게 진행되었던 것으로 보인다.

그러나 병인양요는 병자호란 이후 230여 년 만에 조선 국내에서 처음으로 발생한 전쟁이었다. 게다가 상대는 프랑스라는 전혀 다른 문명권의 국가였다. 따라서 중건 공사에 영향이 없을 수 없었다. 전쟁의 여파는 무엇보다 목재 운반에 지장을 주었다. 프랑스군은 문수산성을 함락시킨 이후 강화도 동쪽과 한강 하구 일대를 휘젓고 다녔다. 그 과정에서 세곡稅穀을 운송하기 위한 경강선京江船이 프랑스 군함에게 납포되기까지 하였다. 이는 수운에 심각한 문제가 생겼다는 것을 뜻했다.

당시 근정전의 들보와 기둥으로 쓸 나무는 서울 및 경기지역에서 구할 수 없어 멀고 먼 함경도 안변에서 베어 낸 후 뱃길로 함경 → 강원 → 경상 → 전라 → 충청도를 거쳐 경기도로 이동하고 있었다. 신속하고 확실한 운반을 위해 각도에 주의를 기울이라는 공문도 여러 차례 발송했다. 그런데 프랑스군이 강화도 갑곶을 점령하면서 강화도에서 경강京江으로 들어오는 물길이 막혀버렸다. 이에 어쩔 수 없이 수원 지역의 포구에 목재를 정박시켜 상황을 봐가면서 운반할 수밖에 없었다. 이 때문인지 1866년 9월부터 10월 중순까지 강화도와 한강을 경유하는 어떠한 수송도 확인

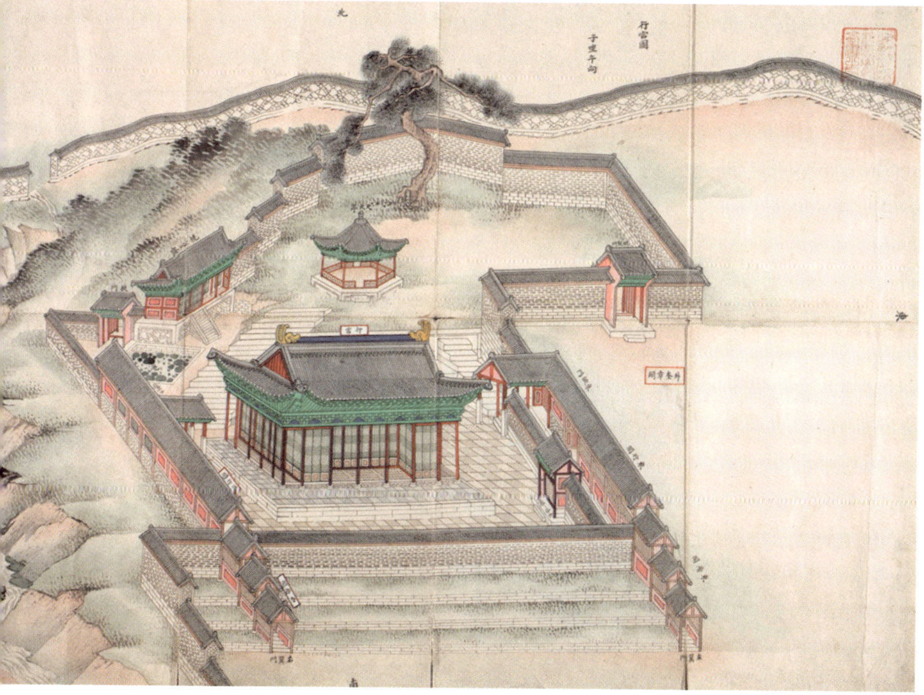

『강화부궁전도』「외규장각도」(위)「행궁도」(아래)　강화부의 궁전·묘전 등을 1858~1865년경에 그린 지도이다.

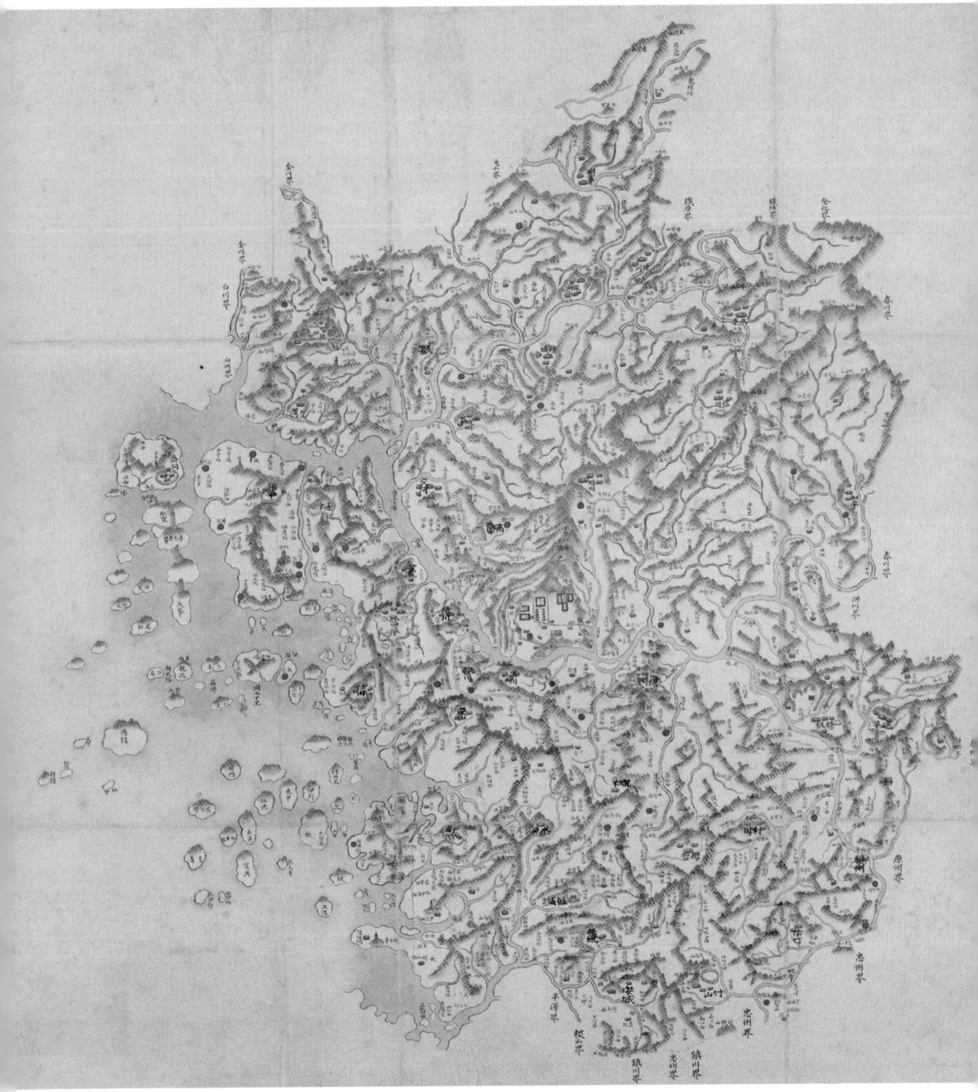

「경기도지도」
강화도는 물길을 통해 서울로 들어오는 길목에 위치해 있다.

되지 않는다.

목재 운송이 본격적으로 재개된 것은 프랑스 함대의 철수가 확인된 10월 14일 이후부터였다. 영건도감에서는 14일 당일 즉각적으로 충청, 전라 감영에 관문을 보내 함경도에서 출발한 대형 목재의 수송을 서둘러 재개하라는 명령을 내렸고, 아울러 해당 목재가 정박하고 있던 각 군현에도 동시에 공문을 보내 수송을 독촉했다. 이때가 돼서야 꽉 막혀있던 서해의 수운로가 뚫리게 되었다. 그러나 생각지도 못한 서양오랑캐와의 전쟁으로 당시 공사가 진행 중이었던 근정전과 사정전의 작업은 영향을 받지 않을 수 없었다.

전쟁에 동원되는 군대, 중단되는 작업들

병인양요의 여파는 목재 수송뿐 아니라 현장에서의 작업에도 영향을 주었다. 이양선이 양화진에 근방에 나타난 1866년 8월을 전후하여 서울에서는 비상상황이 지속되었다. 조정에서는 강화도와 별개로 적이 서울로 올 것을 염두에 두고 이를 방어하기 위해 순무영을 신속히 조직하였다. 훈련대장 이경하는 순무사로서 서울에 주둔하고, 어영청 중군 이용희李容熙는 강화도와 가까운 통진으로 나갔으며, 총융사 신관호申觀浩 등은 양화나루를 지켰다. 훈련도감, 어영청, 총융청 등 군영들이 비상사태에 동원된 것이다.

8월 25일 사정전과 근정전의 정초定礎 행사가 있었다. 임진왜란 이후 사용하지 못했던 조선의 법궁法宮에 초석을 놓는 날이었기 때문에 당상과 낭청이 모두 나왔다. 그렇지만 비상상황 속에서 공사의 주축인 훈련도감의 대장 이경하는 혜화문 밖에서 군진을 점검해야 했기 때문에 참석할 수 없었다.

외적 방어의 전면에 나선 중앙 군영들은 영건 공사의 중심축이기도 했다. 경복궁 중건을 시작하던 초기인 1865년 6월부터 성곽공사를 개시하였는데, 군영들이 나누어 공사를 담당했다. 광화문에서 건춘문까지는 금위영, 영추문까지는 어영청, 신무문에서 동쪽으로 건춘문까지 그리고 서쪽으로 영추문까지는 훈련도감에서 맡았다. 더하여 각 궁문宮門 역시 군영에서 나누어 건축을 책임졌다.

군영의 역할은 여기에서 그치지 않았다. 훈련도감의 기와 제작소는 영건에 동원되었다. 영건도감은 중건 공사 초기에 기존의 와서瓦署로는 기와 제작 물량을 감당할 수 없었기 때문에 훈련도감의 와막瓦幕을 와서와 합치도록 하였다. 아울러 수레에 필요한 목재의 수급도 군영에서 직접 나섰다. 목재와 석재를 운반하는 수레는 한성부와 군영에서 가져다 썼다. 공사 초기에는 수레의 제작에 필요한 목재를 영건도감에서 직접 지방 감영에 공문을 보내 확보했다. 그런데 1866년이 되면서 훈련도감 또는 어영청에서 수레 제작용 목재를 지방으로 가서 확인한 후 영건도감에게 공문을 보내 벌목과 운반의 협조를 요청하는 방식이 나타났다. 즉 목재 수급의 한 부분을 군영들이 담당했던 것이다.

공사 주체로서 군영의 가장 중요한 역할은 석재 채취와 운반이었다. 각 군영들은 돌을 떠내는 작업을 수행하는 부석소浮石所를 설치해서 주요 전각에 들어갈 석재를 들여왔다. 경회루에 돌기둥으로 쓸 석재로서 4m가 넘는 돌은 금위대장 이경하의 지휘로 가져왔다. 경회루 전체 돌기둥 48개는 훈련도감, 금위영, 어영청에서 각각 16개씩 석재를 떠서 운반했다. 광화문의 주춧돌과 선단석의 운반 역시 군영의 몫이었다. 영풍정暎楓亭에서 돌을 떠서 첫 번째 선단석을 가져올 때는 무려 725명이 동원되었다. 석재의 크기로 인해 운반에는 많은 인력과 경험이 필요했는데, 이렇게 대규모 인원이 동원되는 경우에는 훈련대장 등이 직접 지휘를 맡기도 하였다. 철물鐵物의 확보 또한 군영이 일정 부분을 담당했다. 어영청에서는 철물 구매를 위해 사람을 파견해 철점鐵店을 열기도 했는데, 10만 근에 달하는 철의 구매를 수행하기도 했다.

강화도가 점령되고 언제 외적이 왕궁으로 진군할지 모르는 상황에서 군영들이 맡았던 모든 작업들은 제대로 진행되기 어려웠다. 위에서 언급한 석재 채취, 수레 제작용 목재 수급, 철물 확보 등의 활동은 병인양요가 지속된 기간 동안 거의 나타나지 않는다. 구체적으로 어떠한 작업이 얼마만큼 줄어들었는지는 파악하기 어렵지만, 작업 공정에 영향을 주었을 가능성은 매우 높다.

주요 전각 21개 중에서 양요 기간인 1866년 7월부터 10월 사이에 작업 기간이 걸쳐 있던 것들을 살펴보자. 건축을 결정한 날부터 정초와 입주立柱를 거쳐 최종 단계에 이르는 상량까지 평균 소요기간은 약 4개월이었다. 이 중 양요가 발생한 시기에 작업이 진행된 전각은 근정전과 사정전 두 곳이다. 근정전은 1866년 3월에 공사를 시작해서 이듬해 2월에 상량하였다. 총 11개월이 걸린 것이다. 사정전의 공사 기간도 동일하게 11개월이 걸렸다. 두 전각이 경복궁의 가장 중심적인 위상을 지닌다는 점을 감안해도 지나치게 많은 기간이 소요되었다. 근정전과 사정전에 상대적으로 2배 이상의 작업 기간이 소요된 것에는 자재의 수급 지연, 전각의 규모 등도 영향을 주었겠지만, 전쟁 위기 속에서 경복궁 중건의 핵심적 역할을 수행했던 군영들이 전선에 배치됨에 따라 공사의 속도가 더뎌진 점도 분명 존재했을 것이다.

경복궁은 흥선대원군의 작품?
궁궐을 지은 이름 없는 장인들

이연노

기록으로 남지 않은 사람들
공사를 준비하는 장인
나무를 다루는 장인
돌을 다루는 장인
금속을 다루는 장인
흙을 다루는 장인
칠 관련 장인
하루 3천여 명의 장인이 투입된 경복궁 중건, 그 의미는

기록으로 남지 않은 사람들

조선시대에는 대규모 건설공사를 마치면 공사 내용을 기록한 의궤를 발간했다. 이 의궤에는 공사의 진행 상황, 각 건물에 투입된 자재의 숫자, 공사에 참여한 관리와 장인들의 이름이 모두 기록되었다. 하지만 조선 건국 이래 가장 큰 규모로 진행된 경복궁 중건공사는 따로 의궤를 발간하지 않았다. 이 때문에 공사를 어떻게 진행했는지, 공사를 누가 감독했는지 등의 자세한 내용은 거의 알려지지 않았다. 그나마 2001년 근정전 수리공사를 진행하던 도중에 상량문과 함께 「영건도감감동좌목」이 발견되면서 근정전 공사에 참여한 관리들의 명단을 확인할 수 있었다. 이 문서에는 장인들의 이름도 기록되어 있었다. 총 14명의 이름이 기록되었는데 수화사首畵師, 당가화사唐家畵師, 목수도편수, 부편수, 상층편수, 하층편수, 공답편수, 당가편수, 석수편수, 개와장편수, 니장편수로 모두 장인들의 우두머리뿐이었다. 최근에 『경복궁영건일기』가 발견되면서 자세한 공사 내용을 알 수 있게 됐다지만, 이 책에서도 장인들의 구체적인 명단은 보이지 않는다. 많게는 하루에 3000여 명 이상의 장인이 동원됐기 때문에 이들 명단을 일일이 기록하는 것이 큰 의미가 없었을지도 모르겠다. 하지만 경복궁 중건공사는 이들 이름 없는 장인들의 손으로 진행됐고, 훌륭하게 완성되었다. 여기서는 이들 이름 없는 장인들이 경복궁 공사현장에서 어떤 작업을 어떻게 진행했는지 알아보고자 한다.

공사를 준비하는 장인

본 공사에 앞서서 공사를 원활하게 진행하기 위해 미리 만들거나 설치하는 일련의 작업을 가설공사라고 한다. 공사를 마치면 모두 제거해서 흔적 없이 사라지지만 공사과정에서는 매우 중요한 역할을 담당하는 것이 이 가설공사다. 현대 건축에서도 가설공사의 비중이 크기는 하지만, 전통 건축 현장에서 가설공사는 엄청난 비중을 차지하고 있었다. 그중에서도 가장 어렵고 큰 비중을 차지하는 것은 산지에서 건축자재를 구해 현장으로 반입하는 일이

「태평성시도」 건물을 짓고 있는 장인들

었다. 건물이 세워질 자리에서만 공사를 진행하는 것이 아니라 자재를 구하는 전국의 모든 곳이 건설 현장으로 변모했다. 따라서 경복궁에서만 장인들이 작업한 것이 아니라 자재를 구하는 전국 모든 곳에 장인들이 파견되어 일을 진행해야만 했다.

—— 조줄장造乼匠

공사에 앞서 미리 제작해야 하는 물건이 많은데 대표적인 것이 줄이다. 무거운 자재를 운반하거나 고정하기 위해 반드시 필요한 것이었다. 몇 겹의 날줄을 꼬아서 줄을 만드는 장인이 조줄장이다. 줄을 만드는 재료는 각 지방에 지정해서 운반하게 했다. 줄의 재료로 가장 널리 사용한 것은 짚[藁草]이었다. 더 튼튼한 줄을 만들기 위해 삶은 삼나무 껍질[熟麻], 칡 넝쿨[生葛] 등이 사용되었고, 소가죽[牛皮], 소 꼬리털[牛尾], 박달나무 껍질[檀皮], 느릅나무 껍질[楡皮]도 훌륭한 줄의 재료였다. 조줄장이 만든 줄은 자재의 운반뿐만 아니라 여러 다양한 작업에 사용됐기 때문에 항상 부족할 수밖에 없었다. 『경복궁영건일기』에는 줄을 만들기 위한 숙마와 생갈이 부족하다며 계속해서 지방에 운송을 요구하는 내용이 기록되어 있다.

—— 거장車匠

자재를 운반하기 위한 수레 역시 현장에서 직접 제작하여 사용했다. 한성부, 훈련도감, 어영청과 같은 관청에서 사용하던 수레를 빌려 사용하기도 하지만 숫자가 턱없이 부족할 수밖에 없었다. 수레는 거장이라는 장인이 만든다. 수원 화성을 지은 내용을 기록한 『화성성역의궤』는 여러 종류의 수레 모양과 부품을 그림으로 남겼다. 대거大車·평거平車·동거童車 등의 수레가 묘사되어 있는데, 대거와 평거는 소가 끄는 것이고, 동거는 여러 사람이 같이 끌고 갈 수 있도록 만든 수레다. 가장 큰 수레는 대거인데 『화성성역의궤』에 따르면 1량에 40여 마리의 소를 매어 끈다고 했다. 경복궁 공사에서도 여러 종류의 수레를 모두 이용했음이 분명하다. 수레는 몸체에서 바퀴까지 모두 나무로 만들다 보니 부러지기 쉬웠다. 따라서 자재를 운반하는 현장에는 혹시 모를 불상사에 대비해서 항상 거장이 대기하고 있어야만 했다.

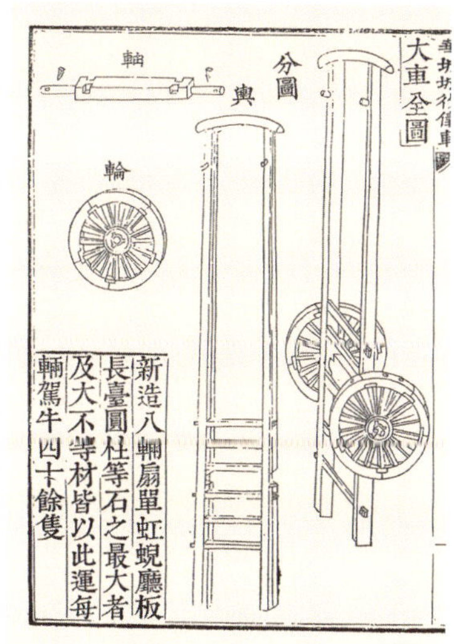

『화성성역의궤』「대거도」

—— 기계장機械匠 또는 부계장浮械匠

본 건축물을 짓기 전에 장인들이 높은 곳에 올라 작업할 수 있도록 층층이 나무를 엮어 만드는 가설물을 부계浮階라고 한다. 요즘엔 부계 대신에 비계飛階라고 부른다. 이 부계를 설치하는 장인이 기계장 또는 부계장이다. 『경복궁영건일기』에는 광화문에 설치한 부계에 대한 내용이 자세하다. "26개의 기둥을 세웠는데 높이가 18m이고, 2층으로 상층은 높아서 내려다보면 어지럽다. 대나무 난간을 만들고 포장으로 감쌌다."고 했다.

공사가 완료되면 철거하기 때문에 정확한 옛 부계의 모습은 알 수 없다. 서까래 굵기의 소나무를 이용해서 부계를 조립했다는 정도만 알 수 있을 뿐이다. 기계장은 기둥을 세운 다음, 이것을 타고 올라가 중간중간에 가로로 띠장을 설치해서 모든 기둥을 연결했을 것이다. 기둥과 띠장은 줄을 사용해서 단단히 묶고, 부계가 붕괴되지 않도록 경사지게 가새를 덧대 보강했을 것이다. 기계장의 작업은 높은 허공에서 아무런 보호 장비 없이 이뤄지기 때문에 매우 위험한 일이었다.

부계가 만들어지면 장인들이 오르내리는 계단을 설치했고, 부계 사이에 바닥판을 설치해서 작업을 진행할 수 있도록 했다. 대나무 난간도 설치했다고 하는데 작업자의 안전을 위한 시설로 보인다. 『경복궁영건일기』에서 "마조장磨造匠은 속칭 가리장이라고 하며 부계 기둥의 회롱통回籠桶과 난간 머리의 종 모양 나무를 갈아낸다."고 했다. 이때 마조장은 돌이나 나무를 갈아서 맷돌·연자매 등을 만드는 장인을 이르며, 회롱통은 회전하면서 줄을 감을 수 있도록 만든 기계를 말한다. 이것을 이용해서 부계 위로 공사에 필요한 자재를 끌어 올린 것으로 추정된다.

— 녹로꾼轆轤軍

녹로는 물건을 높은 곳으로 들어 올릴 때 사용하는 도구로 지금의 크레인과 같은 장비다. 지면에 견고하게 나무틀을 짠 다음, 한쪽 끝에는 두 개의 긴 장대를 연결해 세우고, 다른 쪽에는 회전하는 얼레를 설치한 것이다. 긴 밧줄을 이용해서 한쪽 끝은 얼레에 감고, 나머지 한쪽 끝은 장대 사이에 설치한 도르래를 거쳐 아

「태평성시도」의 녹로

래로 늘어뜨린 다음, 이곳에 물건을 묶어 놓는다. 이후 여러 명이 얼레를 돌리면 끝에 매달린 물건이 위로 들어 올려진다. 매우 무거운 물건을 드는 도구여서 녹로의 장대는 강도가 상대적으로 센 참나무를 깎아 만든다.

『경복궁영건일기』에서는 '선인船人'과 '녹로꾼'을 혼용해서 기록했다. 선인은 뱃사공을 말하며 다른 문헌에서 볼 수 없는 내용이다. 『경복궁영건일기』 1865년(고종 2) 7월 12일자 기록에는 녹로꾼의 수고가 대단했다는 내용이 담겨있다. 이날 광화문 어칸의 선단석(홍예의 최하단에 놓는 돌) 2괴를 제자리에 놓는 공사가 진행됐다. 이 선단석은 경복궁 중건공사 전체를 통틀어 가장 큰 돌이었다. 길이 12자(3.6m), 너비 4자(1.2m), 높이 3자(90cm)의 크기로 홍인문 밖 영풍정에서 떠왔는데 부역꾼 725명이 운반에 투입될 정도로 무거운 돌이었다. 선단석을 놓았는데 담모군 100여 명이 도왔지만 녹로꾼의 공이 80~90% 정도 된다고 했다. 또 녹로를 조작하는 방법과 뱃사공들이 돛을 매다는 방법이 같다고 했다. 오래전부터 녹로꾼은 뱃사공이 담당했다는 것을 알 수 있는 내용이다.

나무를 다루는 장인

—— 작예꾼斫曳軍

작예꾼은 목재를 벌채하고 운반하는 사람들을 말한다. 궁궐의 건축공사는 국가에서 나무를 기르는 금양처禁養處에서 목재를 벌목하는 것으로 시작된다. 하지만 경복궁 영건은 워낙 방대한 공사였기 때문에 금양처에서 기른 목재만으로는 턱없이 부족했다. 개인이 기른 사양산私養山의 목재를 매입하기도 했고, 목재를 찾아 전국 각지의 산을 뒤져야만 했다.

공사에 적합한 나무를 구하기 위해 한양에서 목수를 파견하기도 했고, 각 지방의 목수들이 산속을 뒤져 벌목할 목재를 찾기도 했다. 공사에 적합한 나무를 발견하면 벌목한 다음 낙인烙印을 찍어 특정 공사에 사용하기 위한 자재임을 표시했다. 그런데 경복궁 공사가 방대하고 오랜 기간 진행되다 보니 간혹 한강 물이 불어나 목재들이 떠내려가는 일이 발생했다. 이때마다 관리를 파견해서 떠내려간 목재를 다시 찾아왔는데 벌목할 때 표시해둔 낙인이 있어서 가능한 일이었다.

벌목한 목재는 작예꾼에 의해 산에서 끌어 내려져 강가나 바닷가 포구로 옮겨졌다. 모두 인력으로 산 아래까지 옮기는 고된 작업이다. 이렇게 끌어 내린 나무들은 뗏목으로 묶어 한강을 따라 운반하거나, 배에 실어 바다를 통해 한양으로 운반했다. 가장 멀리서 운반된 목재는 근정전을 짓기 위한 것들이었다. 고주와 보에 사용할 목재로 함경도 안변에서 적합한 나무를 구했다. 이 나무들은 배에 실어 동해에서 남해로, 남해에서 서해로, 서해에서 한강을 통해 한양으로 옮겨졌다.

— 톱장

공사현장에 도착한 목재를 가장 먼저 가공하는 이들이 톱장이다. 오늘날에는 제재소에서 규격에 맞게 전기톱으로 가공하지만 경복궁 영건 당시에는 모두 인력으로 작업을 진행해야 했다. 톱장은 대인거장大引鉅匠, 소인거장小引鉅匠, 기거장岐鉅匠, 거도장鉅刀匠, 걸거장乬鉅匠으로 나뉜다. 톱은 켤톱과 자름톱이 있는데 톱니에서 차이를 보인다. 켤톱은 목재를 섬유방향으로 자르는 톱이며, 자름톱은 섬유방향의 직각으로 자르는 톱이다. 인거장, 기거장, 거도장은 켤톱을 사용했고, 걸거장은 자름톱을 사용했다.

원목은 가장 먼저 인거장과 걸거장이 가공한다. 인거장은 원목을 일정한 굵기의 각목이나 얇은 판자로 켜내는 일을 맡는다. 나무를 비스듬히 세우고 톱날을 끼워 넣은 다음 목재를 켜내는데 5명 또는 3명이 동시에 작업한다. 걸거장은 나무의 머리나 밑동

「태평성시도」의 인거장

과 같이 쓸모없는 부분을 잘라냈다. 인거장이 켜낸 목재는 기거장에게, 기거장이 켜낸 목재는 거도장에게 넘겨져 훨씬 가는 목재로 가공된다.

— 선장船匠

건물을 짓는 데 필요한 얇은 판재들은 톱장들이 만들어준다. 하지만 건물의 구조를 담당하는 기둥, 보, 도리, 추녀, 서까래 등은 목수가 직접 원목을 가공해서 만든다. 목수들은 원목의 껍질을 벗겨내는 작업(초련初鍊), 부재 형태에 맞게 다듬는 작업(벽련劈鍊), 다른 부재와 조립할 수 있도록 장부를 만드는 작업을 순서대로 진행한다. 하지만 조선 후기에 이르러 이런 작업을 담당할 목수의 숫자가 급감함에 따라 나라에서는 다른 방도를 찾아냈다. 1804년(순조 4)에 창덕궁의 정전인 인정전이 불에 탔다. 중층의 정전을 다시 짓는 과정에서 목수의 숫자가 턱없이 부족하자 선장이라는 새로운 장인들을 건축공사에 투입하기 시작했다. 선장은 강가에서 배를 만드는 장인이다. 원목을 가공해서 배를 만들 때도 초련과 벽련을 진행하는데 이것이 목수의 일과 유사했기 때문이다. 선장에게는 초련과 벽련 작업에 필요한 대자귀가 지급되었고, 인정전 중건 이후 초련과 벽련은 목수가 아닌 선장이 담당하는 일이 되었다.

인정전 중건 이전에도 건축공사에 선장이 투입된 일이 있었다. 썰매를 만든다거나 녹로를 제작하는 일에 투입되었는데 이때는 대자귀가 아니라 끌을 가지고 목재에 구멍을 뚫었다고 한다. 『경복궁영건일기』에서 선장은 "대자귀를 잘 다루고 큰 구멍을 뚫는다[鑿大孔]."고 했다. 두 가지 전혀 다른 성격의 일이 동시에 선장에게 주어졌던 것을 알 수 있다.

—— 대목장 大木匠

선장이 초벽련한 목재와 톱장들이 켜낸 나무판을 가지고 본격적으로 목수들이 건물을 완성했다. 목수는 각각의 업무에 따라 목수木手와 소목장小木匠으로 구분된다. 목수는 건축물의 주된 가구架構를 만들며, 창호, 난간 등 세밀한 부분은 소목장이 담당했다. 오늘날에는 목수보다 '대목장'이라고 흔히 부른다. 하지만 옛 문헌에 대목장은 등장하지 않으며 통상적으로 목수라고 기록했다. 반면 소목장은 아주 오래전부터 문헌에 기록되었다는 차이가 있다.

목재를 조립할 때는 맞춤과 이음이라는 방법을 사용한다. 이음은 같은 방향으로 두 개의 목재를 붙이는 것을 말하며, 맞춤은 두 개 또는 그 이상의 부재를 직각 또는 특정 각도로 교차시켜 조립하는 것이다. 맞춤과 이음을 하려면 먼저 각 원목재의 따낼 자리에 밑그림을 그려야 한다. 실에 먹물을 묻힌 다음, 실을 팽팽하게

「태평성시도」의 대목장

근정전 목부재에 그린 공포도

놓고 튕겨 나무에 직선을 그린다. 이 실을 정현면사正絃綿絲라고 하고, 이 일을 담당하는 목수를 정현목수라고 했다. 이 일은 목수들 중에서 우두머리인 도편수가 하는 일이었다. 또 공포의 조립, 지붕의 곡선을 결정하는 추녀와 선자서까래는 사전에 치밀하게 계획되어야 한다. 목재를 다듬기 전에 양판이라고 해서 일종의 실시 설계도를 그린 다음 여기에 맞춰 각 부재의 크기와 형태를 정한다. 이런 일 역시 도편수가 담당했다.

목재의 치목이 완료되면 건물을 만들어 나간다. 초석 위에 기둥을 세우고, 기둥에 대들보를 설치한 다음, 상부 가구를 짜맞춰 나가며 최종적으로 서까래를 걸어 건물의 형태를 완성한다. 이 모든 일을 담당하는 장인이 목수 또는 대목장이다.

— 소목장

소목장은 각종 가구家具를 비롯해 여轝나 연輦과 같은 탈 것, 제사에 필요한 각종 제기祭器 등 많은 종류의 목재 기물을 만드는 장인이다. 건축 일에 동원될 때는 흔히 창호, 난간을 제작했다. 또 건물 모양을 닮은 당가唐家, 보개천장의 부룡浮龍도 소목장이 만들었으며, 현판도 소목장이 제작했다.

목수들이 만드는 건물의 구조체는 기둥을 제외하면 사람 손으로 쉽게 만질 수 없는, 멀리 떨어진 곳에 놓여있다. 따라서 각 부재의 마감처리가 투박하다 하더라도 그리 문제가 되지 않는다. 하지만 사람이 직접 손으로 만지는 가구나 제기는 마감처리가 정교해야만 한다. 나무판의 마감이 울퉁불퉁하거나 흠집이 있다면 곧바로 불량품이 된다. 기물의 마감을 정교하게 하기 위해 소목장은 목수에 비해 훨씬 다양한 연장을 사용했다. 나무판의 마감 정도, 외사나 쌍사 같은 장식 여부에 따라 다양한 대패를 사용했다. 또 기물은 건물에 비해 충격을 받을 위험이 크다. 들고 다니다가 떨어뜨리기도 하고 다른 기물과 부딪치기도 한다. 따라서 기물을 만드는 나무판들끼리 쉽게 벌어지거나 틀어지지 않을 만큼 강력한 맞춤이 필요하다. 목수의 맞춤이 비교적 단순하다면, 소목장의 맞춤은 매우 다양하면서 치밀하다고 할 수 있다.

목수와 소목장은 다루는 나무에서도 큰 차이를 보인다. 목수는 대부분 소나무를 다뤄 건물을 짓는다. 기둥재로 느티나무를 사용하기도 하지만 대부분 소나무를 쓴다. 반면 소목장은 소나무를 선호하지 않는다. 가장 널리 사용한 목재는 백자목栢子木, 단목椴木(가목椵木)이다. 백자판은 잣나무 판자, 단판(또는 가판)은 피나

근정전
당가(위)와
부룡(아래)

무 판자를 말한다. 최상급의 재료는 백자판이고, 다음으로 단판이었다. 『경복궁영건일기』에서는 경복궁 근정전의 당가를 백자판, 추판楸板(가래나무 판), 단판으로 만들었다고 기록했다. 한편 덕수궁 중화전은 당가와 부룡을 백자판으로 만들었고, 창호의 창살도 모두 백자판으로 만들었다.

— 조각장彫刻匠, 목혜장木鞋匠

『경복궁영건일기』에서 조각장은 "들보의 머리, 공답을 조각한다.[刻樑欙頭貢踏]"고 했고, 목혜장은 "공답의 옆면을 잘라낸다.[斫貢踏邊面]"고 했다. 조각장은 물건에 조각을 하는 장인이며, 목혜장은 나막신을 만드는 장인이다. 건물을 짓는 일과 아무런 관련이 없을 것으로 보이는 장인들이다. 하지만 조선 후기 내내 건설공사가

2001년 근정전 수리 당시의 모습

근정전 공포

있을 때는 항상 조각장과 목혜장이 투입되었다. 선장의 사례와 같이 목수의 숫자가 절대적으로 부족했기 때문이다.

공답은 요즘 말로 공포다. 기둥과 처마 사이에 설치하는 것으로 매우 화려한 모습을 하고 있다. 공포를 구성하는 각 부재의 치수를 계획하고 모양을 정하는 것은 목수의 일이었다. 매우 고난도의 일이기 때문에 공포가 있는 건물을 지을 때는 목수들 중에 특별히 공포만을 담당하는 공답편수를 임명해서 전담하게 했다. 목수들은 공답편수의 지시에 따라 일정한 규격의 판에다가 공포가 서로 조립되도록 위·아래에 홈을 따내기만 했다. 이렇게 만들어진 판의 좌우 끝에는 먹으로 꽃 모양의 초각을 그려 넣는다. 이것을 조각장과 목혜장에게 넘겨 초각에 맞춰 공포를 조각하게 했다. 원래는 목수들의 일이었지만 목수가 부족해서 일을 떠넘긴 것이다. 조선말에 이르면 공포의 초각은 당연히 목혜장이 하는 것으로 굳어졌다.

돌을 다루는 장인

목재는 뗏목으로 만들어 강물을 따라 또는 배에 실어 바다를 통해 운반했다. 하지만 석재는 무게 때문에 먼 거리에서 운반하는 것이 거의 불가능했다. 따라서 필요한 석재는 공사장 인근의 산에서 식섭 소날해야만 했나. 경복궁 공사에 필요한 석새 역시 인근의 산에서 떠내 사용했다. 『경복궁영건일기』에는 석재를 떠낸 한양 인근 10여 곳의 지명이 기록되어 있다. 이들 가운데 영풍정, 삼청동, 불암이 가장 큰 석재 공급처였다. 광화문의 선단석, 경회루의 누주樓柱 등 크고 무거운 돌들은 모두 이곳에서 채취했다. 삼청동은 경복궁에서 그리 멀지 않은 지역이다. 영풍정은 흥인문 밖에 있던 정자로 다른 곳에 비해 운반이 비교적 용이했던 것으로 보인다. 하지만 불암산은 경복궁에서 상당히 멀리 떨어진 곳인 데다가 도로가 제대로 정비되지 않았음에도 어쩐 일인지 석재의 주요 공급처가 되었다. 『경복궁영건일기』에는 불암산의 석재를 운반하기 위해 수레가 통과할 수 있도록 도로를 정비하는 내용이 전한다. 조계曺溪에서 석재를 구하기도 했다. 조계는 삼각산에 위치하고 있다. 한양 북쪽에 위치한 왕릉을 조성할 때 문무인석, 혼유석 등의 재료를 이곳에서 채취했다. 거리상 경복궁에서 매우 먼 곳으로, 운반에 적지 않은 노력이 필요했다. 『경복궁영건일기』는 근정전에 사용한 석재를 조계에서 떠냈다고 기록했다. 운반에 어려움이 있지만 석재의 품질이 뛰어나서 특별히 조계의 석재를 사용했다고 한다.

돌을 떠내고, 다듬고, 제자리에 안치는 일을 하는 장인이 석수石手다. 석공사에 있어서 가장 중요한 장인이며 모든 일을 석수가 진행한다고 할 수 있다. 하지만 가장 많은 인원이 투입된 것은 석수가 아닌 모군募軍, 즉 석재 운반 담당 일꾼이었다. 석재의 운반은 매우 어렵고 위험한 일이었다. 석재를 운반하는 과정에서 사고가 발생해 사람이 사망하는 경우도 종종 일어났다. 따라서 석재를 운반하는 곳에는 항상 의관醫官이 대기하고 있었다.

채석장에서 석재를 떠내기 위해 석수는 돌의 결을 판단한 다음, 일렬로 몇 개의 구멍을 파내는 작업을 한다. 구멍이 만들어지면 이곳에 비김쇠라는 쐐기를 꽂아 넣는다. 그리고 여럿이서 쇠메로 비김쇠를 때려 균열을 내어 돌을 떠낸다. 돌을 떠내면 곧바로 첫 번째 가공인 초련初鍊을 진행한다. 떠낸 석재는 형태가 들쭉날쭉하고 필요한 크기에 비해 훨씬 크기 때문에 사용할 용도에 맞게 가공하는 것이다. 이러한 초련은 떠낸 돌의 중량을 크게 줄이는 효과가 있다. 이후 초련된 돌은 산 아래로 끌어 내려진다. 이 과정에 거장이 만든 썰매[雪馬]를 이용한다. 잘 닦이지 않은 경사진 산비탈을 내려가는 데 수레를 사용하는 것은 비효율적일 뿐만 아니라 위험하기 때문이었다. 산 아래로 옮겨진 석재는 2차 가공인 재련再鍊을 거친다. 계단석이라면 계단에 적합하게, 초석용 돌이라면 초석에 적합하게 모양을 잡아나가는 과정이다. 재련을 마친 석재는 본격적인 운반 작업을 거쳐 공사현장에 도착한다. 석재의 운반에는 수레가 이용되며 조줄장, 거장이 함께 작업을 진행했다. 석재의 운반이 완료되면 마지막 정련正鍊 작업에 들어간다. 정련은 최종적인 마감으로 작업을 마치면 건축물에 설치되었다.

금속을 다루는 장인

대동법 실시 이후로 국가는 철을 전문으로 생산하는 철계鐵契와 계약을 맺어 필요할 때마다 구입해서 사용했다. 하지만 경복궁 공사가 워낙 광대하다 보니 철이 부족할 수밖에 없었다. 『경복궁 영건일기』에는 곳곳에 철섬鐵店을 열어 철 생산을 독려하는 내용이 수차례 기록되어 있다.

건축공사에는 실제로 매우 다양한 종류의 철물이 들어간다. 부재의 긴결을 위한 못이 가장 대표적이며, 창호를 설치하기 위한 돌쩌귀, 배목과 같은 여러 종류의 철물이 필요하다. 이것들을 만드는 장인이 야장冶匠이며 일명 대장장이라고 한다. 야장은 화로를 차려놓고 저탄소강인 시우쇠를 달군 다음 두드리고 담금질하여 각종 도구를 만든다. 야장은 혼자서 작업을 하는 것이 아니라 취로꾼吹爐軍, 타조꾼打造軍과 함께 작업을 진행한다. 취로꾼은 화로에 풀무질을 하는 사람을 말한다. 쇠를 달구거나 녹이려면 화로의 온도가 높아야 한다. 이를 위해 반복적으로 화로에 바람을 불어넣어야 하는데 그 장치가 풀무다. 타조꾼은 화로에서 달군 쇠를 메로 때리는 사람을 말한다. 쇠를 달궜다가 때리고 물에 넣어 식히기를 반복하면 쇠가 점점 단단해지는데 이 과정을 거쳐 필요한 철물을 생산한다.

야장은 필요한 철물을 생산하는 것 외에 장인들의 연장을 벼리는 작업도 맡는다. 장인들이 사용하는 연장은 반복해서 사용하다 보면 끝이 무뎌진다. 연장이 무뎌져 더 이상 사용할 수 없으면 대장간에 가져와 다시 날카롭게 만드는 작업을 한다. 특히 석수

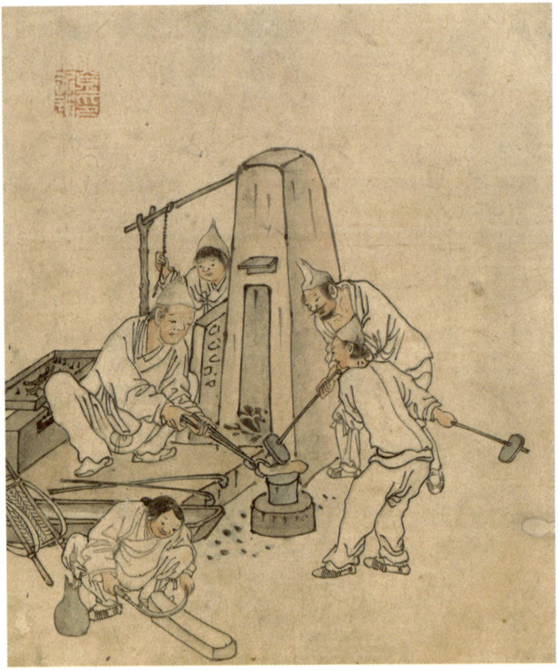

『단원풍속도첩』
「대장간」

가 사용하는 정은 단지 몇 차례만 사용하더라도 바로 무뎌졌다. 따라서 석수가 작업하는 곳에는 항상 대장간이 동시에 만들어져야 했다.

금속을 다루는 장인으로 야장 외에 주장鑄匠, 수철장水鐵匠, 납장鑞匠, 두석장豆錫匠 등이 있다. 주장과 수철장은 형틀을 만들어서 안에 쇳물을 부어 주물을 만드는 장인이다. 납장은 연輦이나 당가 등에 붙이는 장식물에 피막을 입히는 작업을 담당했다. 두석장은 구리와 주석을 합금해서 만든 황동을 이용해 경첩이나 가구에 붙이는 장식물을 만드는 장인이다.

직접 철물을 만들지는 않지만 만들어진 철물을 이용하는 장인도 있다. 박배장朴排匠은 창호를 매다는 것을 전문으로 하는 장인이다. 야장이 만든 돌쩌귀나 배목을 이용해서 건물에 창호를 부착시킨다. 부시를 만드는 부시장罘罳匠(철망장)도 있다. 부시는 수철(무쇠)로 만든 철망이다. 건물의 공포가 있는 부분에 새들이 날아와 집 짓는 것을 막기 위해 설치한다.

흙을 다루는 장인

흙을 주로 다루는 장인으로는 니장泥匠이 대표적이다. 니장은 요즘의 미장공으로 목수가 만든 건물 외벽에 흙을 발라 벽을 만들었다. 삼물三物이라고 해서 황토에 볏짚[穀草], 말똥[馬糞], 석회 등을 섞어 흙손으로 이것을 발라 벽면을 매끈하게 꾸민다. 초벌, 재벌, 정벌의 3단계 작업을 통해 벽을 바르며, 흙담을 쌓는 일 역시 니장이 담당했다.

『경복궁영건일기』에는 니장과 관련해서 '도급都給'이라는 단어가 자주 등장한다. 도급은 일의 기간과 양에 따라 일정한 금액을 약속한 다음 완료하면 금액을 지급하는 방식이다. 궁궐공사에서 이전에 도급을 시행한 일이 없었다. 모두 하루하루 일한 날짜에 따라 일당을 지급하는 방식이었다. 현대 건축공사도 모두 도급방식으로 진행된다. 도급으로 공사를 진행하면 장인의 능력에 따라 수입에 차이가 있을 수밖에 없다. 개인의 능력에 따라 훨씬 빠르게 일이 진행될 수도 있고, 실력 있는 장인들이 모여 장인 집단을 형성할 가능성도 있었다. 『경복궁영건일기』에서는 도급에 대해 "감

『단원풍속도첩』
「기와이기」

독하지 않아도 그들이 스스로 온 힘을 다했다."고 하여 도급이 만족스러운 건축방식임을 기록하고 있다. 비록 작은 건물과 흙공사에 한해 도급이 진행됐지만 조선의 건축방식에 큰 변화가 일어났음을 짐작할 수 있다.

흙을 이용하는 공사에는 기와와 관련된 일도 있는데, 기와는 와서瓦署라는 관청에서 구웠다. 한성부 용산 동쪽 둔지방屯之坊에 있었는데 진흙이 풍부한 언덕이 있었기 때문에 이곳에 와서가 들어섰다. 경복궁 공사에서는 너무나 많은 기와가 필요했기 때문에 가마를 늘리고 각 지방의 와공들을 불러들여 작업을 진행했다.

구운 기와를 지붕에 얹는 작업은 개장蓋匠 또는 개와장蓋瓦匠

경복궁 근정전의 막새(위)와
부석사 조사당의 연침구멍(아래)

이 담당했다. 건물 아래에서 니장이 흙을 배합해 만들어주면 개장이 받아 기와를 쌓아나갔다. 개장은 기와뿐만 아니라 토수, 잡상, 용두, 취두 등 지붕 장식재 설치도 담당했다.

기와를 설치할 때 안자장鞍子匠도 동원되었다. 안자장은 소나 말 위에 얹는 안장이나 마구馬具를 제작하는 장인으로 알려져 있다. 『경복궁영건일기』에는 안자장이 "궁추弓錐(활비비)를 가지고 서까래에 구멍을 뚫는다."고 기록했다. 다른 건축공사에서 안자장이 동원될 때는 주로 막새에 구멍을 뚫는 일을 맡았다. 막새는 처마 끝에 설치하는 기와의 마지막 장인데 전체 기와가 흘러내리지 못하도록 못을 박아 고정한다. 이때 못을 박는 구멍을 안자장이 뚫어주었다. 비록 『경복궁영건일기』에 막새구멍에 대한 언급은 없지만 이 역시 안자장이 뚫었을 것으로 판단된다. 목수들이 서까래를 설치할 때 서까래 끝에 구멍을 뚫어 인근 서까래와 싸리나무로 꿰어 걸어놓는다. 이때 싸리나무를 연침椽針, 구멍을 연침구멍이라고 한다. 원래는 서까래마다 못을 박아 도리에 고정해야 하지만 철물이 풍족하지 못한 상황에서 고육지책으로 고안해낸 것이다. 『경복궁영건일기』에서 안자장이 맡았다는 작업은 이를 말한다. 다른 공사에서는 마조장磨造匠이 연침구멍을 뚫었다고 기록한 문헌도 있다.

칠 관련 장인

건물이 완성되면 내외부에 단청을 칠한다. 건물에 색을 입혀 다른 건물과 격이 다르게 하기 위함이다. 단청은 바탕칠인 가칠단청부터 시작하는데 이것을 칠하는 장인이 가칠장假漆匠이다. 가칠단청은 기둥머리를 중심으로 아래에는 주홍, 석간주와 같은 붉은색을 칠하고, 위로는 녹색 안료인 뇌록을 칠한다. 이를 상록하단上綠下丹이라고 표현하기도 한다.

가칠장이 바탕칠을 마치면 이 위에 본격적인 단청을 칠한다. 가장 먼저 화원畫員들이 먹으로 단청의 밑그림(초)을 그린다. 화원은 도화서를 비롯해 지방 관아에 소속된 화가를 말한다. 화원들이 밑그림을 그린 다음 이 위에 화원과 화사畵師들이 안료를 칠한다. 경복궁 공사 이전에는 화사 대신에 단청장丹青匠이 등장하기도 한다. 2001년 근정전을 수리하던 도중에 "근경전화스에이정손이 경룡○○"이라는 묵서가 발견됐다. 단청을 담당했던 장인이 화사였음을 알 수 있다. 경복궁 공사 이전에는 단청공사에 화승畵僧이 많이 동원됐었다. 사찰건축은 단청을 칠하는 경우가 대부분이기 때문에 단청에 능숙한 승려들이 많이 배출되었다. 하지만 조선 말에 이르러 승려들이 도성에 드나드는 것을 양반들이 꺼리면서 장인들의 명단에서 화승은 제외되었다.

칠과 관련된 장인으로 진칠장眞漆匠 또는 칠장漆匠이 있다. 칠장은 옻칠을 전문으로 하는 장인이다. 옻은 기물을 대상으로 칠하는 경우가 많고, 건축물에 칠하는 경우는 극히 드물다. 그런데 『경복궁영건일기』 1867년 9월 6일자 기록에 각 전당의 장지문障子門과 밀창[推窓]에 옻칠을 했다고 하며 살대에 옻을 칠한 것이 처음이라고 했다. 건축물의 장식에 큰 변화가 발생하고 있다는 것을 알 수 있다. 위계가 높은 건물의 현판에도 옻을 칠했다. 검은 바탕의 현판을 만드는 데는 2가지 방법을 사용했다. 일반적인 건물은 바탕에 참먹을 갈아 만든 먹물을 칠했다. 하지만 근정전과 같이 중요한 건물의 현판은 3회에 걸쳐 옻을 칠해 짙은 검은 색을 띠게 만들었다.

하루 3천여 명의 장인이 투입된 경복궁 중건, 그 의미는

앞서의 장인들 외에도 경복궁 공사에는 무수한 종류의 장인들이 투입됐을 것이다. 물통과 같은 통을 만드는 통장桶匠, 도배지나 창호지를 만드는 지장紙匠, 도배를 전문으로 하는 도배장塗褙匠,

방에 놓는 병풍을 만드는 병풍장屛風匠, 창호에 거는 주렴을 만드는 주렴장朱簾匠, 바닥에 까는 노점을 만드는 노점장蘆簟匠, 열쇠를 만드는 쇄약장鎖鑰匠 등이 경복궁 공사현장 이곳저곳에서 일을 하고 있었음이 분명하다.

하루 3000여 명 이상의 장인들이 몇 년에 걸쳐 곳곳에 투입되어 경복궁을 만들어나갔다. 조선 건국 이후 이 정도로 큰 대규모 공사장은 없었다. 전혀 기술을 갖추지 못했지만 장인 숫자를 맞춰야 했기에 불려와 머릿수만 채운 이도 있었고, 경복궁 현장이 힘들어서 도망친 장인도 있었다. 전국의 장인이 모두 모였기 때문에 다른 이에게서 새로운 기술을 배운 장인도 있었을 것이고, 서로 맘에 맞는 장인들끼리 동업자로 나선 경우도 있었을 것이다. 경복궁 공사에 대해서는 역사적으로 긍정적 또는 부정적 평가가 혼재하고 있다. 하지만 조선후기 건축 기술의 교류와 습득, 건축 기술 발전에 있어서 큰 진전을 이루는 데 기여한 공사였다는 점에는 모두가 동의하고 있다.

대규모 토목공사 현장의 관리감독자들

경복궁 중건은 조선왕조 최대의 토목공사 프로젝트
이어 날짜의 확정, 해이해지는 기강
연기되는 일정, 심해지는 독촉
별간역과 패장은 누구?
일기에 기록된 별간역과 패장들

김현정

경복궁 중건은 조선왕조 최대의 토목공사 프로젝트

공사 기간: 1190일(1865년 4월 2일부터 1868년 7월 4일까지).

공사비 충당을 위해 거둬들인 원납전 금액: 약 770만 냥.

자원군, 공장, 담모군으로 참여한 공사 인력: 565만여 명.

매일 공사를 진행하지 않았다고 하더라도, 하루 평균 3700명 이상이 참여한 그야말로 초대형 공사였다. 바로 고종이 즉위한 직후, 흥선대원군의 주도로 진행된 경복궁 영건 공사의 모습이다. 임진왜란 때 불타 없어진 경복궁이 왜 폐허 상태로 300여 년 동안이나 방치될 수밖에 없었는지 이해가 된다. 과연 어떤 임금이 이 거대한 사업에 엄두를 낼 수 있었을까? 법궁을 제대로 세워야 한다는 이상, 수많은 물량과 인력을 동원하기가 쉽지 않다는 현실, 그 사이에서의 갈등이 300년 동안이나 계속되었던 것이다.

우여곡절 끝에 경복궁을 다시 짓기로 결정했다지만, 국가의 역량을 총동원해야만 성공할 수 있는 이 초대형 프로젝트를 앞두고 왕과 신하들의 고민은 더욱 깊어질 수밖에 없었다. 이제는 구체적인 실행 계획을 세우고, 또 누가 어떻게 프로젝트를 관리할 것인지 결정해야 했기 때문이다. 조선시대에 이렇게 특수하고도 중요한 국가적 사업을 추진하기 위해 임시로 설치하던 기구가 바로 도감都監이다. 『증보문헌비고』에 따르면 특정 사업이 있을 때 도감을 설치하였는데, 여기에는 도제조·제조·도청·낭청·감조관을 두었다. 경우에 따라 인원을 더하거나 감하였으며 정해진 법이 있는 것은 아니었다. 도감은 혼례·책봉·장례·궁궐건축·사신영접 등의 사안에 다양하게 설치되었다. 그리고 목적한 사업이 끝나면 도감도 해체되고, 후세에 참고자료를 전하기 위해 의궤를 만들었다. 의궤는 말하자면 특정 행사(사업)에 대한 일종의 종합보고서였다.

경복궁 중건을 위한 도감은 대왕대비의 전교가 떨어지자마자 곧바로 만들어졌지만, '경복궁영건도감의궤'는 그 존재 여부를 확인할 수 없다. 조선시대의 일반적인 관행에 따르면 도감이 해체되고 의궤가 만들어졌어야 했다. 그런데 어쩐 일인지 경복궁 영건을 위해 설치된 이 도감은 궁궐 공역을 마친 후에도 1872년 무렵까지 계속 남아있었다. 경복궁 공역이 끝나자 성문을 수리하고, 문묘의 대성전·종묘·영녕전·여러 능의 정자각 등 서울과 인근의 주요 국가 시설의 수리를 진행했다. 이런 상황을 보면 당시의 영건도감은 단순히 경복궁 하나만을 위한 기구가 아니라, 조선의 수도를 재정비하기 위한 기구가 아니었을까 하는 생각이 들 정도다.

이처럼 경복궁을 다시 짓기 위해 도감을 조직한 것은 분명한 사실인데, 당대의 그 어떤 기록에서도 '경복궁영건도감의궤' 관련 언급을 찾아볼 수 없다. 과연 '경복궁영건도감의궤'를 만들기는 했는지 의심이 간다. 경복궁 중건의 과정을 후세에 참고자료로 전하기에는 무엇인가가 석연치 않았던 것일까? 아니면 당시의 혼란했던 사회 분위기 때문에 의궤를 남길 여유가 없었던 것일까? 지금으로서는 어떤 것도 단정하기 어렵다.

이렇게 지금 경복궁영건도감의궤는 전해지지 않지만, 그렇다고 당시의 종합보고서가 전혀 없었던 것은 아니다. 일본 와세다대학에 소장된 9책의 『경복궁영건일기』는 경복궁 중건의 모든 과정을 사실적이고 세밀하게 보여주는 자료다. 날마다 주고받

은 관문이나 현장에서의 사건 사고, 거둬들인 원납전과 동원 인원까지 이 자료를 통해 확인할 수 있다. 책에 종이 띠를 붙여 수정해 놓은 점, 1868년 4월 23일부터 다른 종이를 사용한 점으로 볼때, 이 자료는 초고의 성격을 지닌다.

이 보고서를 작성한 이는 영건도감의 낭청이었던 원세철로, 그는 경복궁 영건도감의 원년 멤버는 아니었다. 1866년(고종 3) 7월 6일 원년 멤버였던 낭청 임면수가 호조의 재물을 빼돌려 파면되고 황종림이 차출될 때, 부사과 원세철도 추가로 차출되었다. 사실상 실직實職이 없던 그는 1867년(고종 4) 3월에서야 종친부 주부라는 실직에 임명되고, 1년 뒤인 1868년(고종 5) 4월 15일에는 임실현감에 제수되어 낭청직에서 물러나게 된다. 원세철이 물러난 뒤에도 경복궁 공사는 계속되었고, 그가 작성했다는 『경복궁영건일기』는 그해 7월의 작업 내용까지를 모두 담고 있다.

이제 막 세상에 드러난 『경복궁영건일기』가 어떤 사료인지는 앞으로 많은 연구가 필요한 부분이다. 다만 여기서 주목하려는 것은 이 자료의 이름이다. 19세기 후반, 터만 남은 곳에 궁궐을 세우던 사업을 오늘날 우리는 '경복궁 중건'이라고 부른다. 중건重建에는 '보수하거나 고쳐서 다시 짓는다.'는 의미가 있다. 조선 500년의 역사 속에서 법궁을 다시 지었다는 뜻이다. 그런데 원세

경복궁 전경

철은 '영건營建'이라는 표현을 썼다. 당시 공사를 진행한 기구 역시 '영건도감'이다. 물론 영건은 건물 등을 건축한다는 일반적인 의미일 뿐이라고 생각할 수도 있다. 하지만 경복궁을 짓기 위한 그 많은 물력과 인력, 거대한 공사 규모를 당대인들은 중건이라는 말로는 다 설명할 수 없다고 생각했는지도 모를 일이다.

이어 날짜의 확정, 해이해지는 기강

1866년 12월 3일. 경복궁 영건 공사가 시작된 지 2년여의 시간이 흐른 시점이다. 주요 전각도 이미 영건하고 각사의 자리 배치도 끝냈기에 나머지를 순차적으로 완공해 나가면 문제가 없어 보였다. 그리하여 이어移御 날짜를 1867년 10월 30일로 정했다. 하지만 종국에는 마무리 작업의 지연으로 인해 계획을 변경할 수밖에 없었다. 10월 1일이 되자, 보름 정도 늦추어 11월 16일로 일정을 다시 잡았다. 이날 경복궁 이어 관련 공식적인 첫 행사를 하게 된 것이다. 바로 근정전 진하의식이다.

일정이 확정되자 현장에는 그야말로 비상이 걸렸다. 아니 경복궁 이어를 수개월 정도 앞둔 시점부터 현장 분위기는 심상치 않았었다. 1867년 6월 7일, 광화문 수문청에는 전령 하나가 걸렸다. 그 내용은 최근 공사현장에서 관리 감독이 제대로 이뤄지지 않는다는 질책이었다. 새로 지어 올린 건물 주변에는 마감 작업을 위한 작업소가 여전히 남아있었다. 그런데 그 현장에서 나오는 나무 부스러기들이 새로 지은 건물의 창문이나 벽체를 훼손했던 것이다. 이런 일이 하루이틀사이에 일어난 것이 아니라면서 전체적인 기강해이를 문제 삼았다. 비록 해당 입직 장교와 군졸을 처벌하지는 않았지만, 공사현장을 잘 지키고[把守], 잡인이 함부로 드나들지 못하게 하며[禁雜], 궁성 순찰[巡綽]을 제대로 할 것을 당부했다.

이로부터 한 달 뒤에는 또 다른 문제가 발생했다. 궁궐을 짓는 공사현장에서 일꾼들을 감독하는 문제였는데, 이때의 조치는 한층 더 엄해졌다. 1867년 7월 9일, 흥선대원군은 패장이 공역 감독을 제대로 했는지 점검하게 했다. 그리고 이때 적발된 사람에게는 엄중한 처벌을 내렸는데, 여기서만 끝난 게 아니었다. 이튿날에는 궁궐 공사현장으로 들어오는 사문四門 출입을 통제하고 하루

근정문에서 바라본 근정전

동안 3번이나 점고를 하였다. 공장과 담모군이 대리 출석하기도 하고, 무단으로 현장에서 이탈한 자도 있다는 사실이 드러났다. 또 조사할 때마다 궐원이 몇 명인지도 제대로 파악하지 못하고 있었다. 이때 적발된 장색, 담군, 모군이 300여 명이나 되었다. 상부에서는 이 모든 사태의 근본 원인을 궐문 출입 제한이 없었기 때문이라고 보고, 수문장졸守門將卒에게 전령을 내렸다. 이후로 공장과 담모군은 식사 때 이외에는 출입할 수 없으며, 부득이 출입을 해야 할 경우 반드시 보고하게 하라는 명이었다. 이후에도 또 다시 이와 같은 일이 있다면 수문장졸을 엄중히 처벌하겠다는 내용도 포함되어 있었다.

1867년 6월 광화문 수문청의 전령을 시작으로, 7월에는 영건의 총 책임자인 흥선대원군의 분부가 있더니, 8월에는 드디어 전교가 떨어졌다. 궁궐을 짓기 시작한 지 어느새 3년이 되어가고, 이어할 날도 잡혀 있는데, 영건의 진도는 많이 나아가지 못한 상태였다. 8월 8일의 전교는 별간역別看役과 원역, 공장의 무리들이 '그럭저럭 날이나 보내'는 것을 염려했다. 현 상태로는 기한 안에 공사를 마치지 못할까 걱정스러우니 현장을 각별히 단속하여 공사를 거행하라는 내용이었다. 여기에 덧붙인 조치도 있었다. 영건도감에서는 오늘 어떤 아문을 짓고 내일 어떤 관사를 지을지 10일마다 보고하여 조속히 일을 마치라는 것이었다.

이러한 전교가 내려지자 영검도감의 책임자 김병학은 사태의 심각성을 인지했다. 바로 당상과 낭청들에게 관리 감독의 강화를 지시할 뿐 아니라, 패장과 공장 등을 불러서 직접 효유曉諭하겠다고 나섰다. 8월 9일자 『경복궁영건일기』에 실려 있는 별간역과 서리의 분장기分掌記는 이러 배경에서 나온 조치였다. 8월 8일 전교의 파장은 경복궁 공사현장에만 그치지 않았다. 지방에도 관문을 보내 상황의 엄중함을 알렸다. 공역에서 도망갔거나 빠지려는 자들을 제대로 잡아내지 않으면 지방관에서 책임을 묻겠다고 했다. "일상적인 일로 생각하지 말고 마음을 다하여 거행하라."고 특별히 강조하였다.

그래도 조치가 충분치 않다고 생각했는지, 8월 26일에는 공사현장 경계 감독을 강화했다. 영추문은 광화문의 수졸守卒이 지키고 있었는데, 이날 이후부터는 어영청 출신 군관 1인이 군사 4명을 거느리고 파수하게 했다. 또 잡인의 출입을 금하는 전령傳令

을 사문에 다시 걸었다. 공역과 관련 없는 사람들이 무동舞童 등을 보기 위해 공역하는 현장에 몰려 방해가 되었고, 또 그 과정에서 각종 재목과 철물이 유실되는 폐단이 나왔기 때문이다.

1867년 10월이 되자 현장의 움직임은 더욱 바빠졌다. 비록 이어 날짜가 연기되었다고는 하지만 보름 정도 시간을 번 것에 불과했다. 10월 11일에는 주요 선각의 공사가 소금이라도 지체돼서는 안 되니 패장牌將을 전각마다 배치하게 하였다. 이에 교태전에는 김한필金漢弼, 자경전에는 박효환朴孝煥, 만경전에는 강경훈姜慶勳, 흥복전에는 최완신崔完信, 만화당에는 정치홍鄭致弘이 배치되었다. 11월 6일, 봉조하 김흥근을 비롯해 의정부의 고위 관리들이 전교를 받들어 경복궁을 간심하였다. 일종의 최종 사전점검이었다.

D-3일인 11월 13일, 본격적으로 행사를 준비했다. 우선 경비를 강화했다. 사문을 모두 수문장이 지키게 하고 이튿날에는 궐문 출입의 규례도 정했다. 승지는 영추문으로, 문관과 무관은 각각 광화문의 동협문과 서협문으로, 각사各司의 입직하는 관원과 액정掖庭 이하는 편의에 따라 드나들도록 했다. 또 궁 안에 있던 목역소와 석역소를 모두 궁 밖으로 옮기고, 각 전과 각 문에 잡인의 출입을 일절 금지시켰다. 이로써 공역으로 시끄러웠던 궐 안이 고요하고 엄숙해졌다.

연기되는 일정, 심해지는 독촉

1867년 11월 16일 진행된 근정전 진하의식은 19일 고종이

창덕궁으로 환궁하면서 끝났다. 경복궁 영건을 축하하는 의식이었지만, 전체 경복궁 전각이 완공된 것은 아니었다. 사실상 근정전을 비롯한 주요 전각의 완공을 축하하는 자리였던 셈이다. 그런 상황 때문이었는지 고종은 환궁한 뒤에 기필코 내년 봄까지 전체 공역을 마치라고 명했다. 그러나 경복궁 공사는 고종의 명대로 마칠 수 없었다. 1868년 봄이 되었지만, 공역은 끝날 기미가 보이지 않았다.

1868년 2월, 이어 날짜를 7월 2일로 못박았다. 그러면서 공역은 6월에 마치라고 전교하였다. 공역 관리 감독의 책임이 있는 당상들에게는 날벼락이 떨어졌다. 하루걸러 출근하던 그들에게 앞으로 매일 출근하라는 지시가 내려졌기 때문이다.

이처럼 영건 일정에 대한 독촉이 강화되는 가운데, 4월 14일 생각지도 못했던 사건이 발생했다. 임금이나 왕실 구성원이 머무르는 곳도 아닌데, 궐내각사와 각처를 지나치게 많은 칸수로 배치한 것이 문제가 되었다. 대원군은 관계자들을 신속히 처벌했다. 수패장首牌將 지복록池福祿, 도편수都邊首 김원식金元植은 장을 맞고 궁역宮役으로 자리가 옮겨졌다. 화사畫師 한계원韓啓元은 나인칸 등에 쓸데없이 무늬를 그렸다는 이유로 장 5대를 맞았다. 이들이 경비와 인력, 그리고 시간까지 허비했다는 것이 이유였다. 당시로서는 그만큼 심각한 사안이었던 것이다. 그런데 불똥은 당상과 낭청에

해질녘 근정전 일대의 전경

게도 떨어졌다. "영건 역사가 근래에 심히 나태해져 준공할 기약이 보이지 않는다."면서, "당상과 낭청이 매일 관아에 나아가 제대로 관리 감독을 했다면 어찌 이런 지경에 이르렀겠느냐?"고 문책했다. 당상에게 매일 출근하라고 전교를 내린 지 불과 2개월 만에 이런 일이 발생한 것이다. 결국 당상과 낭청의 출근 여부[仕進]를 5일마다 보고하게 했다.

공역을 마무리해야 할 6월이 되었지만, 5월 29일부터 연일 계속되는 비로 인해 마무리 작업을 원활하게 진행할 수 없었다. 6월 8일에는 궂은 날씨에도 불구하고 공사를 재촉하는 전교가 내려졌다. "이어할 날짜가 지금 멀지 않았으니 역사의 감독을 전일보다 배로 해야 한다."는 것이었다. 장인이나 담모군이 날씨를 핑계로

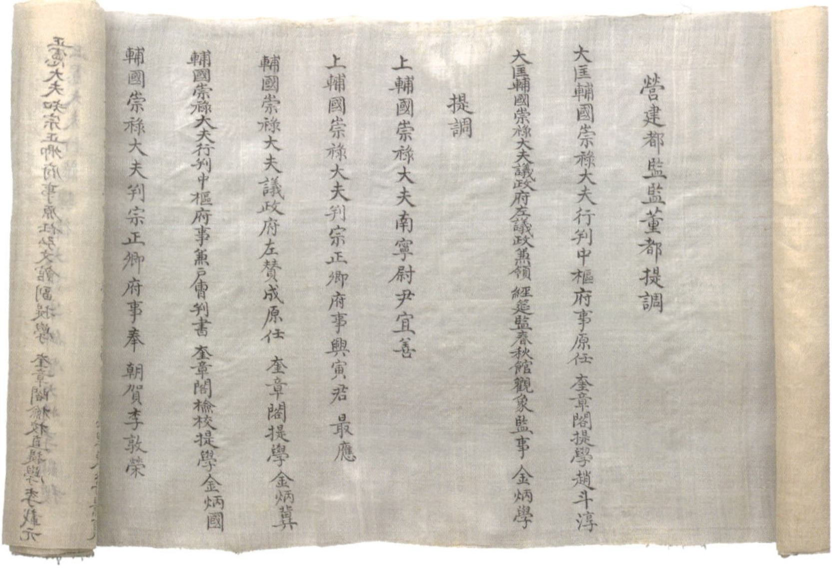

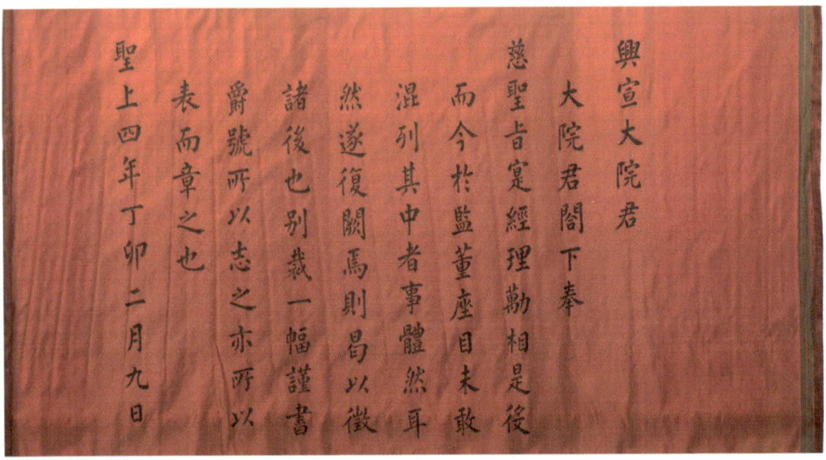

영건도감감동좌목(위)

2001년 근정전 중수공사 때 상층 종도리에서 발견된 것으로, 도제조를 비롯한 156명의 관계자를 기록하였다.

흥선대원군합하봉(아래)

붉은 비단에 경복궁 중건을 주도한 흥선대원군의 업적을 적은 것으로 영건도감 감독좌목과 별도로 제작했다.

공역을 지체하지 않도록 관리 감독을 강화하게 했다. 만약 그러한 상황이 벌어지면 별간역과 패장들에게 책임을 묻겠다고도 했다.

경복궁 공역의 관리 감독은 전체적으로 도감에서 책임지고 있었다. 하지만 세부적인 내용을 살펴보면 관리의 대상과 책임 소재가 각각 달랐다. 궁궐 전체를 지키는 문제는 수문장졸들과 관련된 것이니 제외한다고 하더라도, 궐 안의 공사현장 관리 문제는 도감의 당상과 낭청부터 별간역과 패장에게 책임이 분산되어 있었다. 4월의 사건에서 처벌받은 사람들은 수패장 · 도편수 · 화사였는데, 이들에 대한 관리 감독 책임은 당상과 낭청에게 있었다. 반면 6월의 사건에서 문제가 된 공장과 담모군 등에 대한 관리는 별간역과 패장에게 책임이 있었다.

경복궁 공역을 시작할 무렵, 현장에서 관리 감독을 맡은 사람들은 그 존재가 부각되지 않았다. 전체 기획과 물자조달이 중요한 문제였기 때문이다. 하지만 마무리 단계로 가면 갈수록 공사현장을 관리 감독하는 사람들이 거론되는 횟수가 많아졌다. 그중에서도 낭청 이하 별간역과 패장은 관리 감독의 최하층에 있어 그동안 크게 주목받지 못했던 사람들이다.

별간역과 패장은 누구?

경복궁을 짓기로 결정한 지 채 한 달이 되지 않은 1865년 4월 28일, 경회루 남쪽 둔덕에 초가들이 지어졌다. 경복궁 공역을 관리하는 도감의 관사였다. 도제조 및 제조는 20칸, 도청 · 낭청 · 감조관은 17칸, 별간역방은 8칸, 패장방은 38칸으로 공간을 구분하였다. 칸수만으로 보면 패장방이 가장 넓다. 하지만 낭청과 감조관은 1명씩 돌아가면서 근무했고, 별간역과 패장의 인원수를 감안하면 패장이 별간역보다 넓은 공간을 사용했다고 할 수는 없다.

경복궁 영건이 결정된 다음 날 영건도감에서는 도감 구성원들의 명단을 올렸다. 이런 도감의 구성에서 일반적으로 실무진은 낭청 이하의 하급자들이다. 『경복궁영건일기』에서는 낭청과 감조관을 1·2·3방으로 구분한 명단 아래로, 별간역과 패장이 나온다. 이로 판단해 본다면 낭청은 14명으로 사실상 실무진의 가장 윗사람인 셈이다. 감조관은 총 9명으로 낭청 아래에서 실제 업무를 관장했는데, 주로 호조아문이나 왕실 납품 물품 및 음식 등을 담당하는 관서의 7~9품 실무자들이다. 별간역과 패장은 그보다 아래 지위로, 공장과 담모군을 관리했다. 별간역에 거론된 사람들은 12명으로 현직보다는 전직前職이 많았다. 교수·별제·중군·군수 등 잡직·무관직·지방관 등 다양한 계통의 사람이 두루 있었다. 반면 패장은 담군패장 2명을 포함해서 총 49명으로 어영청·금위영·훈련도감 소속의 별무사나 교련관 등 전부 군영 소속 무관들이었다.

물론 이 인원이 공사 기간 내내 그대로 유지되던 것은 아니다. 1865년 12월 22일 별간역 이하에게 세찬을 지급할 때, 당시 별간역은 15명, 패장은 38명이었다. 그리고 별간역과 패장에게 지급한 액수도 달랐는데, 별간역에게는 15냥, 패장은 계사·녹사·서리·고지기와 함께 10냥씩을 받았다.

1866년 7월 1일 임금이 도감 근무자들에게 먹을 것을 내려주었을 때도 별간역과 패장을 구분하였다. 별간역 이상에게는 제호탕醍醐湯·원미元米·참외·복숭아·자두·찬합饌盒을, 패장 이하에게는 참외만을 주었다. 경복궁 중건 과정에서 별간역과 패장은 현장 관리자로 함께 언급되었지만, 실제로 별간역은 패장보다 높은 위치였던 것이다. 그렇다면 별간역과 패장은 과연 어떤 사람들이었을까?

조선시대 공역 현장에서 별간역은 일반 감독관(감조관)과 다른 업무를 담당했다. 감조관이 현장에서 장인과 인부들을 감독하는 일을 했다면, 별간역은 감조관과 장인의 중간 성격을 가졌다. 그들은 기술적인 문제를 다루면서 감독하는 위치에 있었으며, 새롭거나 특수한 기술이 필요해서 일반 장인들에게 맡기기 어려운 일을 직접 담당하기도 했다.

별간역이란 명칭은 18세기 중후반 기록에서 등장한다. 당시 국가에서는 장인들이 필요할 때마다 임금을 주며 고용하고 있었는데, 일반 장인들보다는 고도의 차원에서 기술적인 요구사항을 이해하고 해결해 줄 사람이 필요했다. 그들이 별간역이었던 것으로 추정하고 있다. 대표적인 인물로 최천약崔天若과 정우태丁遇泰가 있다. 최천약은 동래 출신 무인으로 주로 영조 때 활동했다. 그는 왕릉 석물과 어보御寶를 비롯해 악기와 자명종 등을 만들었으며, 영조 때 도량형 유척鍮尺 제작에도 참여했던 다재다능한 인물이었다. 반면 정우태는 정조 때 활동한 별간역이다. 그는 화성 축성과 현륭원 조성, 한강의 노량 배다리 설치 등 주로 건축 분야에서 활동했는데, 녹루의 형태를 개조한 별녹로를 고안해 낸 건축기술자이기도 했다.

한편 조선시대 공사현장에서 패장은 공사에 참여한 백성, 승

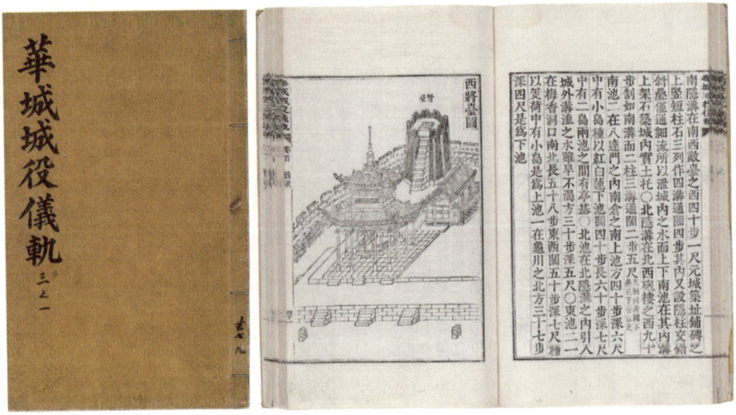

『화성성역의궤』

군 또는 모군 등 비숙련 노동자를 관리 감독하는 역할을 맡았다. 공사는 장인처럼 기술자만으로 진행될 수 없다. 물자를 운반하거나 건물 기초를 다지는 작업은 단순하지만 노동력이 많이 필요했다. 수많은 사람들이 동시에 작업을 하다 보니 일정한 관리 감독이 필요했으며, 그 일을 담당했던 사람이 패장이었으리라고 추정한다. 패장이라는 명칭은 18세기 후반부터 나타나는데, 그 이전에 패장처럼 현장의 관리 감독을 맡은 사람은 영역부장領役部將이었다. 18세기 후반에 만들어진 의궤를 보면, 패장은 장인이나 모군 등이 근면하게 작업하지 않을 경우 장을 때리고, 장인이나 모군을 얼마나 동원할지 계획하고, 실제로 투입 인원을 기록했다. 이외에도 현장 물품을 관리하고 도난 방지를 위해 감시하기도 했다.

한편 『경복궁영건일기』를 보면 패장이 현장 고사를 지내기도 했다. 상량의식이 있을 때는 별간역이 헌관으로 참여하였지만, 공사현장에서 지내는 고사는 패장이 담당했다. 사해신상四海神像을 사문의 문루에 설치하고 고사를 지냈을 때도 감제監祭와 축사를 패장이 맡았다.

일기에 기록된 별간역과 패장들

1868년 7월, 드디어 경복궁 공역의 대단원이 보이기 시작했다. 이제는 어수선한 공사현장을 서서히 정리할 때가 된 것이다. 그리고 그 시작은 조직의 축소였다. 7월 2일, 전교가 내려졌다. 각 전의 간역 및 패장들에게는 호조에서 베와 무명을 각각 1필씩 지급하라는 내용이었다. 도청과 1방만 남겨둔 채, 그 나머지 2방과 3방은 모두 혁파하라고 했다. 또 별간역은 도감에서 적당히 헤아려서 숫자를 줄이게 했다. 이제는 공역 관리에서 궁궐 관리로 모드가 전환되는 것이었다. 그렇다면 그 사이, 경복궁 중건 공역 과정에서는 최천약과 정우태처럼 두드러진 활동을 보인 사람이 없었을까?

별간역 중에는 박양진朴陽鎭을 주목할 수 있겠다. 그는 경상도 진수 사람으로 전 낭청이었는데, 처음부터 별간역으로 참여했던 것은 아니다. 1865년 4월 22일, 궁궐 안의 크고 작은 은구隱溝(일종의 상하수구)를 수축修築하겠다고 자원했는데, 후원지後園池와 경회루지 공역을 막 시작하던 무렵이었다. 이에 도감에서는 그를 일반 자원군이 아니라 별간역으로 일하게 하였다

그런데 박양진은 별간역으로만 경복궁 공역에 이바지한 게 아니었다. 『경복궁영건일기』 1865년 4월 27일 기사에는 "별간

역 박양진이 전적으로 재력財力를 담당하여 이날 은구공역을 시작했다."는 내용이 나온다. 또 1865년 11월 17일, 12월 28일 기사에는 원납금으로 은구대전隱溝代錢 500냥과 400냥을 납부한 박양진이 기재되어 있다. 이후에도 1866년 8월 22일, 10월 1일 기사에 진주 박양진이라는 사람이 9750냥, 1만 350냥을 납부한 내용이 나오고, 10월 12일에 박양진은 부장部將이라는 관직을 받게 된다. 별간역 박양진, 은구대전을 낸 박양진, 원납전을 내고 관직을 받은 진주 박양진을 모두 동일인물이라고 단정할 수는 없다. 그래도 최소한 별간역이 금전적인 기부행위를 했다는 점은 부인할 수 없을 것이다. 이는 조선시대 다른 공역과는 달리, 원납전을 거둬들인 경복궁 공역의 특징으로도 보인다.

한편 기술을 가진 별간역은 아니지만 별간역처럼 특수 공로를 인정받아 포상을 받은 사람이 있다. 바로 가칠패장假漆牌將 김원철金元哲이다. 1868년 5월 30일, 김원철은 경비를 아낀 공로를 인정받아 흥선대원군에게서 1000냥을 받았다. 뇌록磊碌의 원료는 본래 수비水飛를 해야 쓸 수 있는 물건인데, 김원철이 가루로 갈아 가라앉혀 사용하면서 전체 경비를 아낄 수 있게 되었기 때문이다. 패장의 역할을 현장 노동자들의 관리 감독에만 국한시킨다면, 김원철은 특수한 사례에 해당한다.

반면에 실제로 현장 관리 감독을 잘해 상을 받은 패장도 있는데, 주만철朱萬喆이 그런 경우다. 그는 역사 감독을 근실하고 부지런하게 한 공로로 1867년 8월 22일 호조판서와 훈련대장뿐 아니라 흥선대원군에게서까지 돈 100냥 및 돈피獤皮 10장을 상으로 받았다.

「백악춘효」
봄날 새벽의 백악과 경복궁 모습을 그린 그림이다. 조선의 도화서 화사였던 안중식의 그림으로 경복궁이 훼손된 이후인 1915년 작품이다.

이처럼 경복궁 영건의 현장에서는 수시로 예기치 못한 일들이 벌어졌다. 기일은 지체되기 일쑤고 자재는 모자랐으며 자금도 부족했다. 전국에서 모여든 잡역꾼과 전문 장인들 수천 명이 경복궁 영건이라는 단일 공사현장에 투입되어 있었고, 이들을 관리하고 감독하는 일 역시 단순하고 명쾌한 것은 아니었다. 알아서 자기가 맡은 역할 이상을 해내는 사람이 있는가 하면 수시로 현장을 이탈하는 자도 있고 아예 달아나서 숨는 자도 있었다. 관리자들 가운데에도 성실한 자가 있는가 하면 공사비를 착복하는 자도 있었다. 오늘날처럼 조직 관리 기술이 발달하지 못했던 시대였으니 그 복잡다단과 어수선함은 이루 말로 할 수 없을 정도였으리라고 짐작된다.

그럼에도 불구하고 고종대의 경복궁 영건은 결과적으로 훌륭하게 마무리가 되었다. 위로는 국왕으로부터 아래로는 기꺼이 노동력을 제공한 백성들에 이르기까지 모두가 힘을 모은 덕분이었을 것이다. 하지만 경복궁 영건의 대역사가 무사히 끝날 수 있었던 데에는 관리자들, 특히 장인이나 일꾼들을 현장에서 직접 조직하고 다루며 관리하던 하급 관리자들의 역할도 컸으리라 쉽게 짐작할 수 있다. 하루 평균 3000명이 넘는 인원이 동원된 공사현장에서 이들이 일꾼들을 부리고 관리하며 스스로 맡은 역할을 해냈기 때문에 경복궁 중건의 대역사가 완성될 수 있었던 것이다. 이들 가운데 기록에 남은 사람은 많지 않지만, 경복궁의 화려하고 아름다우며 장대한 전각과 누각들에는 이들의 피와 땀도 함께 서려 있는 셈이다.

경복궁 중건 현장은 좋은 일자리였을까?

김윤주

1865~1868년, 경복궁 중건 현장의 사람들

장인, 담모군의 삼시 세끼와 품삯

특별 보너스를 받다

잠자리와 의복을 제공받다

장인, 담모군의 3년, 그들의 삶은 만족스러웠을까?

1865~1868년, 경복궁 중건 현장의 사람들

1865년(고종 2) 가을은 공역(공사)이 시작된 지 서너 달이 지난 때였다. 가뭄 끝에 장마가 졌다. 그동안 지방의 장인 몇몇은 병이 나서 돌아갔고, 강물이 불어 나루에 쌓아둔 재목이 유실되었으며, 우역牛疫이 돌아 수레 끄는 소들이 폐사하였다. 상황은 여러모로 좋지 못했다.

그럼에도 중건 현장의 초반부 작업은 활기차게 이루어지고 있었다. 경회루 연못의 준설은 1만 명에 가까운 자원군이 14일 동안 매달려 이뤄냈다. 흥선대원군도 그곳으로 가서 하루 종일 진행 상황을 살펴보았다. 『경복궁영건일기』를 쓴 원세철에 따르면 자원군들은 자기들을 직접 위로해 준 흥선대원군에게 감격스러움을 느꼈다고 한다. 한편, 기존 석물을 걷어내고 터를 새로 닦는 작업도 행해졌다. 각지에서 목재들이 올라왔으며, 수백 개 임시 가가를 만들어 놓고 목재와 석물을 다듬었다.

전각 공사도 본격적으로 행해졌다. 경복궁 영건도감에서는 실력이 좋은 장인들을 불러모으기 시작했다. 충청도 공주의 와장瓦匠 정희손은 솜씨가 매우 좋았던 모양이다. 도감에서는 그를 경복궁 공사 현장으로 불러오도록 했다. 정희손 외에도 지방 장인들이 대거 올라왔다. 더불어 담모군의 수도 증가하였다.

경복궁으로 입성한 그들은 맡은 직업을 수행해나갔다. 안목이 좋은 니장泥匠은 교태전 박공[朴宮]의 동서 벽석壁石에 각각 '萬壽(만수)'와 '無疆(무강)' 글자를 아름답게 표현하였고, 힘센 담군들은 강녕전의 대들보를 메고 부계浮階(전각을 높게 지을 때 그 주변으

경회루

로 나무를 엮어 일꾼들이 올라가게 만든 시설)를 올라가 배설했다. 한편, 푸른빛의 청와를 구워서 쓰려던 일은 백지화되었다. 도자기 형태로 청와 하나 만드는 데 돈이 8냥이나 들었고, 청와의 빛깔을 내보려던 몇 가지 차선책은 별 호응을 얻지 못했다. 애써 청와를 만들려고 했던 와장들은 되돌려 보내졌다.

270여 년 만에 행해지는 경복궁 중건이 이처럼 시작되고 있었다. 공역 현장에는 일을 해서 먹고살려는 사람들이 점점 더 모여

교태전 담장

들었다. 1865년 4월 1일부터 1868년(고종 5) 7월 4일까지의 전체 공역 기간 중 가장 많은 노동 인력이 투입되었던 때는 전체 중건 기간의 중반부에 해당하는 1866~1867년이었다. 특히 봄·여름·가을에 사람들이 많았다.

봄이 되면 얼음이 녹아 그동안 중단되었던 일들이 다시 시작되었다. 기와를 굽는 것은 이때가 적기였다. 여름에는 해가 길어 오래 작업할 수 있었다. 다만 더위가 심해지면 병자들이 속출했다. 도감에서는 전의감·혜민서의 의생醫生을 2명씩 교대로 배치하여 병에 걸린 역부들을 치료하게 하였다. 더운 날에는 목도 자주 마르기 마련이다. '급수공덕자汲水功德者'라고 불리던 청룡사 승려 천일이 물 한 통을 지고 돌아다니며 사람들의 갈증을 풀어주었다. 가을이 오면 해가 짧아졌다. 그럼에도 이 무렵은 겨울이 오면 하지 못하게 될 일들을 처리하느라 더 바빴다. 무엇보다 강물이 얼기 전에 목재와 석재를 경복궁까지 옮겨오는 것이 관건이었다. 겨울이 되면 공역을 진척시키기가 매우 어려웠다. 여러 전각의 기와를 덮는 일도 일시 중단되었다.

장인, 담모군의 삼시 세 끼와 품삯

경복궁 중건 현장에서 노동의 대가로 품삯을 받았던 사람들은 크게 장인과 담모군의 두 부류로 나눌 수 있다. 장인은 목수, 석수, 니장泥匠, 조각장彫刻匠, 걸거장乬鉅匠, 박배장朴排匠, 조줄장造乼匠 등 전문 기술을 보유한 사람들이다. 그리고 담모군은 담군擔軍과 모군募軍으로 구분되는데, 담군은 무거운 자재를 짊어지거나 나르는 일을 했으며 모군은 개천 준설을 비롯한 각종 잡역을 수행했다.

공역에는 하루에 적으면 수백, 많으면 수천 명의 인력이 고용되었다. 새벽녘에 장인과 담모군이 경복궁으로 모여들면 도감에서는 근정전 월대 위에 있는 큰 북을 쳐서 그들을 불러 모았다. 도감에서는 명부상에 있는 명단과 실제 공역에 나온 사람을 대조하면서 매일의 인원을 점검하는 점고點考를 했다. 점고가 끝나면 장인과 담모군은 본격적으로 그날의 작업을 시작했다.

점고 이후 북소리, 방울 소리가 다시 울리는 때는 식사시간이었다. 식사시간은 대체로 조식과 석식 두 번이었다. 해가 길어지면 점심까지 세 끼 식사를 먹었는데, 3월 즈음부터 점심값을 주기 시작해서 가을이 되면 점심값 지급을 중단하였다. 식사는 경복궁 밖으로 나가 식주인食主人(식당 주인) 등에게서 해결했다. 매일 수천 명의 인력이 식사를 해야 하는 공사현장 인근에는 식당[飵店], 주점[酒肆]이 많이 있었다. 이들은 몇 명이 밥값을 모아 미리 식당 주인에게 맡겨두고, 식사 때마다 찾아가 끼니를 해결하기도 했다. 때론 안타까운 일도 있었다. 석수 10여 인이 식주인 박학심에게 81냥 1전을 선납하고 식사를 부탁했는데, 박학심이 돈을 갖고 도망가버렸던 것이다. 도감에서는 박학심을 잡아들이라는 관문을 그의 거주지로 보냈지만, 이후 그가 잡혔다는 기록은 없다.

사람들이 일을 마치고 돌아가는 시간은 대개 일몰 즈음이었다. 수천 명이 집으로 돌아갈 때면 경복궁 주변의 길가가 북적거렸다. 다만 『경복궁영건일기』에는 이러한 경복궁 주변의 광경이 자주 기록되지는 않았다. 우리는 그저 일기의 몇 가지 기록을 바탕으로, 당시 경복궁 주변 모습을 짐작해 볼 수 있을 뿐이다. 그 거리에는 자원군들의 역기役旗가 넘실댔고, 흥겨움을 돋우는 북소리와 징 소리가 가득 찼다. 잡희가 펼쳐지는 무대에는 갖가지 옷을 차려입은 무동들이 등장했으며, 그들을 보러 나온 구경꾼들이 길거리를 메웠다. 인파가 있는 곳에는 먹거리를 파는 상인들이 많기 마련이다. 곳곳에 식당과 주점, 엿장수와 담배 상인이 나열해 있었다.

경복궁 주변으로 밥집, 술집이 얼마나 있었는지는 일기 기록에 구체적으로 나와 있지 않다. 당시 경강京江(지금의 한강)의 사례를 통해 짐작해 보자. 경강에는 18세기 후반을 기준으로 약 700곳에 이르는 주막이 있었다고 한다. 경강은 품팔이 노동자들이 가장 많이 몰려들던 곳이었다. 경복궁 중건 때에도 하루에 만 명이 넘는 인력이 투입되는 경우가 있었다. 그 주변으로 몰려든 구경꾼까

『단원풍속도첩』「점심」「주막」

지 합하면 그 수는 더욱 늘어났다. 게다가 전국의 최대 소비도시인 한양이 아닌가. 경강 못지않은 수백 곳의 밥집과 술집이 있었을 것이다. 종일 체력을 소모하고 난 후 돌아가는 길은 힘겨웠고, 몇 잔 술은 그들의 피로를 풀어주었다. 물론 야간작업[夜役]이 없다면 말이다.

경복궁에서는 간혹 야역이 행해지기도 했다. 1865년 6월에는 광화문의 석재 관련 작업이 지체되어 격일로 야역을 했고, 1866년 12월에는 광화문이 완공되고 나서 국왕의 첫 거둥을 앞두고 야역을 했다. 야역의 빈도를 정확하게 파악하기는 어렵다. 그런데 야역이 아니더라도 꽤 많은 사람들이 경복궁의 밤을 지켰던 것 같다. 각종 재목이나 물품을 보관하거나 목재·석재를 다듬는 임시 가설물인 가가假家가 1865년 7월 기준으로 834칸에 달했다. 밤에 직숙하는 장교·병졸과 남은 작업을 하는 역부들이 꽤 있었으리라 여겨진다.

당시 경복궁은 야간작업이 행해질 수밖에 없는 대규모 공역 현장이었고, 공역 상황에 따라 현장 인력의 규모는 매일 바뀌었다. 『경복궁영건일기』에는 각 일자마다 공장工匠, 담모군, 자원군의 인원수가 기록되어 있는데, 1865년 7월 1일은 장인이 1633명, 담모군이 879명이었다. 중건 초기에는 담모군보다 자원군의 인력이 더 많이 활용되었다. 1년 뒤 1866년 7월 1일에는 장인이 2624명이고, 담모군이 3608명으로 대폭 증가하였다. 다시 1년 뒤 1867년 7월 1일에도 장인은 1997명, 담모군은 4857명이었다. 하루에 6천 명 이상의 고용 노동이 행해졌던 셈이다. 그리고 다시 1년 뒤인 1868년 7월 1일에는 장인이 1507명, 담모군이 3209명이었다. 이 시기는 공사가 마무리되어 가는 즈음이라 일부 인력이 빠져나간 때였다.

품삯은 하루 단위로 책정되었다. 1865년 5월 18일의 일기에는 장인, 담모군을 구체적으로 분류하고 각각의 역할과 품삯이 기록되어 있는데, 2.5전~4전의 금액 분포를 보인다. 이 품삯이 인상된 시기는 약 1년이 흐른 뒤였다. 1866년 3월 14일에 이르러서야 장인은 1전, 담모군은 5푼을 올려주었다. 이유는 그들이 사 먹어야 하는 밥값이 너무 비싸서였다. 즉 시장 물가 때문에 임금이 오른 사례라고 할 수 있다. 그런데 이 임금 인상이 항구적인 것인지 일시적인 것인지 애매하다. 이듬해인 1867년 4월 11일에도 임금이 올랐는데 목수, 니장의 기존 임금을 가장 처음 설정된 3전 8푼으로 계산하고 있다. 그렇다면 이는 임금이 지속적으로 오르는 것이 아니라 해가 길어져서 점심값을 더 치러준 것으로 판단된다. 또 비가 와서 밖에서 작업하지 못하게 되었을 때에는 장인과 모군에게 아침 밥값으로 1전씩 주고 돌려보냈다. 즉, 작업시간에 따라 돈을 지급한 것이다.

이 대목에서는 장인, 담모군이 치렀던 밥값도 짐작해 볼 수 있다. 위의 아침 밥값 1전은 하루 품삯의 3분의 1 정도이다. 점심값으로는 직역에 따라 5푼(0.5전)~1전 정도가 추가되었다. 그들이 실제 얼마의 밥값을 지불했는지 정확하게 알 수는 없지만, 5푼 정도로 추정할 수 있다. 뒤에서 언급하겠지만, 한 달에 한 번 담모군에게 추가 지급하는 밥값도 5푼이다. 그렇다면 대략 장인과 담모군의 하루 일당은 하루 세 끼 밥을 사 먹고 나서 조금 남는 수준이다. 이러한 가정 하에 가장 많은 4전의 품삯을 받는 대소인거장大小引鋸匠, 담군 등이 밥값으로 1전 5푼을 쓴다면, 그들의 수중에는 2전 5푼이 남는다.

특별 보너스를 받다

장인, 담모군은 고정 품삯 외에도 여러 명목의 보상을 받았다. 특별식 개념의 호궤犒饋, 음식 대신 돈으로 지불했던 건호궤乾犒饋, 포상에 해당하는 상전賞錢, 새해에 주는 세찬歲饌, 대원군을 비롯한 제조 등이 주는 행하行下 등이다. 예외적인 경우지만 병이 나서 귀향하면 전별금이, 사망 시에는 위로금이 주어졌다.

호궤는 음식을 내려주는 것이다. 1865년(고종 2) 9월에는 대왕대비전에서 큰 규모의 호궤 잔치가 벌어졌다. 제조 이하 장인, 담모군까지 모든 사람들을 대상으로 하였다. 도제조, 제조, 도청, 낭청, 감조관 등에게는 각기 계절음식으로 상을 차려 주었고, 별간역, 계사, 패장, 원역 등의 실무진과 장인들에게도 차등 있게 음식을 내려주었다. 담모군과 자원군에게는 돈으로 주는 건호궤를 하였다.

이러한 호궤는 예로부터 행해져 왔는데, 주로 전쟁·강무 시에 군사들을 위해 베풀던 것이다. 고려시대의 김부식은 서경의 묘청 세력을 평정할 때 군사들에게 양고기와 술을 베풀었고, 조선시대의 세종은 즉위 직후 상왕 태종과 함께 강원도에 가서 군사 훈련을 한 뒤에 수천의 군사들에게 호궤하였다. 18세기에는 상품화폐가 발달하면서 고기, 술 등의 음식 대신 돈을 지급하는 건호궤가 등장하였는데, 호궤도 사라지지 않고 지속되었다. 정조대 화성 성역 때에도 호궤가 행해졌고, 『화성성역의궤』에는 그 광경을 그린 「대호궤도」가 삽입되어 있다. 『경복궁영건일기』도 간혹 그림일기를 남겼더라면 좋았겠지만, 그림은 전혀 없다.

1865년은 중건 시작 첫해라서 그랬는지 초복(윤5월 11일), 중복(윤5월 27일), 말복(6월 7일)을 잘 챙겨주었다. 예로부터 삼복더위에는 백성을 부리지 않는다고 했지만, 공사는 중단되지 않고 호궤로 대체되었다. 초복, 중복에는 훈련도감에서 소 네 마리를 잡아 고깃국 한 그릇씩을 호궤하였다. 말복에는 돈으로 대신하였는데, 장인은 2전 7푼, 담모군은 2전씩 내려주었다. 1866년 이후에는 어찌 된 일인지 복날의 호궤가 뜸하다. 1867년 7월 9일 말복에

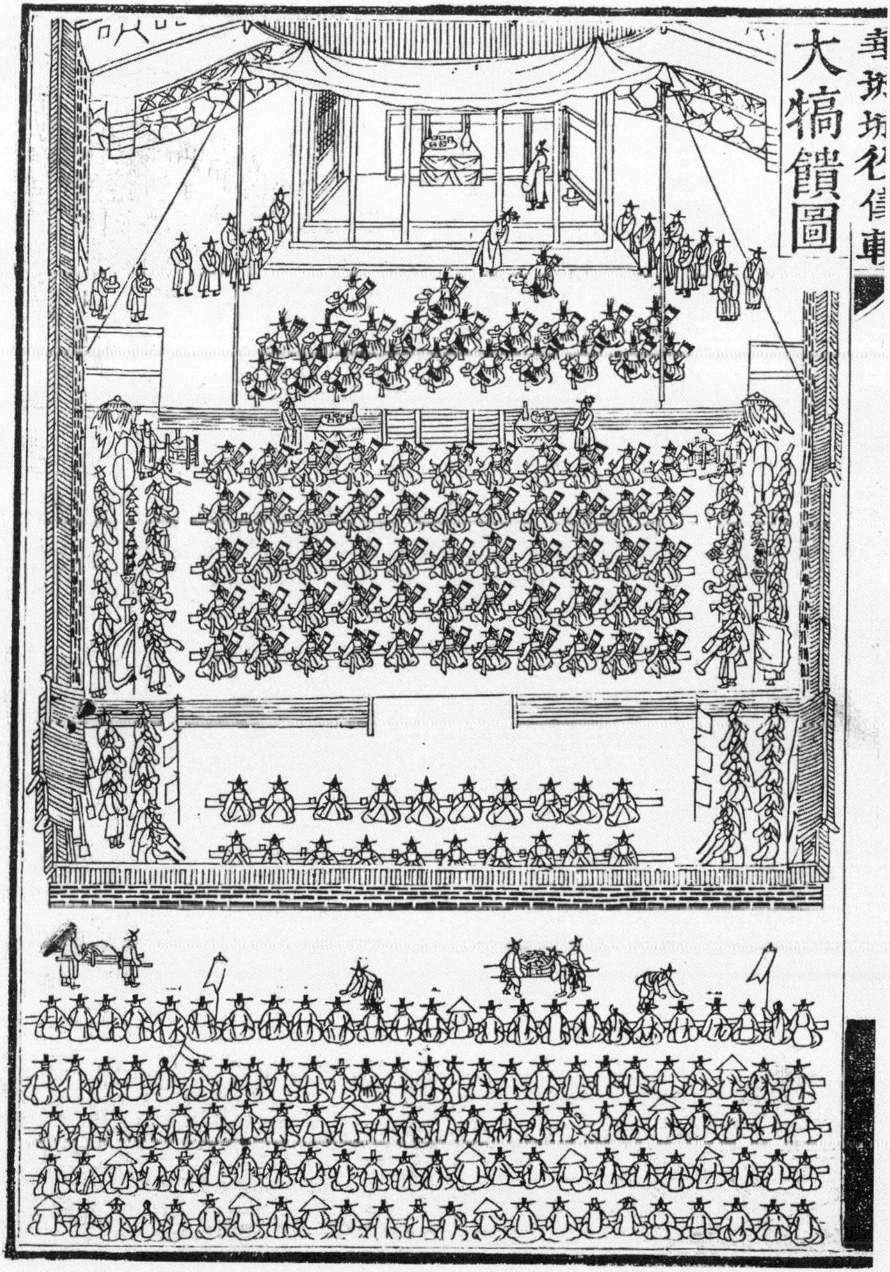

『화성성역의궤』「대호궤도」

장인에게 돈 1전과 참외 1개, 담모군에게 돈 5푼과 참외 1개를 호궤하는 정도이다.

복날이 아닌 때에도 술을 호궤하는 경우는 여러 차례 있었다. 도감에서는 1865년 윤5월 4일 가뭄과 더위가 심해 역부들에게 소주를 먹였다. 11일에도 국 한 사발과 술 한 그릇씩을 호궤했는데, 그날 원세철은 "온 성이 취하고 배불러 기뻐하며 손뼉 치는 모습이 손에 잡힐 듯했다."고 일기에 썼다. 6월 28일에는 대원군이 소주와 안주를 장인 1601명에게 하사해주었다. 훈련도감, 금위영, 어영청 등의 삼군영도 각종 공사현장에서 중요한 역할을 수행했다. 1868년 4월 6일 삼군영에서는 역소의 장인과 모군 370명에게 흰쌀밥, 고깃국, 탁주 한 그릇씩을 내려주었고, 6월 13일에는 어영대장이 패장들에게 밥, 개장[狗漿], 술을 호궤하였다.

하지만 많은 이들에게 음식을 차려주는 것이 보통일은 아니다. 그리하여 음식은 관료들에게만 주고, 장인, 담모군에게는 음식을 사먹을 수 있게 돈을 내려주는 건호궤를 시행하기도 했다. 1865년 7월부터는 건호궤가 정례화되었다. 매달 초하루에 국왕이 도감에 공장과 담모군에게 건호궤하라고 명하면, 도감에서는 대상 인원과 금액을 산출하여 보고한 후 장인과 담모군에게 돈을 나누어 주었다.

보통 건호궤 금액은 장인이 1전, 담모군이 5푼이다. 대체로 매월 한 번씩 건호궤가 행해졌고, 지급일은 초하루였다. 1867년 3월 17일은 국왕과 중궁이 육상궁 등에 춘전알春展謁을 행했을 때 특별히 하사한 경우이다. 몇 차례는 건호궤 금액이 두 배로 오르기도 했다. 1865년 7월 25일은 고종이 '넉넉하게' 지급해줄 것을 명한 경우인데, 초기에 공역을 독려하기 위한 목적이 아니었나 싶다. 그리고 1865년 10월 12일은 고종이 친림했던 때이고, 1867년 5월 12일은 돌림병이 돌았던 때이다.

포상을 받는 사례도 여러 차례 확인된다. 서울 사람 한세현은 가난하지만 집 판 돈 100여 냥을 모두 원납전으로 냈다가 대원군에게서 1000냥 포상을 받았나. 자신이 낸 것보다 10배의 돈을 상으로 받은 셈인데, 이 역시 중건 초기에 원납전 납부를 장려하기 위한 조처였다고 여겨진다. 그리고 홍수에 떠내려간 목재를 건져낸 사람, 자신의 녹봉을 털어 재목을 운반한 영암군수 등 목재 수급에 노력한 이들에게는 주로 관직 자급을 올려주는 것으로 포상했다. 박석을 떼어냈던 백성들에게는 돈으로 포상이 행해졌다.

영건 현장에서도 어려운 작업을 이뤄낸 사람들에게 상이 주어졌다. 1865년 6월 2일에 금위대장 이경하는 신무문의 홍예 초석 12괴를 옮겨온 거부車夫(수레꾼)들에게 상을 내렸고, 그해 9월 22일에는 대원군이 광화문 누각 상층에 도리목을 메고 올라간 담군에게 포상했다. 1867년 9월 15일에는 근정전 위에 기와를 다시 덮는 공역을 마친 개와장蓋瓦匠과 담모군에게, 9월 27일에는 근정전의 어탑御榻(임금이 앉는 자리)·오봉병五峰屛·닫집[唐家]을 만든 목수와 조각장에게도 상이 주어졌다. 10월 16일에는 대원군이 근정전의 석수·노야장爐冶匠에게 포상했다. 한편, 포상과 비슷한 것으로 행하가 있다. 수고비 명목의 돈을 개인적으로 내려주는 것이다.

포상과 행하의 주체는 다양했다. 도감에서 상을 내리는 경우도 있었지만, 고종이 특별히 포상하는 경우도 있었다. 고종은 1866년 6월 24일에 궁궐 축성이 끝난 것을 기념하여 각 군영의 장수·군졸을 비롯하여 장인·거부 등에게 대대적인 포상을 하였다. 그리고 대원군과 훈련도감 이경하 등이 돈을 내려 장인과 담모군을 치하하는 사례가 자주 있었다.

휴가도 주어졌다. 그러나 1년 중 딱 한 번의 휴가였다. 바로 설날이다. 12월 연말부터 시작해서 약 10~30일 내외의 휴가가 주어졌다. 거리에 따라 출발일이 달랐는데, 대략 12월 11일 무렵부터 시작된 귀향은 26일 즈음에 마무리되었다. 도감에서는 귀향하는 사람들에게 세찬을 마련해 주었다. 1865년의 경우 별간역(15명, 각 15냥) 이하 포졸(2명, 각 2냥)에 이르기까지 돈이 차등 지급되었고, 장인과 담군 총 1575명에게는 30명당 소 한 마리씩 도살하여 나눠주었다. 집이 먼 장인에게는 노자를 차등 지급하기도 했다.

물론 설날에도 공사가 완전히 중지되지는 않았다. 도감에서는 경기 인근에 거주하거나 돌아갈 집이 없는 사람들에게 돈을 더 지급하여 부역하기를 유도하였다. 요새 말하는 '설날 당직'인 셈이다. 1867년 설날에 일한 장인은 468명이고, 담모군은 237명이다. 1년 뒤인 1868년에는 잘 설득되지 않았는지 장인 151명, 담모군 135명에 불과했다.

잠자리와 의복을 제공받다

장인, 담모군은 주로 자신의 집에서 왕래하였다. 물론 먼 지방에 사는 사람들은 예외이다. 일과 후 집에 돌아가기 어려운 도성

밖 거주민의 숙박은 한성부에서 도감의 위임을 받아 해결하였다. 한성부에서는 양반집·상민집을 불문하고 숙박집을 선정해서 사람들을 배분시켜 재웠다. 그리고 거주지가 멀면 돈을 더 주고 가까운 곳에서 자도록 하였다. 경회루 녹로군과 같은 경우는 거주지가 강촌으로 너무 멀었다. 그리하여 도감에서는 조금 일찍 가고 늦게 오는 출퇴근을 배려하다가 결국에는 2전 2푼의 품삯을 4전으로 인상해 주면서 가까운 곳에서 숙박을 해결하도록 했다.

여름과 겨울에는 옷이 지급되었다. 우선 여름에는 얇은 베[布]가 시원하다. 1867년 여름 도감에서는 담군에게 각 1필의 베를 주었는데, 도합 41동 29필이 소요되었다. 1동이 50필이니, 총 담군 2079명에게 각 1필씩을 주었던 셈이다. 도감에서 베를 지급하면 집에 가져가서 옷을 만들어 입었던 것으로 보인다. 먼 지역에서 올라온 석수들에게는 베 1필 대신 돈 2냥씩을 지급하였다. 옷 만들기가 여의치 않았던 상황을 배려한 조치였다고 판단된다.

단오 무렵에는 고종이 패장에게 절삽[節箑·節扇]을, 낭청·감조관·서리 등에게 미선尾扇을 하사하였다. 절삽(절선)은 단오를 맞아 선물하는 부채인데, 이는 흔한 생활필수품이라기보다는 국왕과 신하들의 예제적 관계를 매개하는 상징물에 가까웠다. 게다가 부채를 내려준 대상도 낭청·패장 등에 국한되었다. 즉 장인·담모군이 사용하는 부채는 아니었다. 그리고 미선도 긴 자루의 부채로, 이 역시 노동 현장에서 더위를 식히기 위한 용도로 보기는 어렵다.

더위에는 옷이나 부채보다 차라리 옷을 벗어버리는 게 낫다. 1865년 경회루 못을 준천할 때 자원군들이 진흙을 잔뜩 뒤집어써서 '토봉土棒(흙몽둥이)'이라는 우스갯소리가 나오기도 했는데, 그

때도 상의를 입지는 않았을 것이다. 18세기에 그려진 김홍도의 풍속화를 떠올려보자. 「기와이기」 등의 그림에 등장하는 일꾼들은 상의의 옷섶을 풀어헤치거나 아예 벗어버렸다.

『단원풍속화첩』「기와이기」 일꾼들

옷은 여름보다 겨울에 더 필요했다. 도감에서는 겨울에 면, 무명 등을 지급하였다. 또한 장인에게 겨울옷으로 청색 면으로 된 두루마기 1벌씩 총 600벌을 만들어 주었다. 엄밀하게는 대여다. 이듬해 봄에 날이 따뜻해지면 반납하도록 했다. 또 다른 옷으로는 유의襦衣가 있다. 유의는 흔히 입었던 방한 의류로, 무명을 두 겹으로 하여 그 안에 솜을 채운 저고리이다. 조선시대 기록에는 국왕이 관료, 군사, 백성들에게 포상, 구휼 등의 명목으로 하사했던 사례를 많이 찾을 수 있다. 영건도감에서도 호조와 선혜청에 공문을 보내 겨울 전에 유의 제작에 소요되는 무명을 마련하도록 요청하였다.

장인, 담모군의 3년, 그들의 삶은 만족스러웠을까?

경복궁 중건은 엄청난 인력을 필요로 하는 국가적 사업이었다. 중건 소식을 들은 사람들은 새로운 일자리에 대한 희망이 있었을 것이다. 그렇다면 실제 경복궁 공사현장은 어떤 곳이었을까? 경복궁에서의 노동이 백성들의 팍팍했던 삶에 단비가 되었을까?

일단 단순하게 생각해보자. 일자리가 좋으면 사람들이 떠나지 않기 마련이다. 그러나 중건 후반기로 갈수록 경복궁의 공사 인력은 점점 빠져나가기 시작했다. 특히 기술을 가지고 있는 장인이 대거 이탈하였다. 당초 도감에서는 도성 내의 장인으로는 인력을 충당하기 어려워 지방 장인들을 대거 고용한 상황이었다. 하지만 병이 났다고 하면서 고향에 내려간 뒤로 몇 달째 감감무소식인 장인들이 부지기수였다. 어떤 석수들은 품삯을 선지급 받고 나서 도망가 버렸다. 도감에서는 각 지방 감영으로 수차례 관문을 보내 장인들을 다시 올려보내라고 요구했다.

장인들이 도성 내의 개인 집이나 경기·충청도 양반가의 공사현장으로 가버리는 경우도 많았다. 1867년 5월 4일, 도감에서는 개인의 공역에 참여하고 있는 장인들을 경복궁 현장으로 잡아들이겠다고 밝혔다. 장인을 고용한 집주인까지 처벌하겠다고 했다. 양주에 거주하는 윤성선은 장인들을 불러 일을 시켰다가 형조로 압송당해 형신刑訊(죄인을 형구로 고문하면서 신문하는 조사 방법)을 당하기도 했다.

강압적 조치에도 불구하고 인력 부족 현상은 나아지지 않았다. 도감에서는 "요즘처럼 장인들이 아무렇지도 않은 듯 도망하여 숨는 것이 심한 적은 없었다. 공역을 시작한 지 이미 3년이 되었는데 영건은 아직도 반을 넘지 못했다."는 우려를 나타냈다. 전국 각지에 수차례 공문을 보내 장인들을 올려보내라고 했지만 별 효과를 거두지 못했다. 심지어는 특정 지역의 장인들이 한꺼번에 달아나버리기도 했다.

그들은 왜 도망갔을까? 가장 큰 이유는 품삯이 적었던 것을 들 수 있다. 밥값과 술값을 빼면 수중에 남는 것이 별로 없었다. 그리고 앞에서 호궤, 건호궤, 포상, 행하 등의 특별 보너스에 대해 서술했지만, 그것은 일시적이고 제한적이었다. 우선 건호궤는 격려 차원에서 한 끼 밥을 내려주는 것이다. 상을 받는 것도 쉽지 않았다. 상은 모든 사람들에게 주는 것이 아니다. 그나마 한 번 이상 받기가 어려운 것이 상이다. 1866년 말에는 당백전이 유통되면서 화폐 가치 하락에 대한 두려움까지 맞물렸다. 조정에서는 당백전의 유통을 촉진시키려 했지만, 사람들은 당백전을 불신했다.

그런 데다가 준공 기일이 가까워지면서 작업의 강도도 높아졌다. 도감에서는 관리 감독을 강화해 가며 공역을 진척시켰다. 그런데 화재가 수차례 발생하여 각종 자재들을 불태워버려 일거리가 더욱 늘었다. 많은 장인들은 돈을 더 많이 주는 곳으로 떠나버렸다.

공사를 송축하는 노래, 노동의 고달픔을 담은 노래

윤주필

민요로 노래하는 경복궁 중건

긴 노래 형식인 가사에 묘사된 경복궁 중건의 현장

경복궁 중건 현장의 인기 공연물

다양한 전통 연희의 공연

중건의 당위성과 공사 독려의 허실

민요로 노래하는 경복궁 중건

이원수 작사, 홍난파 작곡의 「고향의 봄」은 대한민국 사람 누구나 알고 있는 노래이다. 남북한이 함께 불러도 좋은 민요 수준의 동요다. 이 노래에서 나의 옛고향은 울긋불긋 '꽃대궐' 차려놓은 동네이다. 어린 시절의 기억으로 남은 큰 기와집에는 온갖 꽃들이 가득했다. 경복궁은 꽃대궐 정도가 아니다. 한국의 가장 큰 전통 시대의 건축물이다. 궁궐이 으레 그렇기 마련이지만 경복궁은 보통 궁궐이 아니라 '대궐' 중의 '대궐'이다. 따라서 여러 전각과 부지들로 구성된 경복궁 터는 당연히 부지 면에서도 최대치를 자랑한다. 그런 경복궁은 임진왜란 때 전부 불타 버리고 조선 고종이 즉위할 때까지 300년 가까이 옛터로만 방치되어 오다가 조선 건국 때보다 더 큰 규모로 다시 지어졌다.

경복궁은 조선의 국운과 함께할 수밖에 없었다. 조선 왕실의 심장이자 조선 최고, 최대의 대궐이라는 상징성을 띠고 있었기 때문이다. 이런 경복궁 대궐의 여러 전각과 터는 다시 일제강점기를 거치면서 심하게 훼손되었고, 오늘날 대한민국시대에 전해져서 우여곡절 끝에 '복원'의 전기를 맞이하고 있다. 그러한 역사의 과정에서 고종 초년에 이루어진 경복궁 중건은 기울어져 가는 국운을 마치 되돌리기라도 할 것처럼 온갖 어려움을 딛고 완성한 고부가 가치의 최대 문화사업이었다. 그것은 단순한 토목공사만이 아니었다. 실제로 공사의 현장은 종종 축제의 장으로 바뀌었다. 수백, 수천의 일꾼들이 무리를 지어 채색 고깔을 쓰고, 오색 깃발을 들고, 징 · 북 · 피리 · 장고의 음악을 통해서 노동의 효율성을 높였고, 그 자체가 엄청난 구경거리를 연출하는 장관이었다. 거기다 무동들의 춤과 한양의 여러 동네에서 출연한 노래패와 놀이패들의 공연은 구경꾼들을 불러 모았다. 그러면 자연스레 춤판이 벌어지고 주점과 식당, 엿장수와 담배 상인 등이 꼬여서 흥청거리는 도회지의 모습을 연출했다. 그곳에 모여든 조선 사람들에게 폐허였던 경복궁 터는 엄청난 규모의 공사 현장이자 이제껏 듣도 보도 못했던 희한한 유희 공간으로 탈바꿈했다. 그러한 긍정적 분위기가 유지됐던 중건 시역始役 기간에는 새로운 기운이 조선의 역사에 도래했다는 기대감을 불러일으켰고, 경복궁은 자연스럽게 송축의 장으로 승화됐다.

경복궁 중건은 고종조에서 느닷없이 시도됐다고 볼 수 없다. '윗대궐 아랫대궐 경복궁 새대궐'이라는 참요가 철종 시절부터 민간에서 불렸다고 한다. 『경복궁영건일기』 1865년(고종 2) 4월 14일 기사에서는, 경복궁 중건이 시역되던 다음날 일꾼들이 춤을 추는 광경을 보면서 민간에 떠돌던 그러한 노래 가사를 떠올렸다고 했다. 경복궁을 중심으로 하여 '윗'대궐은 임진왜란 이후 왕들이 가장 오래 거처했던 동궐東闕 즉 창덕궁을, '아랫'대궐은 정조 등이 즉위식을 가졌던 경희궁을 가리킨다. 실제 전승되는 민요 가사를 보면, 이 노래의 다음 구절은 "영令돌아 오랍신다 네에…"로 연결된다. 전체적으로 경복궁을 다시 짓겠다는 국가의 명령이 떨어지자 일꾼들을 오라고 부르고 그에 대해서 백성들이 호응한다는 내용으로 여겨진다. 어떤 학자들은 이것을 백성들이 부역을 원망하는 부정적 참요로 해석하기도 하지만 꼭 그렇지만은 않다. 『경복궁영건일기』에서는 이 노래가 오래된 나라를 새롭게 혁신

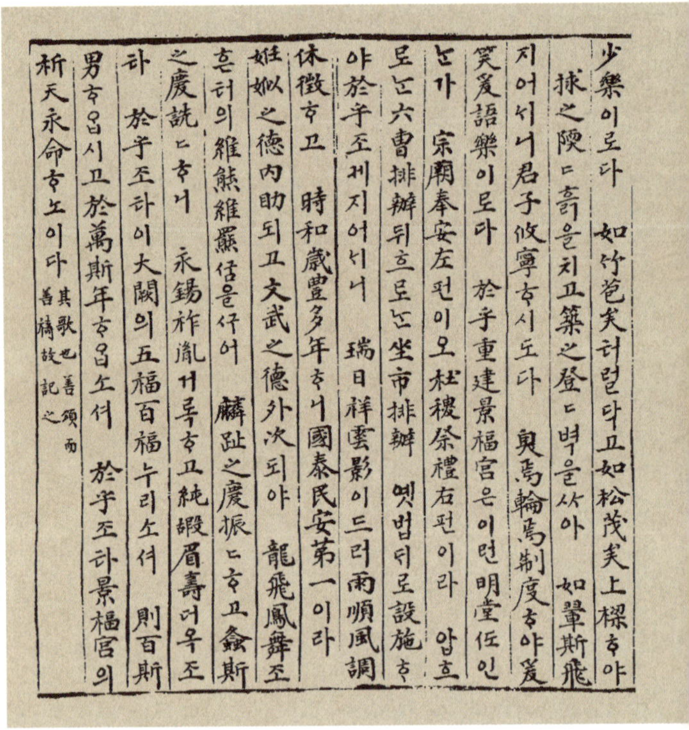

少樂이로다 如竹苞矣허렴닥고 如松茂矣上樑ᄒᆞ야
捄之陾ㄷ흙을치고 築之登ㄷ벽을ᄊᆞ아 如翬斯飛
지어시니 君子攸寧ᄒᆞ시도다 奐焉輪焉制度ᄒᆞ야 爰
笑爰語樂이로다 於乎重建景福宮은 이런 明堂伍인
ᄂᆞᆫ가 宗廟奉安左편이오 社稷祭禮右편이라 압흐
로ᄂᆞᆫ 六曹排辦뒤흐로ᄂᆞᆫ 坐市排辦 옛법되로 設施ᄒᆞ
야 於乎조케지어시니 瑞日祥雲影이드리 雨順風調
休徵ᄒᆞ고 時和歲豊多年ᄒᆞ니 國泰民安第一이라
妊姒之德內助되고 文武之德外次되야 龍飛鳳舞조
ᄒᆞᆫ터의 維熊維羆션을ᄐᆞ어 麟趾之慶振ㄷᄒᆞ고 螽斯
之慶詵ㄷᄒᆞ니 永錫祚胤 거록ᄒᆞ고 純嘏眉壽더옥조
타 於乎조타 이 大闕의 五福百福누리소셔 則百斯
男ᄒᆞ옵시고 於萬斯年ᄒᆞ옵소셔 於乎조타 景福宮의
祈天永命ᄒᆞ노이다 其歌也善頌而善禱故記之

『경복궁영건일기』에 실린 가사

하자는 '유신維新'의 의지를 표현한 것인데 이 시절에 와서 징험이 나타났다고 보았다.

5월 8일에는 옛 광화문에 사람들이 제법 긴 노랫말을 걸어놓았다고 『경복궁영건일기』는 기록하고 있다. 이 노래는 훗날 여러 이본으로 민간에 전해져 「경복궁중건승덕가景福宮重建勝德歌」라는 제목이 붙기도 했다. 가사 내용에 의하자면, 경복궁은 조선 가운데의 대지로서 더없는 명당인데 임진년의 병화로 불타고 여러 대의 조정에서 중건의 뜻을 세웠지만 이루지 못하다가 천운이 돌아와 대역사가 벌어졌다고 전제했다. 팔도의 백성들이 자원하여 일

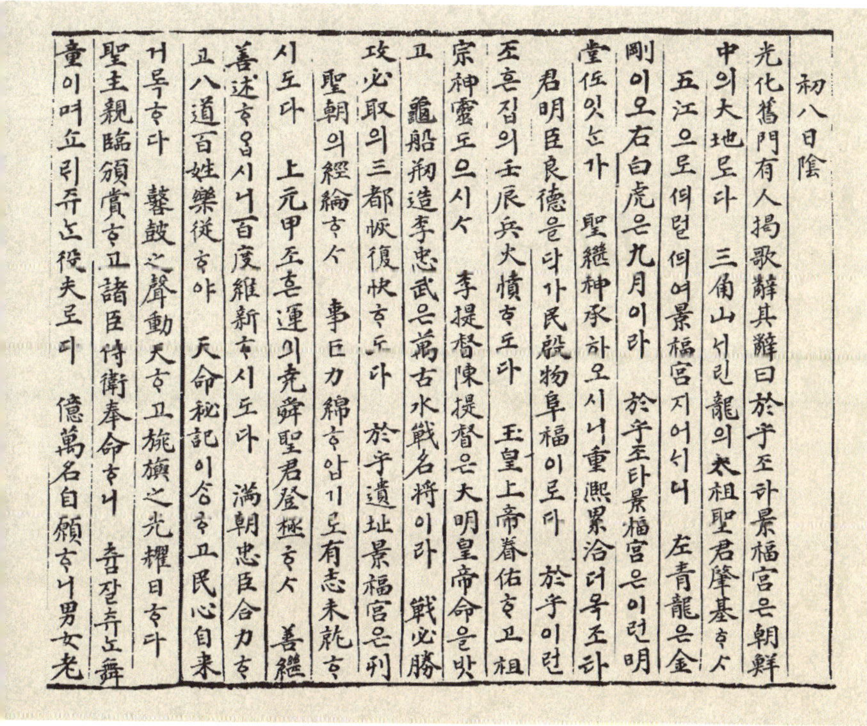
初八日陰
光化舊門有人揭歌辭其辭曰於乎조타景福宮은朝鮮中의大地로다 三角山서린龍의太祖聖君肇基ᄒᆞ샤五江으로ᄯᅥ러ᄯᅥ여景福宮지어ᄉᆡ니 左青龍은金剛이오右白虎은九月이라 於乎조타景福宮은이런明堂任잇ᄂᆞ가 聖繼神承하오시니重熙累洽더욱조타君明臣良德을닥가民殷物阜福이로다 於乎이런조흔집의壬辰兵火憤ᄒᆞ도다 玉皇上帝眷佑ᄒᆞ고祖宗神靈도으시ᄉᆞ 李提督陳提督은大明皇帝命을밧고 龜船刱造李忠武은萬古水戰名將이라 戰必勝攻必取의三都恢復快ᄒᆞ도다 於乎遺址景福宮은刑聖朝의經綸ᄒᆞᄉᆞ 事臣力綿ᄒᆞ압기로有志未就ᄒᆞ시도다 上元甲조흔運의堯舜聖君登極ᄒᆞᄉᆞ 善繼善述ᄒᆞ옵시니百度維新ᄒᆞ시도다 滿朝忠臣合力ᄒᆞ고八道百姓樂從ᄒᆞ야 天命秘記이ᄉᆞᆷᄒᆞ고民心自來거룩ᄒᆞ다 鼙鼓之聲動天ᄒᆞ고旄旗之光耀日ᄒᆞ다聖主親臨頒賞ᄒᆞ고諸臣侍衛奉命ᄒᆞ니 츔잘츄ᄂᆞᆫ舞童이며쇼리쥬ᄂᆞᆫ役夫로다 億萬名自願ᄒᆞ니男女老

판을 벌이니 "북소리는 하늘을 울리고 깃발 광채는 해를 빛나게 한다."고 찬양했다.

경복궁의 중건은 재목과 기술자와 일꾼을 한곳에 불러 모으면서 토속민요를 전국구의 통속민요로 변형 생성시키는 계기를 마련했다. 예를 들면 「산타령」「양산도」「회방아타령」「경복궁타령」이 일터에서 불리고, 「아리랑타령」을 민족의 노래로 확산시키는 발판을 만들었다. 따라서 오늘날까지 전해지는 「방아타령」이나 「아리랑」 가사에서 "조선의 좋은 나무나 유명한 돌이 경복궁 짓는 데 다 들어간다."라든가 "석수장이가 방망이를 들고 도목수가 먹통을 잡고 갈팡질팡한다."라고 하는 대목을 백성들의 원망소리로 해석하는 것은 지나치다. 그 뒤를 이어서 떡장수와 술장수의 선선한 모습을 기대하는 내용은 흥청거리는 일터이자 놀이터의 분위기를 담고 있다고 보아도 무리가 없다.

긴 노래 형식인 가사에 묘사된 경복궁 중건의 현장

통속민요가 지역과 시간을 넘어서 유행의 물결을 탔다면, 그보다 더 긴 노래였던 '가사' 형식은 중건의 현장을 꼼꼼하게 묘사하였기 때문에 당대의 모습을 좀 더 밀착해서 전달해준다. 앞에서 언급한 「승덕가」도 그중의 하나인데, 송축의 의도가 교술적으로 표현되어 있다. 이에 비해서 현장을 관람한 감상을 종합하여 쓴 가사도 여러 편 전해지고 있다. 이들은 「대궐책」이라든가 「영건가」 혹은 「창건가」 등으로 제목을 조금씩 다르게 붙였지만, 기본적으로 국문 문학의 긴 노래 형식에 관극觀劇의 내용을 얹은 이본군이 전해지고 있다. 배재학당 교사이면서 국어학자였던 이중화李重華는 1927년 잡지 『청년』에서 이런 가사 작품들을 말하는 「경복궁가」의 감상문을 썼다. 조선총독부 건물 신축으로 인하여 경복궁이 심하게 훼손되는 현실에서 이 노래를 통해 60년 전 중건의 배경과 과정을 회고한 것이다.

경복궁 중건에는 매일 수백 명에서 수천 명의 일꾼들이 몰렸기 때문에 체계적인 계통 분류와 역할 안배가 절대적으로 필요했다. 부역군은 일의 효율성을 높이기 위해 출신 동네의 패를 차고 영솔기를 세워 위치를 잡았다. 그리고 자기 패들을 구분하기 위해 머리에 종이 고깔을 쓰거나 색색의 조각 깃발을 상투에 꽂았다. 「경복궁가」 이본들은 이러한 각 고을의 이름과 인원수, 특징을 소상하게 묘사하고 있다. 그 가운데 안동安洞의 '김金' 자 글씨, 뚝섬纛島의 오색 고깔과 깃발, 정동貞洞의 백색 고깔과 깃발이 단연 눈길을 끌었으며, 고깔이며 깃발들은 애초에는 종이로 만들다가 종국에는 채색 비단으로 변화했다고 한다. 『경복궁영건일기』 1865년 5월 8일 기사에서는 이 광경을 두고 "수천 명의 일꾼들이 패랭이에 공작 깃털을 끼우고 오색 고깔에 종이꽃을 장식하여 무리를 이루니 울긋불긋한 색깔이 햇살에 빛났다 … 일꾼 깃발의 경우에도 서로 이기려고 애를 써서 종이가 비단으로 변하고 비단이 짐승털로 변해서 종일 드날렸다. … 서울과 시골의 남녀들이 날마다 모여들어 흥에 겨워서 의연금을 내지 않는 사람이 없었다."라고 기록했다.

경복궁 중건 현장의 인기 공연물

「경복궁가」 가사는 연희의 현장을 직접 관람하고 감상을 표현한 관극시의 성격을 지닌다. 그만큼 노동의 현장을 가깝게 체험하고 활기찬 분위기를 즐거워했기 때문에 세밀한 표현이 가능했다. 적어도 경복궁 중건의 시역始役 기간이었던 을축년 4월, 5월, 윤5월의 석 달 동안은 그 분위기가 한껏 달아올랐던 것으로 여겨진다. 『실록』 『승정원일기』 『경복궁영건일기』 및 재야의 일기류 기록 등에서도 관련 기사를 찾아볼 수 있지만 이들 관극 시가는 경복궁 중건 현장에서 벌어졌던 연희에 대해서 생동감 있는 증언을 해주고 있다. 한양의 각 동에서 화랭이, 광대, 거사, 승려 등의 재인才人이 동원되고 국가기관인 장악원에서 악공이 차출됐음을 말해준다.

이때 가장 주목을 끈 연희는 금강산 모형에 팔선녀를 태우고 진행했던 가장 놀이였다. 이 공연의 소식은 지방에 거주하던 유생 지식인들에까지 알려져 사찬 기록물에 흔적을 남겼다. 사헌부의 처지에서는 부역의 노동 현장에서 불거진 일탈 행위로 간주하고 단속을 명령할 정도가 되었지만, 궁극적으로는 일과 놀이가 연결되어 신명을 북돋는 것을 굳이 막을 필요는 없었다. 이 이외에도 악부본 「경복궁가」에서는 사직골의 「서유기西遊記」, 아현동 애오개와 성균관 반촌泮村의 「연화대蓮花臺」, 자하골 아두터의 「백자도百子圖」, 정동 곤당골의 「호렵도虎獵圖」 놀이 등이 볼 만하다고 감상평을 적었다.

이에 비하여 『경복궁영건일기』 1865년 5월 20일 기사에서는 회동의 「연화대」, 반촌의 「선녀무仙女舞」, 전동의 「사호기四皓碁」가 가장 이름난 잡희라고 하면서 그 놀이 내용에 대하여 비교적 자세한 해설을 보탰다. 그런데 이들 세 놀이에 등장하는 신선, 승려, 노인, 여인의 배역은 연희에 탁월한 10여 세의 남자아이들이 맡았다는 귀중한 사실을 전해주고 있어 놀랍다. 특히 「선녀무」와 「사호기」의 극작술을 상세히 설명하고 있어 연희사 연구의 중요한 자료가 된다. 「선녀무」는 판자의 네 모퉁이에 붉은 기둥을 세우고 칸막이를 쳤으며 기둥머리를 얼기설기 오색 비단으로 장식하고 위를

『화성성역의궤』「낙성연도」

누런 비단으로 덮어 햇볕을 가렸다. 붉은 칸막이 안에는 홍살문을 세우고 문설주에 법고를 매달았다. 이는 수원성 영건의 과정을 기록한 『화성성역의궤』(프랑스 파리동양어학교 소장본)에 있는 「낙성연도落成宴圖」의 장면과 상당 부분 일치한다. 「사호기」는 회전무대의 양면으로 구성하여 각각 차 끓이는 청의동자와 상산사호의 네 늙은이의 여러 동작을 연출한 듯하다. 이러한 내용은 다른 자료에서 전혀 언급된 적이 없는 소중한 정보이다.

또 『경복궁영건일기』 윤5월 2일 기사에서는 장동壯洞 일꾼 300명이 교태전 터에서 「백자희百子戲」를 연출한 내용을 적었다. 붉은 난간을 설치한 판자 두 개 위에서 나이 6~7세의 동자들이 쌍상투를 짓고 색동저고리를 입은 채 천진스러운 동작을 하다가 교태전에 이르렀다고 했다. 장동은 원래 자하동에 있는 창의문에서 유래하여 장의동 혹은 장동으로 불리던 동네이다. 아이들이 실제 100명에 이르렀는지는 분명치 않지만, 대개 그 3배 이상의 어른들이 나이 어린 연기자들을 판 위에 태우고 교태전으로 옮겨와서 합작 공연을 했음을 증언하고 있다. 끝으로 다시 악장 3장을 불러서 나라의 운명과 경복궁의 중건을 손을 들어 환호했다. 이런 한문 노래는 아이들의 몫이기보다는 어른 일꾼들이 감당했을 것이다.

다양한 전통 연희의 공연

경복궁의 여러 전각 터에서 벌어진 연희의 종류는 위에서 거론한 것보다 훨씬 다양했다. 일터와 놀이터의 구분이 있기는 했지

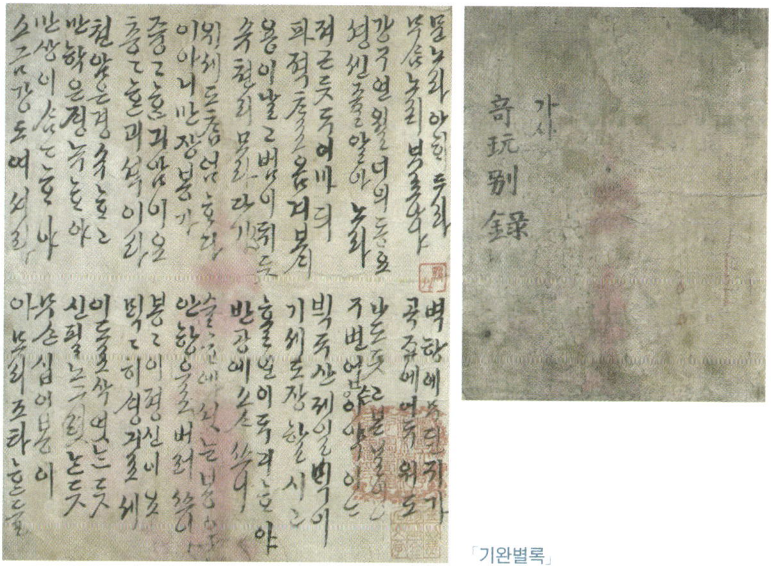

「기완별록」

만 시역 당시에는 전각이 지어지기 이전이므로 그 둘이 때때로 섞이면서 여러 광경을 자아냈던 것이다. 관극 시가는 그 점을 평면적으로 노래하기 때문에 공간상 입체적으로 이해하기에는 어려운 점이 있다. 그러나 「기완별록奇玩別錄」이라는 작품은 「경복궁가」에 비해 특별히 놀이 공연에 큰 관심을 기울여 묘사한 작품이어서 소중하다. 경복궁 터의 이곳저곳에서 여러 날에 걸쳐 관람한 내용을 마치 하나로 이어지는 연희인 양 노래하고 있다.

「기완별록」에는 14~16종의 놀이 공연이 묘사되어 있다. 승전承傳놀음, 가작假作놀이, 탈춤놀이, 무동舞童놀이, 사냥놀이, 팔선녀놀이, 금강산놀이, 서유기놀이, 신선놀이, 상산사호商山四皓놀이, 선동仙童놀이, 기생놀이, 축사逐邪놀이, 백자도놀이가 그것이다. 이 가운데 몇 종목은 인기가 높아 다른 자료에서도 언급하고

「호렵도」
호(虎)는 호랑이를 말하지만, 여기서는 호인(胡人)을 가리키는 의미도 숨겨져 있다. 19세기 조선에서 유행하던 민화의 한 종류로, 호인들의 포악하고 호방한 기질을 그려 잡귀를 쫓아내려 했다.

있지만 여기서 새롭게 언급된 종목이 훨씬 많다. 그뿐만 아니라 각각의 놀이 양상을 묘사하고 감상평을 덧붙이고 있어 소중하다. 이에 의하면 경복궁 중건에서 벌어진 연희는 거의 조선조 최후의 불꽃처럼 터져 나온 대공연이었다고 할 수 있다. 이들 공연은 가장 행렬, 마당놀이, 무대놀이 등의 놀이 방식으로 연출된 다양한 종목의 연희 혹은 연극이었다. 거기다 여러 고을의 일꾼들이 하루의 일과를 파하고 돌아갈 때는 의외의 노래판과 춤 경연이 벌어지고, 때로는 같은 종목을 두고 연희패들끼리 경쟁이 벌어지기도 했다.

이 가운데 「사냥놀이」는 중건 공사 터 연희의 역동적인 분위기를 가장 잘 나타내고 있다. 「경복궁가」에서 말했던 정동 곤당골의 놀이 「호렵도」와 같은 종목일 것이다. 몰이 사냥꾼, 포수, 사냥개와 호피를 뒤집어쓴 호랑이 연기자 사이의 호흡이 잘 맞고 기발한 광경을 해학적으로 연기하는 것이 매우 인상적으로 묘사되어 있다. 민화 「호렵도」에 그려진 여러 첩의 장면을 연극으로 변환시켜 꾸며내고, 마지막에는 별포수들이 사냥한 호랑이를 '도청都廳'에게 메다 바치는 것으로 대단원을 맺었다. 여기서 도청은 영건도감의 현장 실무관리자인 낭청의 우두머리 4인을 가리킨다. 그런데 『경복궁영건일기』 1865년 4월 14일 조에 의하면 현장의 총괄책임자인 당상은 경회루 연못의 남쪽 제방 혹은 홍례문 터 동쪽에 임시거처를 두었던 데 비해서 낭청은 근정전 터에 천막을 설치하고 날마다 출근하여 사무를 보았다고 한다. 그렇다면 사냥놀이는 결국 경복궁의 전각 가운데 으뜸이라 할 근정전의 앞뜰에서 파격적으로 공연되었고, 많은 관객들의 호응을 얻어면서 노동의 화합과 백성들의 송축을 유도해 냈던 것이다.

또 「팔선녀」 「금강산」 「서유기」 놀이는 고소설에서 소재를 취하여 공연으로 꾸몄다는 공통점이 있고, 어떠한 이상적 목표를 향해 가고 있다는 주제적 측면에서도 유사성이 있다. 특히 「팔선녀」 놀이는 성진과 팔선녀가 인간 세상에 환생하여 각자의 삶터로 이동하는 도중에 경복궁 중건 터에 들렀다는 기발한 착상을 하였다 「금강산」 놀이는 금강산 모양을 틀 위에 꾸며서 군인들이 메고 오되 성진과 팔선녀를 봉우리마다 세워놓고 치장을 했다. 말하자면 삼신산의 하나로 여겨졌던 금강산을 경복궁 터로 옮겨온 것이니 신선세계가 임금을 정점으로 하는 인간세상에 나타난 셈이다. 규모 면에서는 대산대大山臺 혹은 예산대曳山臺에 미치지 못할지 모르지만 중세의 수직적 질서를 예찬하는 산대의 미학이 재연된 것이다. 이것은 탈춤으로 발전한 「양주별산대놀이」나 「봉산탈춤」 등에서 파계승 출신의 취발이가 자신의 편력을 자랑할 때 여덟 미녀와 인연을 맺고 귀가하던 길에 금강산이 좋단 말을 듣고 놀이판에 당도한 것처럼 떠벌이는 장면과도 유사하다. 여기에서 성진과 팔선녀는 부득불 윤회의 괴로움을 감내하는 것처럼 보이지만 자신들의 풍류를 한껏 누리고 결국 선경으로 회귀하는 도중에 경복궁 중건 터에 들렀으니, 공연 관람자의 입장에서는 거대한 규모의 숭고함을 느끼게 되었을 것이다.

그런데 이 배역을 과연 누가 한 것인지 궁금하지 않을 수 없다. 심지어는 사람이 연기를 한 것인지, 아니면 '단지리たんじり'라고 하는 산거山車를 끌면서 축제를 벌이는 일본에서처럼 사람 모습을 한 잡상雜像을 설치한 것인지 쉽게 판단하기가 어렵다. 그러나 앞에서 언급했듯이 『경복궁영건일기』에 근거하여 해석하자면 열 살 또래의 숙련된 동남童男 연희자들을 군인들이 금강산 모형과 함께 가마에 태우고 마음껏 연기하도록 했던 것으로 판단된다. 어떤 경우에는 생동감이 있기도 하고, 다른 경우에는 지나친 연기가 어색하게 느껴지기도 했던 것 같다. 또 「서유기」 놀이는 말까지 포함하여 다섯으로 구성된 구법자들의 가장 행렬을 연기한다. 그들의 각자 다른 모양과 특색 있는 행동도 흥미 거리이거니와 하나의 숭고한 목표를 향해 갖은 어려움을 극복하고 쉼 없이 나가고 있다는 점이 화합의 미학을 제공해 준다.

「백동자도」 여러 명의 아이들[百童子]이 여러가지 놀이를 하는 모습을 그린 민화로 대개 6~8폭 병풍으로 제작되었다. 자손번창을 바라는 성격이 강하다.

반면 마지막을 장식한 「백자도」 놀이는 어린아이들의 천진한 동작에 의해 산만한 듯하면서도 자연스러운 연출이 이루어졌던 것 같다. 그것은 '산대'라는 무대놀이의 종료 장면이라 할 '산호山呼' 의례를 무리 없이 끼워 넣기에도 적합한 공연이다. 온갖 부귀복락을 누렸다는 '곽분양郭汾陽의 팔자'를 상징적으로 그려낸 민화 「백자도」를 경복궁 중건 터에서 눈앞에 펼쳐 보인 셈이다. 이를 통해 파격과 화합이라는 수평적 질서의 공연미학은 임금의 인간 오복과 왕조의 무궁함을 기원하는 송축의 의미까지 담아냄으로써 다시 수직적 질서의 미학으로 변형됐다. 이때 임금이 친림해 있었는지의 여부는 확실치 않지만, 앞에서 언급했던 『경복궁영건일기』에 의하면 왕비의 거처인 교태전 터까지 「백자희」의 군인과 동자들이 나아갔다고 한 것은 상당히 의미심장하다. 「기완별록」에서 수많은 동자들이 "전각 터에 사배하고 천추만세 산호하니 하늘이 시키심인가 신령이 가르침인가"라는 대목을 보충해서 이해하자면, 왕실의 번영과 국가의 존속은 '교태交泰'라는 개념이 상징하는 바와 같이 여성과 아이를 중시하는 음양의 조화에 의해 가능하다는 주제의식을 나타내고 있다. 이러한 복합적 송축의 상징성은 결정적으로 이 놀이를 성공하게 만든 관건이었을 것이다.

중건의 당위성과 공사 독려의 허실

경복궁 중건은 오히려 창건보다도 더 어려운 점이 있었다. 폐허로 변한 터를 정리 발굴하고 전각의 수를 늘리면서 그 모든 것을 규모 있게 종합하는 일은 새로운 정권의 명운을 걸어야만 하는 고난도의 사업이었다. 이를 위해서 관료조직을 정비하고 재정을 확보하는 일은 정치적 핵심 과업이었겠지만, 중건의 정당성과 부역의 자발성을 이끌어내는 일 역시 문화적으로 감당해야 할 중요한 영역이었다.

「중건 승덕가」에서 임진왜란 이후로 역대 조정이 "사업이 거대하고 힘은 미약하여 뜻은 있으나 나서지 못했다."고 노래한 것은 중건의 필요성을 역설하는 내용이다. 또 여기저기에서 출토된 비기秘記는 결국 경복궁을 중건할 때가 돌아왔음을 암시하면서 지금의 임금 고종과 실권자 대원군이 그 일을 감당할 수 있음을 증거하는 내용이다. 예컨대 1865년 3월에 의정부를 수개할 때 대청 섬돌에서 발견된 동방노인의 비결이 중건의 적기임을 알렸다. 4월에는 대원군의 별장인 석경루에서 출토된 소라 형태의 술잔 겉면에 이른바 '수진보작명壽進寶爵銘'의 시구가 대원군의 존재를 부각시켰다. 5월 25일에는 경회루 연못을 준설할 때 건진 옥석에 관악산에 못을 만들어 화기를 억제하라는 싯구가 쓰여 있어 그대로 실행했다. 그보다 앞서 5월 6일에는 호남 법성포 조운 병졸 320명이 18개의 배 깃발을 앞세워 「닻줄 부는 노래」를 부르며 나무를 옮겼는데, 이 깃발들을 근정전의 사면 월대에 영원히 꽂아놓아 관악산의 화기를 제어하도록 대원군이 명령했다. 경복궁 중건사업에서 가장 경계했던 것이 화재였음을 증언하는 셈이다.

또한 백성들이 어버이의 일에 자식들이 나서는 것처럼 부역에 임했다는 뜻으로 『시경』의 '서민자래庶民子來'라는 문구가 『경복궁영건일기』와 여러 관극 시가 작품에서 빈번하게 사용되고 있다. 적어도 중건 초기에는 이것이 겉치레 구호에 그쳤던 것은 아니다. 그것은 민심을 얻는 것이 무엇보다 중요하다는 정책적 방향을 집약한 상징어였다. 의정부, 근정전, 창덕궁에서 특별 과거시험을 베풀 때도 이 점이 시제詩題에 반영됐을 정도다. 또한 초기 석 달 사이에 집중적으로 공연됐던 연희의 실상은 대부분 백성들의 자발성을 전제로 하고 있다. 대부분의 관극 시가들은 일꾼, 연희자, 구경꾼, 장사꾼들이 어우러져 조선조 최대의 공사와 놀이가 벌어졌고, 그것이 비색했던 국운을 장차 바꾸어놓을 것이라는 새로운 기대감을 불러일으켰다고 묘사하고 있다.

물론 문화사업이 기획되고 때로는 유사 행위가 조작됨으로써 역효과 혹은 부작용을 낳기도 했다. 그러나 영건도감의 관리들은 이 당시 창작된 작품의 취사선택에 매우 민감하게 대처했다. 그 어떤 자료보다도 『경복궁영건일기』는 그러한 전후 사정을 비교적 상세하게 전해준다. 예를 들면 어떤 사람이 「중건 승덕가」의 가사를 광화문 옛문에 걸어놓았는데 선한 의도가 있어서 베껴놓았다고 설명하고 있다. 훗날 이 작품은 몇몇 이본으로 전승됐음을 볼 때 민간에서도 나름의 공감대를 얻었던 것으로 짐작된다. 또 『경복궁영건일기』에서 소개한 「백자희」의 악장 작품에서는 "어기여차 태평연월 아이들이 노래하니, 흙덩이를 부수는 내 노래에 화답하는도다. 노래 부르는 사람은 흥이 나면 멈출 수 없는 법이지. 자연스레 탄성이 터져 나오네."라고 읊었다. 말하자면 정치에 무심한 은자가 농사꾼이 되어서 「격양가」를 부르는데 아이들은 골목에서 「강구요康衢謠」를 불러 화답한다는 노랫말이지만, 애어른 할 것 없이 모두가 태평성대를 찬송했다는 내용이다. 이러한 분위기를 「기완별록」에서는 다음과 같이 변형시켜 도입부로 삼았다.

> 묻노라 아이들아 무슨 노래 부르느냐
> 벽항僻巷에 무딘 귀가 곡조에 어두워도
> 강구연월康衢煙月 너희 동요童謠 성세盛世인 줄 알았노라
> 나도 듣고 본 일이니 구변口辯 없는 이야기나
> 잠깐만 두어 마디 파적차破寂次로 옮겨 보세.

이것은 또한 「백자도」 놀이로 마감한 「기완별록」의 수미일관

하는 구성이기도 하다. 은자와 아이들에게까지 전이된 평화의 기상을 핵심 주제로 삼았다고 할 수 있다.

대원군은 경복궁 중건 터에 마련된 영건도감의 당상 근무처 천막에 매일 출근하여 초기 공사를 직접 점검하고 독려했다. 비선실세였던 대원군의 존재는 『실록』이나 『승정원일기』 등에서 비밀에 부쳐 놓았지만, 『경복궁영건일기』에서는 경복궁 중건의 최고경영자가 바로 그였음을 가감 없이 기록해 놓고 있다. 그러나 1865년 5월 17일 기사에 의하면, 황해도 해주의 한 백성이 대원군을 주나라의 제도적 기틀을 마련한 주공周公에 비견하여 찬송하는 글을 바쳤다가 아첨한다고 곤장을 맞은 후에 북을 지고 조리 돌림을 당하기도 했다. 또 경복궁 중건 역사에서 여러 비기가 출토되어 적절히 활용되었지만, 1866년 4월 5일에는 광화문 서쪽 성곽 아래에 개인의 치병을 위해서 비기를 만들어 묻었다가 발각되어 조정의 논란이 되고 결국 유배형에 처하는 사달이 일어났다.

한편, 경복궁 중건사업은 여러 차례의 크고 작은 화재에 의해 공사가 지연되고 재정이 악화되어 경제 정책의 유연성을 떨어뜨리기도 했다. 문화사업의 입지와 동력이 현저히 줄어들 수밖에 없었다. 공사 후반부에 이를수록 영건도감의 독촉과 법적 제재가 심해지면서 초기에 조성됐던 중건의 정당성과 부역의 자발성은 퇴색해 버렸다. 1866년 12월 24일에는 석수장이들에게 설 명절을 반납하게 하고 세찬전歲饌錢을 주어 달랬지만, 한양 인근에서 동원된 석수들이 도망하여 해당 고을에 그들을 잡아 오도록 문서를 보내기도 했다. 1867년 2월 19일에 대화재가 발생한 이후로는 어느 곳이든 벌목을 하도록 독촉하고 개인집의 공사를 모두 중지시

근정전(위)과 광화문(아래)의 야경

켰다. 같은 해 8월 8일에는 궁궐의 완성을 독촉하면서 공사 현장 관리자와 기술자들에게 기한 내에 마치지 못하면 사형에 처할 것이라고 각별히 단속했다. 이러한 사정은 오히려 「경복궁타령」이나 「아리랑」과 같은 통속민요에서 "조선팔도 좋은 나무는 경복궁 짓는 데 다 들어간다."라고 풍자하고, 부부나 연인의 이별을 안타까워하는 내용으로 반영될 여지를 주었다.

반면에 「북궐중건가北闕重建歌」와 같은 작품은 중건의 당위성을 역설하고 있지만 끝내 대원군을 찬양하는 내용으로 마감하고 있다. 대원군에 대해서 '만세야야萬歲爺爺' '아태상로我太上老' '만수무강萬壽無疆' 등의 어휘를 구사하기까지 하면서도 경복궁 중건과 관련하여 일터의 역동성과 연희의 화합 효과에 대해서는 별다른 묘사가 없다. 이는 여타 경복궁 중건 관극 시가에서 공사 현장, 백성들의 분위기, 연희 공연에 대해서 두루 관심을 기울인 것과는 전혀 다른 경향을 보여주는 것이다. 작가는 대원군의 비선 측근이며 창작 시기도 경복궁의 주요 전각이 완성된 이후인 것으로 추정된다.

그럼에도 불구하고 조선조의 법궁이었던 경복궁의 지위와 상징적 의미는 부정할 수 없다. 대궐 출입이 제한된 백성들의 입장에서는 제일 바깥에 위치한 광화문의 위용과 궁성 너머로 보이는 근정전의 엄숙함이 특히 숭고한 미의식을 자아내는 대상이었을 듯하다. 실제 광화문은 다양한 기능으로 활용됐다. 1866년 7월 27일에는 대동강에서 제너럴셔먼호를 물리친 사건을 기념하여 4군영의 장신將臣들이 음악 잔치를 벌이며 기뻐했다. 1867년 8월 26일에는 경복궁의 사문에 무뢰배나 일 없는 잡인을 금하는 공지

문을 게시했다. 자원군이 나온 이후로 무동舞童을 구경하려는 자가 궁궐 공사 터로 몰려 공역에 방해가 된다는 이유에서였다.

같은 해 11월 16일에는 드디어 임금이 완성된 근정전에 임어하여 축하의 의식을 거행했다. 아울러 광화문에서는 한낮 정오正午에 큰 북을, 통금을 알리는 인정人定에 큰 종을 쳤으며, 해금解禁을 알리는 파루罷漏에도 마찬가지로 종을 쳤다. 또 광화문루 상층의 마룻보에는 옥등을 걸고 밤새도록 불을 밝혔다. 이는 거리의 통행을 제어하는 가종街鐘의 제도를 마련한 것이다. 경기민요 「경복궁타령」에서 "남문을 열고 파루를 치니, 계명산천이 밝아온다."라고 한 것은 남대문이기보다는 경복궁의 정문인 광화문의 새로운 역할을 상징적으로 보여준다. 일제강점기에 조선총독부를 근정전 앞에다 지어놓고 웅장한 광화문이 경관에 방해가 된다고 훼철하려다가 반대 여론에 밀려 건춘문 위에다 옮겨다 놓고 방치했던 것은 바로 경복궁 전역을 대표하는 이 두 건축물의 위상을 역설적으로 웅변해준다.

돈을 아끼는 또 다른 방법, 공사기간을 줄여라

조재모

건축공사의 과제, 공사비와 공사기한

궁장과 내전부터 시작된 경복궁 중건공사

외전 공사의 진행과 마무리

공사기간을 줄이기 위한 공사 진행 방안

건축물 유형에 따른 전략

형태와 부재의 표준화는 공사기간을 단축하는 방법

건축공사의 과제, 공사비와 공사기한

한 국가의 수도는 그 나라의 가장 중요한 경관을 담당하는 장소이다. 동아시아의 역사적인 수도들은 대체로 『주례周禮』「고공기考工記」 등 고대 중국 문헌을 통해 당대인들이 이해한 일종의 도성계획 원리에 의해 건설되었다. 그 핵심은 도성의 중앙에 궁궐을 두고 좌우로 종묘와 사직을 두며 주변을 성곽으로 둘러싸는 형태의 도시계획 기법이다. 조선의 수도 한양도 이와 마찬가지여서 경복궁을 도시의 중심에 위치시키고 육조거리를 남북으로 놓아 수도의 경관을 만들어냈다. 그런데 임진왜란의 병화로 인해 이 궁궐이 소실된 이후 오랫동안 도시의 중심을 폐허로 방치하였으니 이는 도성의 경관에서도 크나큰 손상이었다. 고종대 시행된 경복궁의 중건은 한양도성의 본모습을 복원하기 위한 거대한 프로젝트로서, 비단 궁궐 내로 국한된 공사가 아니라 육조거리를 위시한 경복궁의 주변까지 아우르는 대공사였다.

건축공사는 거대한 비용이 드는 일이다. 공사의 지상과제는 훌륭한 건물을 완성하는 것이며, 이 과정에서 낭비 없는 공사비용의 지출과 공사기한의 준수는 가장 중요한 덕목이다. 특히 공사기한은 완공 이후의 입주와 연동되기 때문에 단순히 공사과정에서 소요되는 비용을 줄이는 것에 국한되는 문제가 아니다. 늦어진 공사는 각종 간접비용을 추가로 요구하게 된다. 이는 어느 시대의 어떤 건축물이건 마찬가지다. 공기工期를 줄이는 방법은 여러 가지가 있으나, 시간이 많이 걸리는 특정 공정이 전체 공기를 좌우하기 때문에 이에 대비한 기술적인 고려가 요구된다. 또 공사 범위가 넓은 경우라면 공사를 합리적으로 나누어 공정별 진도를 조절함으로써 전체 공기를 줄이는 방법이 채택된다. 건물의 형태와 반복적으로 소용되는 부재를 표준화하여 부자재 생산에 들어가는 비용과 기간을 줄이는 것도 중요하다. 경복궁 중건이라는 대공사 역시 이러한 점을 주요하게 생각하였으며, 공기의 준수를 위해 다각도의 전략을 설정하였다.

경복궁 중건공사는 1865년(고종 2) 4월부터 1868년(고종 5) 7월까지 진행되었다. 3년이 넘는 기간이다. 동원된 인력과 자재·재원의 규모에 따라 이 기간은 달리 평가되어야겠지만, 공사의 규모에 비해 그다지 길지 않은 편이다. 수원 화성의 경우 착공 2년 9개월 만에 낙성연을 치렀다. 실제로 『경복궁영건일기』 등의 사료를 살펴보면 중건공사의 진척을 독려하기 위해 인력, 자재, 재원의 수급에 대해 급박한 명이 내려지는 일이 잦았음을 확인할 수 있다. 오늘날 대규모 건축물이나 아파트 단지를 짓는 기간을 보면, 41층 높이인 서울 목동의 한 주상복합아파트를 건설하는 데 46개월이 걸렸고 4층 정도의 규모라면 1년 반 정도면 완공된다. 물론 공법이나 규모에 따라 기간은 다양하며, 최근에는 기술이 더욱 발달하여 점점 빠른 속도로 건설공사가 진행되기도 한다.

크게 보면, 한식 목구조 건물의 건축공사는 경사지 정리와 수로 개설 등 대지를 정비하는 일인 토목공사, 기단과 초석을 설치하는 등의 기초공사, 기둥을 세우는 일에서부터 종도리 상량에 이르는 목공 자업이 주가 되는 축부공사, 서까래를 올리고 개판을 놓고 최종적으로 기와를 올리는 지붕공사, 그리고 창호·마루와 온돌·천정·도배·단청·부시 설치 등 최종적인 마감공사로 대분

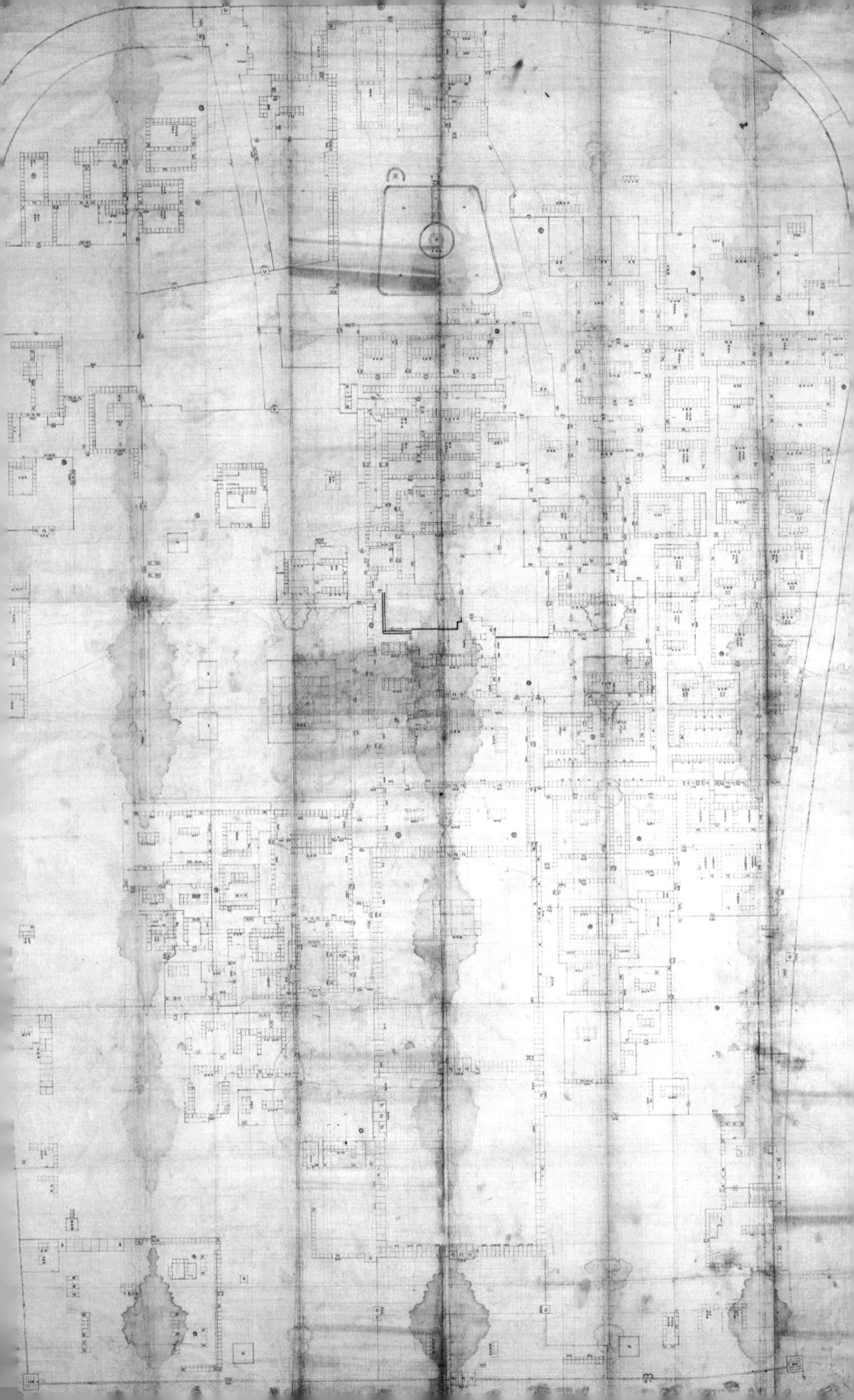

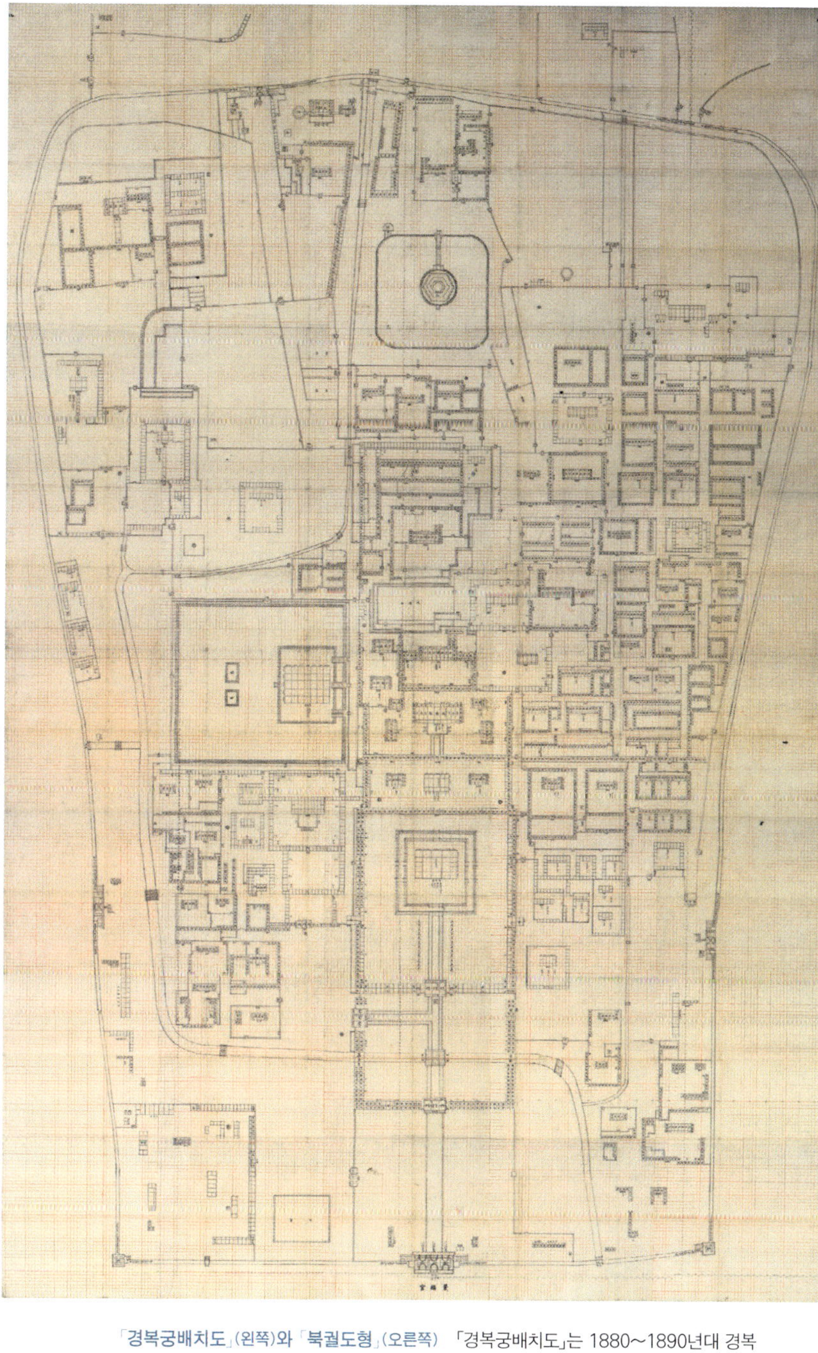

「경복궁배치도」(왼쪽)와 「북궐도형」(오른쪽) 「경복궁배치도」는 1880~1890년대 경복궁의 모습을 보여준다. 전각과 문의 명칭이 「북궐도형」보다 자세하고 기타 건물의 용도로 확인할 수 있다. 「북궐도형」은 경복궁의 평면배치도로, 1905~1908년 경 제작된 것으로 추정된다.

되며 이들은 순차적으로 진행된다. 각각의 공종은 해당되는 장인과 자재, 장비를 필요로 한다. 예를 들어 기초공사에는 석공과 석재가 필요하고, 축부공사에는 목수와 다량의 목재가 소요된다. 그런데 이들 공사 단계는 일부 동시에 진행될 수 있다. 많은 시간과 물량이 소요되는 서까래 치목은 토목공사나 기초공사, 축부공사를 진행하는 중에 별도의 작업장에서 작업하는 것이 효율적이다. 즉 병행할 수 있는 작업을 적절히 분배하고 동일한 작업자 그룹이 감당할 수 있는 작업의 양을 감안하여 공사 일정을 관리하는 것이 핵심이다. 현대적인 개념으로는 '공정관리'라고 한다. 공정관리는 계획, 실시, 통제로 구성되며, 공사의 기본자원인 자재, 장비, 인력, 공사비, 공법을 최적화하여 효율적으로 사용하여 주어진 공기 내에 공사를 완료하기 위한 기술이다.

궁장과 내전부터 시작된 경복궁 중건공사

경복궁 중건공사는 1865년 4월에 시작되었다. 처음으로 정초, 입주, 상량 등 명확한 공사 일자를 설정한 공사는 사대문과 궁장, 교태전의 공사였다. 사대문 공사는 가장 먼저 목공, 석공의 작업부터 시작하였다. 건축공사에 소요되는 물목을 미리 계산하여 자재를 다듬어 두기 위한 것으로 보인다. 또 기존에 남았던 석축을 철거하는 일도 병행되었는데, 이것은 당시 경복궁 터에 잔존하던 옛 건물의 흔적을 정비해야 했기 때문이다. 이어 광화문 등의 홍예 석축을 놓는 작업, 보토 작업, 녹로를 설치하여 중량 자재를 양

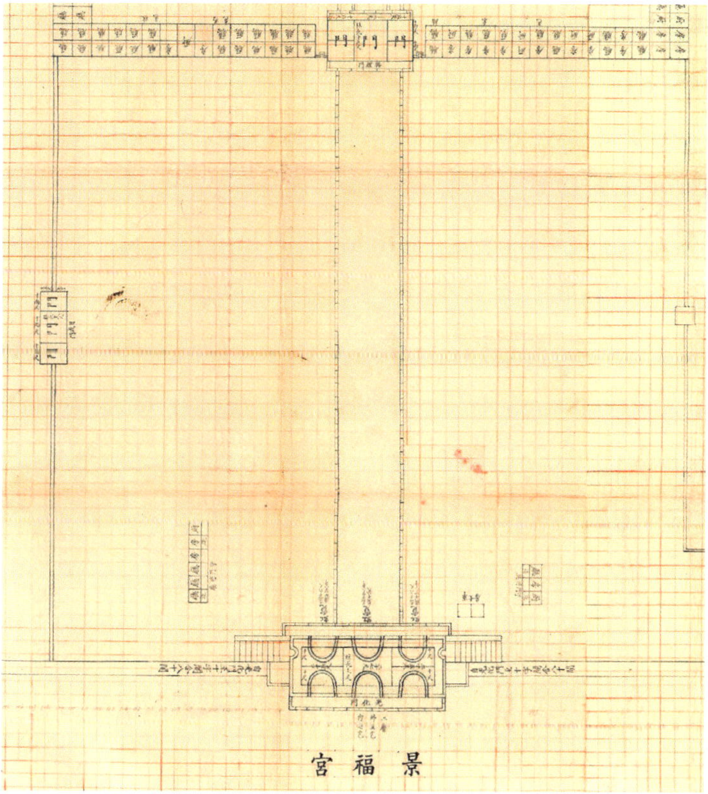

「북궐도형」 광화문 일대

중하는 작업 등이 이어졌다. 이는 모두 목조 누각 하부의 육축기단을 축조하는 과정이다. 그 후 비계를 설치하여 목조 누각 부분의 건축을 준비하였고, 정초·입주·상량이 이어졌다. 상량을 전후하여 현판을 거는 일이 있었고, 상량 이후에는 지붕 작업이 지속되었다. 미리 목석 작업을 해둔 것에는 지붕을 위한 서까래를 치목하는 작업이 포함되었을 것으로 생각된다. 전체 중건공사가 이후에도 오래 계속되었음에도 불구하고 광화문 전면부를 먼저 조성한

것은 특기할 만하다. 경복궁 주변의 지형과 도시적 여건을 보건대, 자재의 반입은 남쪽에서 들어오는 것이 가장 편리하다. 그럼에도 이쪽을 막는 광화문 조성을 서둘렀던 것은 아마도 경복궁 중건의 장면을 가장 뚜렷하게 외적으로 드러낼 수 있는 전략을 취한 것이 아닐까 한다.

궁장 축조는 사대문 공사와 병행되었다. 1865년 6월에 축성이 개시되었는데 먼저 옛 성을 허물고 바깥으로 목책을 둘렀다. 이것은 기존의 성벽을 재활용하기 쉽지 않았음을 방증하며, 목책을 두른 것은 공사장의 자재 도난 등을 방지하고 주변 도성민의 안전을 도모하고자 하는 목적 때문이었을 것으로 생각된다. 1865년 11월에는 동십자각 터 정비공사가 이뤄지고, 1866년(고종 3) 1월에는 수문 정비가 있었으며, 5월에 이르러 훈련도감이 맡은 남쪽 성벽이 완공되었다. 어영청의 서쪽 성벽도 거의 마무리 단계에 이르렀으나 금위영의 동쪽 성벽은 미진하기에 훈련도감과 어영청이 함께 분장하도록 조처하였다. 이러한 과정을 거쳐 7월 중순에 궁장 및 사대문의 공사가 준공되었다. 궁장과 사대문의 완공은 경복궁의 울타리를 완성하였다는 것이고, 이제부터는 목책 등 가설 보안 장치가 필요 없어졌음을 의미한다. 전체 공역에서도 대형 자재와 장비의 반입 등이 이 시기에 대체로 마무리되었을 가능성이 있다.

교태전

한편 주요 전각 중에는 교태전을 가장 서둘러 중건하였다. 첫해인 1865년 4월의 택일에 이어, 5월에는 다수의 목수가 이 현장에 투입되었다. 이 시기 다른 공사는 주로 궁장과 사대문의 석공 작업이었음을 감안하면 목수를 교태전 현장에 집중적으로 투입할 수 있는 여건은 충분하였다. 5월 14일에는 교태전 밖 울타리를 설치하고 옛 기단석을 해체하여 대지를 정비하였다. 이어 6월 20일에 예정대로 교태전의 정초가 있었고, 7월 30일에 비계를 설치하였으며, 8월 6일에는 서까래를 배치하였고, 19일에는 기와를 올려놓는 일까지 마무리되었다. 22일에 행각의 터를 정비하였고, 30일에 교태전의 바공까지 완성되었다. 이는 공사가 매우 빠르게 진행된 것으로서 인력을 집중적으로 투입한 결과가 아닐까 한다. 대청의 반자공사는 11월 2일에 완료되었다. 1866년 4월에 좌우의 전

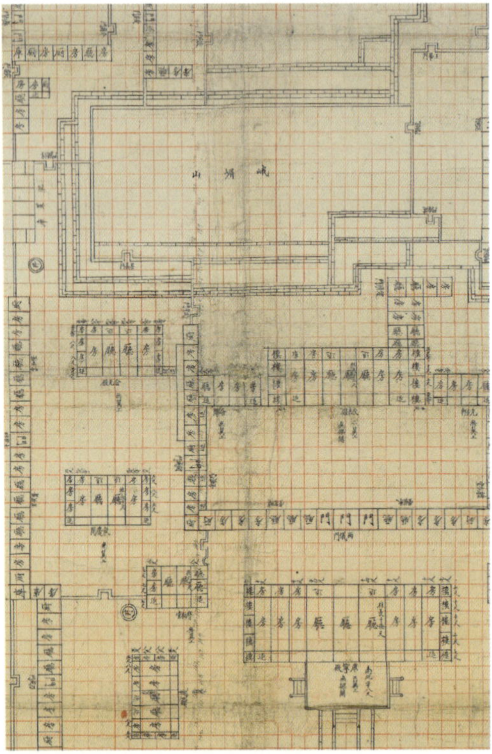

교태전 뒤 아미산 모습(위)과
「북궐도형」 교태전과 아미산 부분(아래)

각이 완성되었고 9월에는 뒤편 아미산의 석축 공사를 진행하였다.

교태전 공사의 후반부에 물려 병행된 공역은 바로 남쪽의 강녕전·연생전·경성전 일곽의 공사였다. 이들 세 전각의 부지 정비는 1865년 6월에 시작되었고 바로 정초식을 진행하였다. 하지만 부지가 정비되지 않은 상태였기 때문에 행사만 거행했을 뿐 실제 작업은 이후에 이루어졌나. 교태전의 각 공종이 단계별로 마무리되면 바로 강녕전 일곽의 공사에 투입되는 식으로 진행된 것으로 보인다. 입주, 상량식은 교태전과 강녕전 일곽이 한꺼번에 진행되었다. 이들 전각에 대한 창호·도배 작업은 반년 이상 지난 1866년 5월에 진행되었는데, 이때 만춘전·천추전·함원전 등의 전각에서 동시에 창호·도배 작업을 진행한 것으로 보아 이들 작업은 별도로 일괄 계획되어 있었음이 확인된다.

이들보다 2~4개월가량 늦게 일부 병행하여 진행된 공사는 만춘전과 천추전, 함원전과 인지당의 공사였다. 만춘전과 천추전은 강녕전 남쪽 사정전 권역에, 함원전과 인지당은 교태전 주변에 입지한 전각으로, 역시 공종별로 순차적으로 투입한 것으로 보인다. 이들 네 전각의 공사 일정은 1865년 9월에 택일하였다. 함원전과 인지당의 정초식은 10월 9일로 교태전·강녕전 등의 입주일과 같았고, 입주는 10월 24일, 상량은 11월 16일로 정했다. 정초에서 입주까지의 기간이 매우 짧다. 천추전은 10월 22일에 정초, 11월 7일과 9일에 각각 입주, 상량을 하기로 하였고, 만춘전은 이보다 늦게 12월 24일 정초, 이듬해 1월 11일 입주, 2월 22일 상량으로 정했다. 공사 택일은 함께 진행하였지만 상량일을 기준으로 보면 함원전과 인지당의 공사가 비교적 빠르게 마무리된 것인데, 이는 이들 두 전각이 교태전 가까이 있는 것이라 이미 교태전 공사가 마무리되어 있었기에 이 일곽의 정비가 우선된 듯하다. 이와 같이 내전을 구성하는 주요 전각에 대한 공사를 가장 먼저 진행하였다.

외전 공사의 진행과 마무리

1866년까지의 공사가 주로 궁장과 내전에 집중되어 있었다면, 1867년(고종 4)에는 근정전과 사정전 등 외전 일곽에 주력하였다. 특히 홍례문과 근정문의 경우에도 1866년 가을에 부지를 정비하고 12월에 택일과 정초, 이듬해 1월에 입주와 상량을 진행하였는데, 근정전의 공사가 마무리되는 시점 가까이 이들 공사도 함께 마무리되었음을 알 수 있다. 내전 영역의 공사도 일부 이 시기에 진행되었다. 흥복전은 기단 조성을 1866년 3월에 하였고, 6월에 입주하였다. 인근의 나인 숙소에 대해서는 1867년 1월에 정초부터 입주 등을 신속하게 진행하였다. 1867년 4월의 기와 올리는 작업은 홍례문, 근정문, 근정전 등에 대해 일괄 진행하였다.

비슷한 시기에 상량까지 마무리된 경회루 공사는 양상이 조금 달랐다. 경회루 공사의 경우 이미 중건 공역을 처음 시작한 1865년 4월에 시작되었다. 처음에는 경회루 연못에 대한 정비가 진행되었다. 준설 작업과 호안의 석축 공사, 연못 내의 섬 주변 석축 공사가 한동안 진행되었다. 토목 공역이 큰 비중을 차지하고 있어서 많은 시간이 소요되었다. 그 결과 경회루 목공 작업은 1867년에 들어서야 시작되었다. 1866년 12월에 택일하고 1867년

경회루

2월에 정초 및 석역이 진행되었으며, 4월에 이르러 상량까지 마무리하였다. 이어 5월에는 기와 올리는 일이 진행되었는데, 이 작업은 앞서 홍례문, 근정문, 근정전 기와 작업에 연이어 진행된 것으로 보인다. 와공들이 집중적으로 투입된 시기로 볼 수 있다. 현판은 1867년 9월에 작업하였다. 전 달인 8월에 영건도감에서 자경전 이하 각 전당의 전호와 당호 및 각 행각의 문 이름을 별단으로 올린 바 있는데, 대부분의 현판 작업은 이로부터 시작되었다. 근정문·만춘전·천추전 등의 현판은 8월에 일괄 진행되었고, 사정전·경성전·연생전·경회루·자선당·수정전 등의 현판은 9월에 함께

수정전

진행되었다.

경회루 공사가 마무리되면서 다시 다른 전각들의 공사가 시작되었다. 1867년 중반부터의 공사는 동궁 권역, 궐내각사 권역, 후원 권역 등에 집중되었던 것으로 보인다. 자선당은 1867년 4월에 부지를 정비하고 5월에 택일과 정초, 6월에 상량까지 진행하였다. 주변 행각에 대해서는 7월에 공사를 진행하였다. 비현당은 8월에 부지를 정비하고 택일하였으며, 10월에 상량까지 진행하였다. 춘방과 계방은 12월에 부지를 정비하는 등 공사를 개시하였다. 계조당의 경우 중건 공역의 막바지에 해당하는 1868년(고종 5) 5월에 공역을 개시하였다. 이로 보면 동궁 권역에 대해서는 자선당·비현당·춘방과 계방·계조당 순으로, 순차적으로 공사 기간을 설정하였음을 알 수 있다. 이는 1865년의 내전 공사에서 일곽 단위로 한꺼번에 공사를 진행한 것과는 크게 다른 점이다.

궐내각사의 공사도 시작되었다. 1867년 3월부터 사복시, 도총부, 수정전 등의 공사가 일괄 진행되었다. 가장 큰 전각인 수정전의 경우에 기록이 비교적 상세한데, 1867년 4월에 개기하여 5월에 택일과 정초를 진행하였고, 6월에 입주와 상량까지 마무리하였다. 행각에 대한 공사도 6월에 진행하였다. 8월에 이르러서는 수라간 등 내전 일대 부속 전각들의 공사를 개시하였다.

후원은 경회루와 마찬가지로 토목 공역이 큰 편이라 일찍부터 준비 작업이 진행되었다. 연못에 대한 준척이 1865년 4월부터 개시되었고, 문소전 주변, 칠송정 연지 등에 대한 부지 정비 작업도 진행되었다. 수로, 연못의 제방 등의 작업은 계속되었다. 1866년 8월에는 관저전의 상량이 있었고 1867년 5월부터는 선원전 공사가 시작되었다. 선원전의 정초와 입주는 1867년 11월에, 상량은 12월에 진행되었다. 이후 준당대, 후원의 각 전각들에 대한 공사가 진행되었고, 선원전 내재실 행각 등에 대한 공사는 1868년 3~4월 사이에 진행되었다. 크게 보면 초기에는 주로 토목 공역을 진행하다가 1867년 중반부터 각 전각의 목공사를 진행했음을 알 수 있다. 그밖에 육조거리 일대에서는 삼군부의 설치, 의정부, 종친부, 한성부, 예조 등 각 관아의 공사가 경복궁 중건 공역 내내 병행되었다.

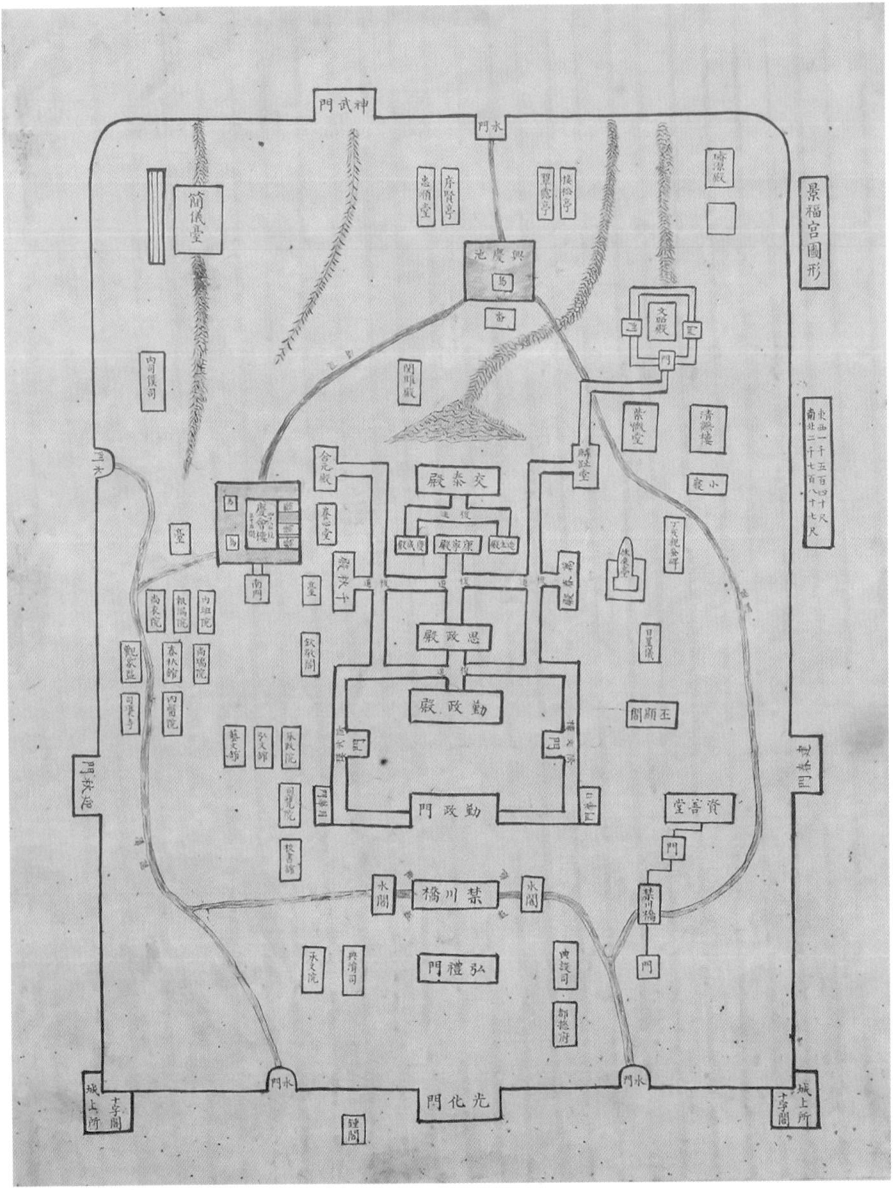
景福宮圖形
東西一千五百四十尺
南北二千七百八十七尺
神武門
水門
簡儀臺
興慶池
文昭殿
交泰殿
康寧殿
思政殿
勤政殿
勤政門
慶會樓
欽敬閣
資善堂
禁川橋
水閣
弘禮門
光化門
迎秋門
建春門
城上所
十字閣
鍾閣

「경복궁도」

공사기간을 줄이기 위한 공사 진행 방안

이상의 과정을 살펴보면, 중건 공역은 궁장과 사대문·교태전·강녕전 일곽으로부터 시작하였고, 중반에 들어 근정전·사정전·홍례문·근정문·경회루 등 외전 일대의 공사를 진행하였다. 이후 동궁·궐내각사·후원 등 외곽부 공사가 뒤를 이었다. 각 전각의 공사 기간은 전각의 규모와 형식에 따라 달랐는데 토목공역이 큰 후원과 경회루 일대는 일찍부터 부지 정비, 준설, 석축 공역 등이 진행된 이후 목공사를 진행하였다. 창호와 도배, 기와 올리는 일과 현판 다는 일 등은 여러 전각을 묶어서 한꺼번에 일괄 진행하였다. 1867년 9월에는 각 전당의 장지문과 옻칠 작업이 일괄 진행되었고, 10일에는 각 전당의 방전 마감과 마당 정비가, 18일에는 행각문의 편액 작업이 일괄 진행된 바 있다. 1868년 4월에는 각 전당의 도배를 일괄 진행하였다. 전각에 대한 공사가 마무리되면 월대, 나인 처소, 행각 등 주변부의 작업이 연이어 진행되었다.

처음부터 모든 공역 내용이 일별되어 완성된 계획에 따라 진행된 것으로 보이지는 않는다. 원래 이어移御 길일을 1867년 10월 30일로 정했었고 이때 대부분의 주요 전각 공사는 마무리된 상태였지만 선원전 공사 등이 여전히 진행 중이었으며 각 전각의 마무리 공역이 남아 있는 상태였다. 결국 정했던 기일에는 이어하지 못하고 이어일을 다시 11월 16일로 택일하였다. 당일에 이르러 사정전에 입시하고 근정전에서 진하를 받기는 하였지만 3일 만에 다시 환어한 것은 아직도 공사가 마무리되지 못했기 때문이다. 결국 1868년 2월에 들어 다시 이어일을 7월 10일로 택일하였고 최종적으로는 1868년 7월 2일에 이어함으로써 중건 공역이 마무리되었다. 이렇게 여러 차례 준공일이 변경된 데에는 이유가 있었다. 우선 몇 차례의 화재로 인해 이미 작업하였던 부분이 소실되어 다시 공사를 해야만 했다. 여기에 추위로 인한 공사의 중단, 인력과 자재와 재원 조달에서 뜻한 대로 진행되지 못한 점들이 작용하였다. 이는 주요 전각의 공사에 대한 택일이 일괄로 이루어지지 않고 그때그때 필요한 대로 이루어진 것에도 관계된다. 1866년 말에 들어 연목으로 쓸 부재가 부족하여 경기, 강원 등 각지에 공문을 보내어 목재를 수급하고자 하였다. 공역의 후반으로 갈수록 각종 자재의 수급이 바빠졌던 것도 공사 진행이 뜻한 대로 진행되지 못하였음을 보여준다.

그럼에도 불구하고 경복궁 중건이라는 대공역을 마무리할 수 있었던 것은 공사 진행에 대한 일정 수준의 관리 개념이 존재했기 때문이다. 특히 공사를 궁장, 내전, 외전, 외곽부 순으로 진행한 것은 현명한 계획이라 판단된다. 또 각 권역의 공사에 있어서도 부지 정비를 위한 토목작업 이후 중심 전각의 건축을 먼저 수행하고 이후 부속 전각과 행각을 건립한 것 역시 그러하다. 자재의 반입 등을 고려하면 중앙부에서부터 바깥으로 순차적으로 건설하는 것이 합리적이기 때문이다. 궁장의 경우 가장 바깥 부분의 공사임에도 가장 먼저 진행한 것은 공사장의 보안 등을 고려했기 때문으로 보인다. 또 가장 많은 물량이 소요되는 서까래 작업의 경우 별도의 연목가가를 설치하여 진행하였다. 토목공사, 기초공사, 축부공사 등 대규모의 작업이 수반되는 단계에서는 순차성을 갖고 인력과 장비 등을 분할하고, 지붕·마감·현판 작업 등 비교적 규모가 작은 작업들은 여러 공소를 모아 일괄 작업을 진행한 것도 주목된다.

건축물 유형에 따른 전략

이상과 같이 경복궁 중건 공역은 원활한 공사 진행을 위한 여러 전략에도 불구하고 몇 차례 이어移御 예정일을 변경해야 할 정도로 급박하게 진행된 측면이 있다. 그렇다면 그러한 과정을 거쳐 완성된 중건 경복궁의 건축은 어떤 속성을 가지게 될까? 공사의 시간적 한계가 미치는 영향은 없었을까? 공기를 줄이는 가장 효율적인 방법은 부재와 공법의 표준화이다. 특히 대량의 공사를 진행해야 하는 경우라면 표준화된 부재는 원활한 분업을 가능하게 하여 전체적인 공정 기간을 획기적으로 줄일 수 있다.

궁궐은 수많은 전각으로 이루어진 복합 건축군이다. 정전, 편전, 침전, 선원전 등 건축의 형식과 해당 전각에서의 의례 방식이 명확하게 정의되어 있는 전각들도 있고, 이들을 둘러싸는 행각과 부속 전각들, 궐내각사와 내전관청들처럼 특정한 형식에 근거하기보다는 주 전각의 보조와 편의가 최우선 가치가 되는 건물들도 있다. 즉 정전·편전과 같은 주요 전각들의 경우에는 '유일함'이 그 건물의 위격을 높이는 주요한 방법이므로 동일한 형태의 건물을 여러 동 만드는 것을 지양하지만, 그렇지 않은 건물들이라면 가급적 표준적인 방식을 따르는 것이 유리하다.

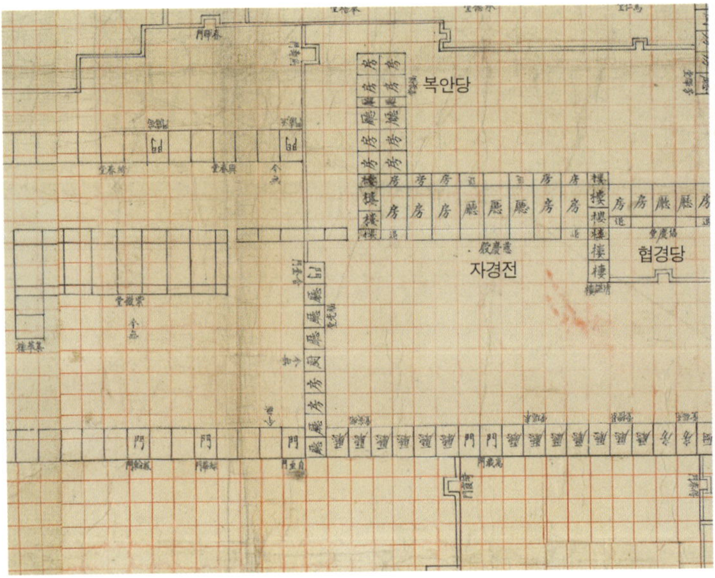

「북궐도형」 자경전 일대

특히 경복궁 중건은 조선 전기에 존재했던 경복궁 구기舊基 위에 다시 짓는 일이었다. 만약 기존 건물의 흔적이 분명하게 남아 있는 경우라면 별도의 토목작업을 진행하여 부지를 재정비하는 대신 기단과 초석 등을 최대한 활용하는 것이 여러모로 유리했을 것이다. 더욱이 정전이나 편전 등 주요 전각들은 함부로 원래의 건축 형태를 바꾸는 것이 매우 부담스러운 일일 뿐만 아니라 『국조오례의』 이래의 의식儀式 체계를 흔들 수 있는 일이라는 점에서도 어려운 선택일 수 있다.

비교적 많은 전각의 명칭이 기록되어 있는 서울대학교도서관 소장 「경복궁고도」(寫本)와 「북궐도형」의 비교를 통하여 두 시대의 경복궁 배치를 살펴보면, 기존에 존재했던 전각 중 문소전,

자경전

대명전, 수문당 등 일부 전각의 명칭은 중건 경복궁에서 발견되지 않는다. 대체로 침전과 후원에 속해있던 건물들로, 사라진 것도 있고 명칭이 변경된 것도 있다. 침전 영역의 확장과 서북부 혼전·빈전 영역 형성 등 전반적으로 밀도가 증가한 것이 궁역宮域 전체의 변화이다. 근정전·사정전·강녕전 등 중심부 전각배지의 큰 틀은 유지되었으나 복도각의 소멸, 천추전과 만춘전의 위치 이동, 경성전·연생전과 강녕전의 연결방식 변화, 연길당과 응지당의 조영, 양심당의 소멸 등은 중건 시 나타난 변화이다. 내사복시, 상서원, 상의원 등 일부 궐내각사는 현재의 수정전 일대에서 흥례문 주변으로 이동하였다.

『경복궁영건일기』의 기록을 살펴보면, 많은 부분에서 옛 경복궁의 흔적이 남아 있음을 알 수 있다. 궁장과 사대문의 축조를 위해 기존의 흔적을 정비한 것이나, 근정전의 옛 월대를 해체하되 첨계 안쪽은 원래의 것을 그대로 사용하면서 전면으로 일부 확대한 것 등을 보면 상당한 부분에서 흔적이 확인되었고 또 재활용한 부분도 있었다. 그렇다면 근정전을 비롯한 주요 전각에 있어서는 구 경복궁의 제도를 상당 부분 그대로 받아들였다고 할 수 있을 것이다. 특히 근정전, 강녕전 등 중심부를 구성하는 전각들은 원래의 구성을 비교적 충실하게 복원하였을 것이다.

다른 전각에 연결되거나 혹은 독립적으로 배치된 소규모의 전각들에는 몇 가지의 구성적 유형이 발견된다. 건물 중앙에 2칸 규모의 청을 갖는 측면 2칸 이내의 구성방식은 독립형 소규모 전각에서 자주 사용되었다. 아미산 북동쪽의 침전 영역에는 이 외에도 정훈당과 춘소당이 정면 8칸, 측면 1칸 규모에 청 3칸의 동일한 구성을 하였고, 취운당은 이와 대칭의 구성을 하였다. 통화당, 건복합 등도 이 일대의 독립형 전각이며 그 구성이 서로 유사하다. 또 자경전에 연결된 협경당과 복안당은 정면 6칸, 측면 2칸의 크지 않은 규모로 중앙의 2칸 대청과 동서온돌방 각 2칸의 형태였다.

독립형 전각 중에서 좌우로 나란히 배치된 보월당과 자운당은 정면 6칸, 측면 2칸의 12칸 규모로 서로 대칭으로 구성되었다. 벽하당은 보월당과 같은 평면형식에서 동쪽 측단부의 칸을 주방으로 사용한다는 차이만 있다. 이러한 구성은 유사한 규모의 전각들에서 반복적으로 나타났다. 임향당은 자운당과 동일한 구조이고, 계응당·응향당·벽월당 등은 벽하당과 구성이 같았다. 제수각은 자운당의 형식에서 동쪽 온돌방이 1칸 증가한 형태이다. 이러한 반복적 분포로 보아 고종조의 중건 경복궁에서 벽하당의 평면형은 정면 6칸, 측면 2칸의 소규모 독립형 침전 전각에서 하나의 유형으로 자리 잡았다고 평가할 수 있을 것이다.

독립형 전각 외에 또 하나의 유형으로 이해할 수 있는 구성은 口자형 또는 日자형의 행각에 포함된 전각들이다. 이들 전각은 모두 1칸 반 또는 2칸의 폭을 가지며 길이는 9칸이 대부분으로 8칸과 11칸의 예가 있다. 중앙부에는 3칸 또는 4칸의 대청을 두고 동서 방향으로 온돌방을 평균 2칸씩 구성하였다. 여기에 해당하는 전각은 복회당·난지당·예춘당·함정당·집희당·영보당·건기합·벽혜당·요광당 등으로 선원전과 동궁 사이의 궁궐 내 동북쪽 영역에 집중적으로 건립되었다. 또한, 홍복전 북쪽으로는 홍안당·태지당·광원당·회광당 등이 동서 방향으로 目자형의 긴 행각에 포함되어 있다.

형태와 부재의 표준화는 공사기간을 단축하는 방법

7000여 칸에 이르는 중건 경복궁의 수많은 전각들은 이상과 같이 몇 개의 유형으로 정형화되어 있다. 정전·편전·대전·중궁전은 각각의 보편적인 구성이자 옛 경복궁의 흔적을 따라 복원에 가까운 개념으로 정비되었고, 여타의 침전 중 대비전·동궁전 등도 침전의 일반적 구성인 중앙의 3칸 규모 청을 가진 좌우대칭 구성으로 정형화되었다. 이보다 위계가 낮은 부속 침전들은 청의 규모를 줄인 좌우대칭 구성이었으며 기타 지원시설들 역시 각각 일

관된 구성을 조금씩 변형하여 사용한 모습을 확인할 수 있었다. 태원전·문경전·회안전 등 혼전과 빈전으로 마련된 전각들은 전면부에 복도각을 가진 정면과 측면 모두 3칸의 정형적 구성을 공통으로 갖고 있다. 즉 평면형은 전각의 위계에 따라 구분되면서도 각각의 위계에 따라 정형화된 구성방법이 정착된 것이 고종대 경복궁 중건의 특징이다. 특히 침전의 전형적 평면형이 여타의 소규모 전각으로까지 일관되게 적용된 점은 중요한 변화라 생각된다. 이러한 정형성은 창덕궁과 창경궁 등 오랜 기간 점진적으로 변화·확장해온 궁궐과 달리 일시에 많은 전각을 건립하면서 나타난 현상으로 여겨진다.

이러한 분석은 『경복궁영건일기』의 기록 방식에도 그 흔적을 남기고 있다. 기록에서 직접적으로 공사의 진행을 기록한 전각들은 광화문·건춘문·영추문·신무문의 사대문, 홍례문·근정문 등 외전의 주요 문, 근정전·사정전·만춘전·천추전·강녕전·경성전·연생전·교태전·함원전·인지당·흠경각·경회루·홍복전·자선당·비현당·계조당·춘방과 계방·자경전·자미당·만화당·만경전·수정전·선원전 등이다. 여타의 전각들은 묶어서 일괄 기록되었거나, 별도의 기록이 없이 전각과 문의 이름을 정하는 대목에서 공사가 진행되었음을 확인할 수 있을 뿐이다. 이는 주요 전각들에 대해서는 하나하나 신중하게 의사를 결

북악산에서 바라본 경복궁

정하면서 공사를 관리하였고, 중요하지 않은 전각들은 일괄하여 진행하였음을 보여준다.

또 이러한 어타의 전각과 행각들에는 일정한 규모의 모듈이 적용되어 있었다. 발굴조사 및 복원계획도를 참조하면 대체로 8척×8척의 동일한 규모의 간살이로 계획되어 있음을 볼 수 있다.

이보다 좀 더 규모가 큰 것들은 8척×12척의 규모인데, 이는 도리칸을 8척으로 하되 보칸을 12척으로 1.5배 확대한 것이다. 여기에 4척의 퇴칸을 부설하면 16척의 보칸을 갖게 되어 8척×8척의 2칸을 앞뒤로 배열한 것과 동일한 폭이 된다. 도리칸을 8척으로 통일하였기 때문에 창방·도리 등 가로 부재들은 동일한 규격으로 일괄 치목할 수 있는 장점이 있으며 이는 공기를 단축하는 데 주요한 수단이 되었을 것으로 판단된다.

즉, 경복궁 중건 공역의 급박함은 위계가 낮은 전각들을 표준화하여 반복적으로 건립하도록 추동하였다고 할 수 있다. 그렇게 함으로써 자재의 치목도 간편화할 수 있었고 효율적인 분업이 가능하였을 것이며, 결과적으로 공기를 줄이는 효과를 얻었다.

당대 첨단 기술과 공법으로 다시 세운 경복궁

이권영

중건 경복궁 지붕, 청기와로 이으려고 시도하다

『경복궁영건일기』에 언급된 특이한 기와

공사기간 단축과 능률성 향상의 기구, 녹로

회벽, 과연 조선시대 건축에서 존재하였나?

조선시대 궁궐 하이테크 줄눈재 수회와 유회, 일제강점기 이후 잊혀지다

중건 경복궁 지붕, 청기와로 이으려고 시도하다

청기와

예전부터 궁궐 내 중요 건축물에는 보통의 기와를 사용하지 않고 특별한 기와를 사용하였다. 청기와靑瓦가 그것으로, 기왓장 하나하나가 고려청자인 셈이다. 중건할 경복궁의 중요 건물 지붕에도 이 청기와를 올리려 시도했다. 그러나 청기와 제작 기술이 끊어져 버려 이를 재현하는 것도 쉽지 않았던 모양이다. 경복궁 중건 시작일인 1865년 7월 30일, 청기와를 굽기 위해 동원했던 기와장인[瓦匠]들을 여의치 않아 돌려보냈다는 기록이 있다. 동원할 당시에는 장인들의 말만 믿고 여러 가지 시험을 해보았으나, 끝내 제대로 되지 않은 것이다. 이때의 몇 가지 시도를 소개해볼까 한다.

첫 번째, 도자기를 굽는 관요官窯인 경기도 분원점分院店의 사기 만드는 흙으로 조성했더니, 하나 만드는 데 너무 많은 비용이 들어 실패했다. 두 번째, 일반적인 흙 기와를 만든 후, 그 위에 청화靑花 안료를 바르고 구웠더니 색상이 혼탁하여 제대로 되지 못하였다. 세 번째, 흙 기와 표면에 먼저 붕사硼砂를 바르고 그 위에 황단黃丹과 미호米湖, 파란波蘭을 차례대로 바른 후에 구워내었더니 색과 모양이 나아지긴 했으나 예전 청기와만은 못했다.

이런 여러 시도에도 결국 실패하여 중건한 경복궁 어디에도 청기와를 사용하지 않은 것 같다. 재료 중 황단은 청기와의 빛깔을 밝게 하는 용도로 이용되고, 화약 제조 성분인 염초焰硝는 단시간에 가마를 고온으로 높여 청기와의 착색과 빛깔을 유지하는 용도에 이용되었을 것으로 추정된다. 연철鉛鐵은 납으로, 그 구체적인 그 용도를 알기는 어렵다. 황黃기와 제작용 석자황石雌黃도 있다.

얼마 후 1874년(고종 11)에는 경복궁 개수 공사가 있어 자재 조달과 구조 변경 문제를 놓고 임금과 신하 사이에 문답이 이루어진다. 그 중에 우리는 채색 기와의 비법이 전수되지 않은 까닭에, 중전인 교태전에도 사용할 수 없음을 탄식하는 내용이 있다. 청기와 제작기술이 임진왜란 이후 많은 도공들이 일본으로 끌려가면서 도공 조직의 와해와 함께 자연스레 맥이 끊기면서 이어진 것이다. 광해군 때 임란으로 전소된 궁궐 등을 복원하고 신설하는 과정에서 많은 비용과 노력으로 일부 되살리긴 했으나, 이후 높은 비용과 일정치 않은 수요 문제 등으로 다시 끊어져, 청기와 제조 비법의 단절은 경복궁 중건 시기(1865년)와 그 이후까지도 계속된다.

심지어 19세기 말에는 일본에서 청기와를 수입하기도 했다. 1891년 6월에 통상업무 담당 부서에서는 인천항 해관海關에 사람을 파견하는데, 궁궐에서 쓸 청기와 3만 장을 일본 나가사키長崎 등지에서 사오는 일을 맡을 관리와 기와장인이었다. 이들에게 필요한 비용으로 양은洋銀 100원元을 인천항의 세목稅項 중에서 지급하라는 관문關文도 있었다. 같은 해 11월 중건소重建所에서 쓸 청기와 1000장을 인천항에서 마포로 운송하는 것으로 보아, 실제로 일본에서 수입해 쓴 것을 알 수 있다. 우리나라 자체 기술로는 청기와 제작이 안 되어 외국에 값비싼 비용을 내고 까다로운 절차를 거쳐 가며 사들였던 것이다.

경복궁 창건 당시의 상황을 살펴보면, 정전인 근정전과 편

❶ 복원공사 이전 근정전
❷ 근징전 취두
❸ 근정전 용두

전인 사정전의 지붕에만 청기와가 사용되었다. 조선시대 기록 가운데 가장 먼저 확인되는 것은 1433년(세종 15) 경복궁 근정전에 관한 것이다. 경복궁 창건이 1395년(태조 4)에 있었으니, 이로부터 약 40년 뒤의 일이다. 정전인 근정전의 취두鷲頭, 즉 용마루 양쪽 끝머리에 올라가는 용머리 모양의 장식 기와가 비로 무너져 내려 수리하게 되었다. 그런데 청기와로 하면 경비가 많이 들어 아련와牙鍊瓦(보통 기와보다는 고급)로 대체하면 어떨지 시험 삼아 검토해 본다. 이 기록만으로는 창건 당시 근정전 지붕에 청기와가 사용되었는지 알 수 없다. 그런데 1450년(문종 즉위년)의 기록에, "우리나라에서는 다만 근정전과 사정전에만 청기와를 덮었을 뿐이고, 문소전과 종묘에도 오히려 덮지 못했다."라는 내용이 있어 확인된다.

경복궁 창건 당시 정전과 편전에 청기와를 사용한 이후, 여러 임금들은 왕과 왕비의 침전인 대전과 중전에도 청기와를 사용하려는 시도를 하였다. 그러한 시도는 1438년(세종 20)부터 보인다. 1474년(성종 5)에는 경복궁의 근정문, 홍례문, 광화문 지붕을 고쳐 덮을 청기와를 굽는 일과 경비 문제로 임금과 신하들 사이에 의논이 있었다. 정전과 편전 외에 궁궐 중심축선 상에 있는 문루와 침전으로까지 청기와 사용을 확대하려고 한 것이다. 그러나 청기와 제작의 경비 문제로 대개는 반대가 많아 실행되지 못했다. 중종 때는 중국 사신을 영접하는 경회루까지 청기와로 덮으려고 하였으나 이루어지지 않았다.

그렇다면 청기와는 얼마나 비싼 물건이었을까? 예전에도 청기와 제작비용이 만만찮았던 것 같다. 조선 초기부터 궁궐 중심 건물에 청기와를 사용하려고 할 때마다 매번 비용과 사치를 거론하는 대신들의 반대가 있었다. 세종 때부터 보이며, 연산군 때에는 신하들의 반대가 많아 해마다 조금씩 만들어 두었다가 필요할 때 쓰자고 지시하기도 한다. 제작 기간과 비용 때문이었다. 그런데 구체적으로 얼마의 경비가 소요되었는지 알 수 있는 기록이 조선 전후기를 통틀어 거의 없다.

중건 경복궁의 경우 시험 삼아 제작해보니 청기와 1장당 8냥의 돈이 들었다고 한다. 당시 경복궁 내성 주변 민가를 철거하는 과정에서 기와집 1칸당 10냥, 초가집 1칸당 5냥을 보상했다고 한다. 또 흥선대원군이 공사에 임한 사람들을 위로하고자 내린 돈 700냥으로 소 4마리를 사서 잔치를 열었다고 한다. 그러니 대략 청기와 1장이면 기와집 1칸, 초가집 2칸에 해당하고, 청기와 20장이면 소 1마리를 살 수 있는 셈이다. 임금이 사용하는 중심 건물로서 정전인 근정전과 편전인 사정전에만 청기와를 사용한다고 하더라도 실로 어마어마한 경비가 소요될 것이다. 물론 이 시기는 고려를 이어 들어선 조선 초기의 상황과는 달라 청기와 굽는 기술력과 인력이 없었으므로 비용도 훨씬 더 들었을 것이다. 앞서 언급한 대로 19세기 말 일본으로부터 청기와를 수입해 들일 지경에 이르러서는 더욱 가당치 않았을 것이다.

『경복궁영건일기』에 언급된 특이한 기와

궁궐에서 주요 중심축선 상에 있는 건물 중에는 중층重層 건물이 있다. 바깥에서 볼 때는 2층이지만 실제로 내부는 단층인 건물을 말한다. 대개 문루와 정전인데, 그 가운데 지붕 면적이 크고 넓은 것은 정전으로, 중건 경복궁의 근정전과 창덕궁 인정전이 이에 해당한다. 비가 많이 쏟아지면 상층 지붕에서 흘러내린 빗물이 아래층 지붕에 떨어져 내릴 것이다. 그럴 경우 아래층 지붕의 기와가 웬만해서는 견디기 힘들다. 세월이 많이 흐르면 단단한 바윗돌 첨계석에도 낙수의 흔적을 남길 정도니까 말이다. 그래서 아래층 기와에 강도가 높은 기와를 사용할 수밖에 없을 터인데, 중건 경복궁에서는 여기에 중와重瓦를 덮었다는 기록이 보인다. 중와가 기와를 이중으로 덮었다는 것인지, 아니면 보통 기와보다 무겁고 두꺼운 기와를 사용했다는 것인지 알기 어렵다.

그런데 경복궁 중건공사보다 불과 8년 전(1857년, 철종 8)의 공사인 창덕궁 인정전 중수공사 기록을 보면, 중층 전각인 인정전 아래층 북쪽 빗물받이 지붕[北簷]에 구리기와[銅瓦]용 숙동熟銅 1000근을 사용한다고 했다. 그밖에 도금용 놋쇠와 납의 합금인 유랍鍮鑞 10근, 놋쇠와 철의 합금인 유철鍮鐵 6근, 붕사 8냥, 송진松脂 3근 등도 들어갔다. 외견상 보통 기와와 구별되지 않도록 구리기와의 표면에 도금을 할 때 쓰이는 재료들일 것이다. 숙동 1000근이면 600kg에 불과하여 아래층 북쪽 지붕 전체를 덮기에는 턱없이 부족한 양이다. 겨우 아래층 북쪽 일렬을 놓을 수 있는 정도에 불과하다.

그런데도 빗물받이 구리기와가 왜 북쪽에만 사용된 것일까? 상층 지붕 처마에서 많은 빗물이 쏟아져 내려 아래층 기와에 충격을 반복적으로 줄 수 있는 시기는 한여름이고, 빗물의 양에 따라

복원공사 직후 근정전 지붕

떨어지는 위치도 일정하지 않기에 북쪽만이 아닌 사방 모두, 그리고 일렬이 아닌 넓은 범위가 해당된다. 아래층 북쪽 일렬을 놓을 수 있는 정도의 구리기와라는 것은 겨울철 위층 지붕 처마에서 수직으로 떨어져 내리는 고드름에 대한 대비로 보는 것이 합당한 추론이다.

겨울철 비나 눈, 결로현상으로 흘러내리는 빗물이 처마 끝에서 고드름이 되어 얼어붙어 점점 커져 어느 순간 뚝하고 떨어지면 그 충격이 대단할 것이다. 북쪽에 비해 동서남향은 햇볕이 잘 드는 곳이기에 비교적 고드름이 크지도 않고 낮이면 녹아 없어질 것이다. 중층 문루의 경우 내부에 위층으로 올라 갈 수 있는 계단이 있었으니 문제가 되지 않았을 것이지만, 정전과 같은 높은 중층 전각의 상층 처마에 붙는 고드름을 인위적으로 제거하는 것도 쉽지 않았을 것이다. 이러한 상황이 창덕궁 정전인 인정전에만 해당

눈 덮힌 근정전 지붕

된 것이 아니라 경복궁 정전인 근정전의 경우에도 해당된다.

필자는 2006년 관련 연구자들과 함께 중국 북경 자금성 태화전 수리 현장을 방문하여 그쪽 총책임자의 안내를 받은 적이 있다. 그때 자금성 정전인 태화전의 하층 지붕에 빗물받이 기와로 대략 1치 정도 두께의 구리기와가 사용되고 있음을 목도하였는데, 유사한 이유일 것이다.

1857년(철종 8) 창덕궁 인정전 중수공사의 기록 외에 중층 전각의 하층 지붕에서 구리기와를 사용한 기록은 찾을 수 없다. 다만 구리기와를 사용한 창덕궁 인정전 중수공사와 불과 10년도 채 떨어지지 않은 경복궁 중건공사에서 근정전과 같은 중층 전각의 하층 빗물반이 지붕에서 구리나 철을 바탕재로 하고 그 위에 도금된 기와를 사용하지 않았을까 조심스레 추정해본다. 그러기에 중와重瓦라고 한 것일 수도 있다. 중건 경복궁에서 일반 기와의 경우에도 흙에다 석회를 혼합하라고 지시하는 것도 강도를 높이기 위한 방식의 일환이다.

따라서 경복궁 근정전이나 창덕궁 인정전 등 중층 전각의 지붕을 수리하거나 복원하는 시점에서는 이러한 점을 충분히 고려하고 고증하여 신중을 기할 필요가 있다고 판단된다. 시대가 바뀌어도 기후나 상황은 별로 변한 것이 없기 때문이다. 목조 건축물의 손상은 대개 지붕에서 비가 새어 들어와 목조 가구를 썩게 만드는 것에서 시작되는 것이 일반적이다. 일단 문제가 발생하면 많은 비용 지출 뿐 아니라, 해당 문화재의 가치를 손상시킨다.

공사기간 단축과 능률성 향상의 기구, 녹로

경복궁 중건공사에서 녹로가 사용된다. 녹로는 도르래와 유사한 원리를 활용하여 무거운 짐을 들어 올리는 장치이다. 조선시대에 사용된 녹로는 크게 두 종류로 구분된다. 하나는 거중기를 대신하여 각종 공사장에서 돌이나 기타 무거운 건축자재를 들어 올리는 용도로 사용되었고, 다른 하나는 국가 장례에서 관을 무덤 안으로 내리는 데 사용되었다. 경복궁 중건에 사용된 녹로는 전자이긴 한데, 자세한 형태와 규격을 알 수 있는 도형이나 기록이 없다. 정조 시기 화성 성역에서 사용되었던 녹로를 근거로 하여 설명하고자 한다. 녹로는 크게 나무틀부, 얼레부, 장대부 세 부분으로 구성된다. 1804년(순조 4) 인정전 영건 공사와 관련한 기록에 녹로윤통轆轤輪桶이라는 내용이 있으니 녹로 나무틀부 아래에 이

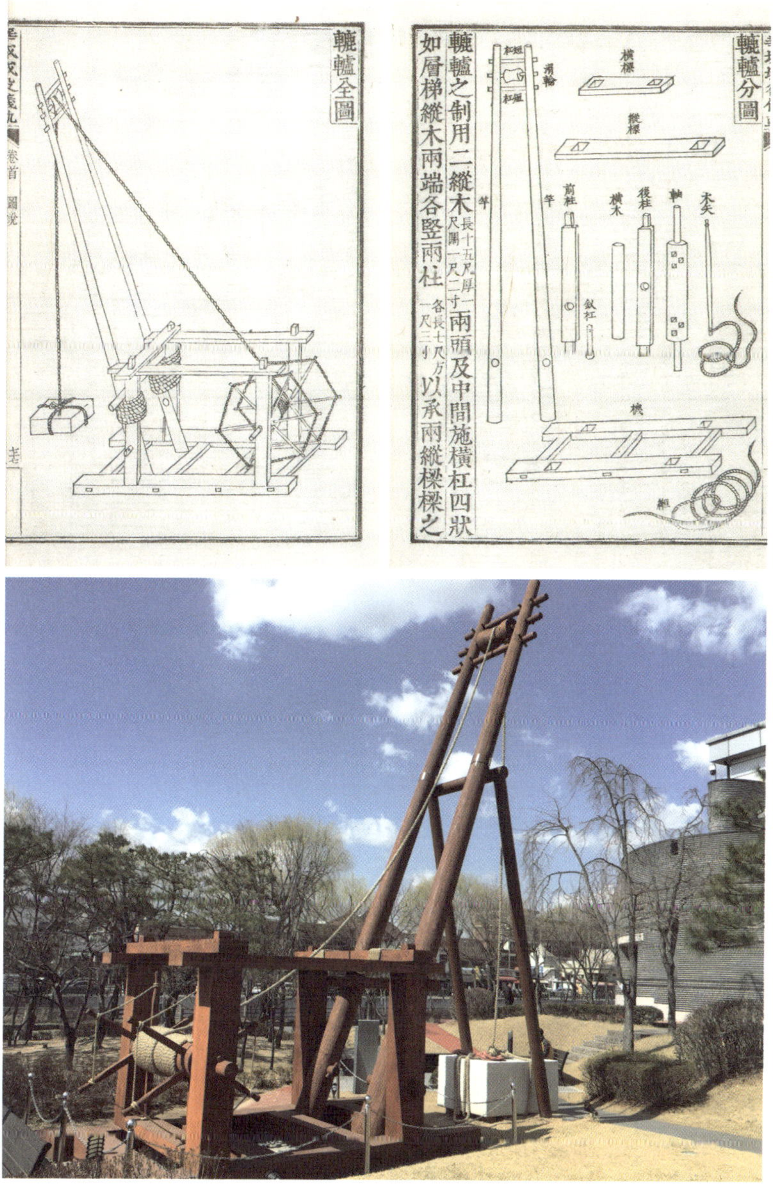

『화성성역의궤』「녹로전도」「녹로분도」와 오늘날 재현한 녹로

광화문 선단석(○ 표시)

동을 위한 바퀴를 설치하기도 한 모양이다. 한 시설물에 조립해 사용한 후 필요한 다른 시설물로 옮기려면 바퀴가 없을 경우 분리·해체하여 옮기고 재조립하는 번거로운 절차를 거치고 시간과 공력도 많이 소요되는 까닭이다.

『화성성역의궤』에 의하면 나무틀의 크기 중 가로 크기는 밝히지 않았지만 세로 크기의 절반 정도로 짐작되고, 세로 15자, 높이 10자이고 장대의 길이가 35자로 되어 있다. 이때 녹로 두 틀을 만들어 사용한다. 녹로 1틀당 8명이 배당되고 4명씩 양분되어 얼레의 한쪽을 담당한다. 곧이어 1803년(순조 3)의 창덕궁 인정전 영건 공사에서는 정전인 인정전 단일 건물을 재건하는 공사임에도 대녹로 1틀, 중녹로 2틀, 소녹로 1틀 등 모두 4틀을 사용한다. 새로 만든 녹로 1틀을 포함하여, 쓰고 나서는 담당 관청에 보관토록

한다. 각 부품이 조립식으로 되어 있어 해체 보관도 어렵지 않았으리라 짐작된다. 대중소 각각의 크기는 알 수 없지만, 들어 올릴 물건의 높이와 크기 등에 따라 적소에 사용했을 것이다. 동원된 녹로선격군轆轤船格軍은 모두 38명이다. 1824년(순조 24) 현사궁별묘 공사, 1857년(철종 8) 인정전 중수공사, 1865년(고종 2) 경복궁 중건 때에도 녹로를 만들어 활용하였다. 경복궁 중건에서 사용된 녹로도 대중소 모두 사용되었을 것이다. 광화문을 비롯하여 홍례문, 근정문, 근정전, 경회루 등 대규모 시설로부터 부속 건물 같은 소규모 시설물에 이르기까지 실로 어마어마한 칸수를 단기간에 짓도록 독촉하고 있었다. 그 성패 여부는 인력과 경비를 절약하고 공사 기간을 단축할 수 있는 능률적 기구의 활용에 있었을 것이다. 따라서 다양한 녹로를 해당 관청으로부터 조달하거나 필요할 경우 새로 만들어 사용했을 것임이 틀림없다.

『경복궁영건일기』를 통해서 살펴보면, 녹로가 사용된 기록은 광화문과 경회루에서만 보인다. 다른 시설물에도 사용되었겠지만 규모가 워낙 큰 두 건물에 대해서만 기록을 남겼다. 광화문의 가운데 문[御間門] 받침돌에 해당하는 선단석扇端石(홍예문 맨 밑에 쌓는 네모진 큰 받침돌)을 놓을 때 녹로가 사용된다. 길이 12자, 너비 4자, 높이 3자의 선단석 1개를 영풍정 부석소에서 끌어 옮기는 데 725명의 일꾼이 동원되었는데, 녹로를 설치해 선단석 하나를 들어 올리는 데는 선인船人 20명과 옆에서 거드는 담모군 105명으로 족하였다고 한다. 그만큼 녹로의 능률이 컸음을 밝히고 있다. 광화문에서 높이 60자의 고주高柱 26개와 단주短柱 16개로, 상하 2층의 부계를 설치하는 과정에서도 녹로가 활용되었다. 광화문의 높이가 화성 성역의 어떠한 시설물보다 높고 커서, 여기에 사용된 녹로의 크기는 화성 성역에 사용된 것보다 두 배는 되지 않았나 짐작된다. 중건 경복궁의 광화문과 화성 장안문의 선단석 크기를 비교해 보면, 길이×너비×높이가 각각 12자×4자×3자, 5.2자×4.1자×4자로서, 절대 크기 1.7배의 차이가 난다. 즉 화강암의 비중을 2.6으로 하여 광화문과 화성 장안문의 선단석 무게를 환산하면, 각각 10톤과 6톤가량 된다. 또 광화문과 장안문의 절대 높이를 정확히 알 수는 없지만 눈짐작으로도 광화문이 훨씬 높음이 확연하다. 화성 성역에 사용된 녹로의 35자 길이의 장대로는 60자 높이의 부계를 다루기에는 어려웠을 것이다.

그런 까닭에 화성 성역의 녹로는 8명의 녹로군이 감당했으나, 광화문의 경우 20명이 배정된 것이다. 한편, 경회루에 동시에 동원된 녹로군은 40명이다. 경회루는 정면 7칸, 측면 5칸, 11량각의 어마어마한 크기의 중층 누각이다. 게다가 하층 누주석은 단일석 48개이고, 그 크기도 상당하다. 따라서 광화문의 경우처럼 녹로 1틀당 20명으로 보면 녹로 2틀이 되고, 화성 성역처럼 1틀당 8명으로 보면 5틀이 한꺼번에 운용된 셈이다.

그런데 모든 시설물이 한꺼번에 만들어지지 않고 순차적으로 만들어지는 점을 감안해야 한다. 광화문에 사용했던 바와 같은 최대 크기의 녹로를 2개씩이나 만드는 것도 쉽지 않았을 것이다. 1803년(순조 3)의 창덕궁 인정전 영건공사에서와 유사하게 중건 경복궁에서도 대녹로 1틀, 중녹로 2틀, 소녹로 1틀, 각각 선인 20명, 8명, 4명 정도 배정되지 않았을까 짐작해본다.

동대문에서 운반해온 대종大鐘을 광화문 문루에 끌어 올리는 데에도 녹로가 사용된다. 끌어올린 대종은 광화문의 서협문 쪽에 별도의 기둥과 들보를 설치하고 매달았다. 대종이 동대문에 있을 때 문 안쪽에서 자라던 참나무 한 그루가 세월이 흘러 아름드리 재목이 되어 광화문으로 옮겨질 때 따라와 종의 들보가 된 것이 운명적이었다고 밝혀 두고 있다. 돛을 올리고 내리는 데 능한 일꾼을 사용해야 했기에 한강변 강촌江村 출신들이 동원되었다. 인정전 영건공사에서는 이들을 녹로선격군이라 불렀고, 경복궁 중건에서는 선인船人 또는 선공船工으로 부른다.

회벽, 과연 조선시대 건축에서 존재하였나?

오늘날 우리가 궁궐을 방문해서 바라보는 각종 전각의 벽 최종 미장 마감재는 회반죽(소석회에 소량의 여물과 모래를 섞어 넣고 해초풀로 반죽한 것)이고, 그 회벽灰壁(회반죽벽) 위에 붉은색의 주칠朱漆이 칠해져 있는 것이 보통이다. 하지만 일반인의 짐작과 달리 이런 회벽은 조선시대 궁궐의 벽체 마감 방식이 아니었다. 그렇다면 어떤 재료와 공법이 사용되었을까?

궁궐은 정전, 편전, 침전, 문과 행각을 비롯하여 많은 부속 건물로 이루어진다. 이들 건축물도 대개는 여러 칸으로 이루어진다. 그 경우 실과 실 사이 또는 외기와 면한 곳에는 벽이 설치되는데, 나무 널로 된 판벽이나 창호를 제외한 바름 미장벽의 경우 어떠한 미장 마감으로 처리했는지, 중건 경복궁의 공사 일지인 『경복궁영건일기』에는 나타나 있지 않다. 조선시대 궁궐 건설공사의 기록인

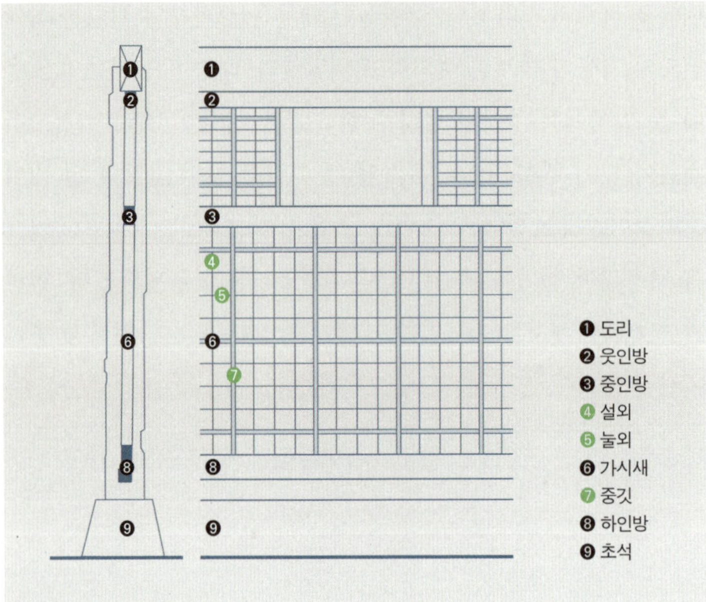

한옥 심벽 미장 벽 바름 바탕 틀 구조

『영건의궤』를 통해 알아보기로 하자.

우선 독자들의 이해를 돕고자 최종 벽 미장 재료로 마감하기 전의 바탕 구성부터 소개할까 한다. 전통건축은 목조 가구식 구조를 주류로 한다. 잘 알려져 있다시피 가구식 구조의 벽은 힘을 받지 않는 비내력벽으로서, 흙으로 채워 단열에 대비하며, 이를 위해 특별한 조치를 필요로 한다. 우선 기둥을 가로질러 아래위에 인방을 대고, 기둥 옆에 나란히 벽선을 대어 흙벽을 지지하기 위한 일종의 액자 틀을 만든다. 그런 다음 상하 인방 사이에 버팀대인 중깃을 세운다. 중깃 간격이 넓은 경우 중깃보다 가는 세로대인 힘살을 그 사이에 세워 댄다. 그리고 힘살과 직교되게 가로대를 보내는데 이를 가시새라고 한다. 힘살과 가시새에 의해 올이 성근 바둑판 모양의 벽체 틀이 짜인다. 이 벽체 틀에 다시 가는 살 외를 가로세로 엮어 조밀하게 댄다. 눌외와 설외를 엮는 데는 새끼가 사용된다. 이러한 바탕 틀 위에 흙과 짚여물을 섞어 초벌과 재벌 바름을 한다.

위에서 언급한 벽 바탕에 마감재로 정벌 바름을 해야 바름벽이 완성된다. 그렇다면 궁궐의 벽은 어땠을까? 궁궐 영건과 관련한 기록은 17세기 초의 『창경궁수리도감의궤』(1633)로부터 20세기 초의 『경운궁중건도감의궤』(1906)에 이르기까지 10여 건이 있다. 이들 기록을 통해 확인한 결과, 나무 널로 된 판벽이나 창호, 화방벽火防壁과 담장 등을 제외하고, 전각의 내·외벽, 즉 실 구분용도의 격벽隔壁, 아래 위로 다 막혀 있는 전폐벽全蔽壁, 문 상부벽, 문의 옆벽인 갑벽甲壁 등을 포함한 모든 바름 벽과, 서까래 사이의 천장[仰壁]의 미장에는 사벽沙壁이 적용된다.

시대별로 약간의 차이는 있지만, 사벽은 '모래+백토白土(또는 황토)+종이여물+풀가루'로 구성된다. 이 가운데 백토에 대해 서유구의 『임원경제지』「섬용지」에서는 "백토는 곳곳마다 있지만 가루가 희고 접착력이 있는 것이 좋다. 호서의 보령지방 사람들은 이 백토로 방실의 내벽을 바르는데, 곱기가 옥과 같고 밝기가 거울과 같아 종이로 도배를 하지 않더라도 사방의 벽이 환하게 밝다."고 하여 백토가 벽 미장 마감재로 통용되었음이 확인된다.

종이여물은 구성재 상호간 갈라 터지지 않도록 잡아주는 역할을 하며 물에 풀어 사용했다. 풀가루는 교착재로서 아교膠末, 밀가루眞末, 찹쌀粘米, 좁쌀粥米 등 시대별로 그 원료가 다양하게 채

❶ 운현궁 노안당 합각부 사벽
❷ 통도사 영산전 내벽 사벽 위 벽화
❸ 직지사 대웅전 내벽의 사벽 위 벽화

택되었다. 경복궁이 창건된 조선 초기 이후 기록에서 궁궐 전각의 벽 마감재에 대한 내용을 찾기는 어렵다. 다만 1478년(성종 9) 실록의 한 기록에서 외교 관계가 있는 동남아 특정 국가의 궁궐 체제를 언급하는 과정에서 사벽을 거론하여, 당시 통용되던 존재임이 확인된다.

운현궁 일곽을 이루고 있는 아재당, 노안당, 노락당, 이로당, 영로당, 육사당 등은 1864년(고종 1)에 만들어진다. 경복궁 중건 공사가 시작되기 1년 전이다. 공사 시작 직전에, 고종이 호조에 흥선대원군의 사저를 만드는 비용 1만 7830냥을 지급하라고 지시하는 기록이 고종실록에 있다. 그때 지출된 각종 자재 구입비와 인건비 등 경비의 세목을 기록한 『본부신건역사하기책本府新建役事下記冊』에는 사벽 재료에 들어간 비용도 들어 있다. 이를 통해 운현궁의 벽 미장 마감재가 사벽인 사실을 알 수 있다.

실제 사벽이 적용된 것을 『운현궁실측조사보고서』(1993)를 토대로 확인 가능하다. 현존 시설물 가운데 노안당의 합각부와 영로당의 벽체와, 서까래 사이의 천정(앙벽)에 고식인 황회색의 사벽이 남아 있다. 여타 건물의 경우 회벽이나 종이벽지로 처리되어, 이후 많은 변화를 겪은 것으로 보인다. 당시 흥선대원군이 고종 임금을 대신하여 섭정을 하던 막강한 최고 권력자였던 점을 감안하면, 궁궐 못지않게 좋은 재료와 공법으로 운현궁을 만들었을 것이다. 그런 점에서 운현궁에 적용되었던 벽 미장 마감재와 공법은 그 직후 이루어지는 중건 경복궁 전각에도 적용되었으리라 충분히 추론 가능하다.

궁궐뿐만이 아니라, 종묘·사묘祠廟, 왕릉 정자각, 사찰에도 보편적 벽 미장 마감재로서 사벽이 적용된다. 종묘·사묘祠廟는 제례 공간으로서, 여기에는 정전 또는 정당을 비롯하여 어재실, 재실, 제기고, 수복방, 공신당, 월랑, 행각, 문 등 부속 건축물이 놓인다. 왕릉의 경우에도 능묘 외에 이를 보조하는 건축물이 지어진다. 정자각, 비각, 재실, 수라간, 수복방, 안향청, 전사청, 행각 등이 그것이다. 이들 건축물은 대개 여러 칸으로 이루어진다. 그 경우 실과 실 사이 또는 외기와 면한 곳에는 벽이 설치된다. 조선 후기 당시의 공사 기록을 통해 확인한 결과, 판벽이나 창호를 제외하고 모든 미장 벽은 사벽으로 되어 있다. 종묘 정전과 영녕전, 왕릉의 정자각 등은 임금이 거처하는 궁궐보다 더 우선시하던 곳이다. 그런 곳에까지 사벽이 적용된 것이다. 물론 중요 시설물 외에 그 부속 건물까지도 사벽이 적용되었다.

사찰의 경우에도 양산 통도사 영산전과 김천 직지사 대웅전을 비롯하여 많은 전각의 내·외벽에서 사벽이 확인된다. 이들 사벽 위에는 채색 벽화가 많이 남아 있다. 통도사 영산전과 직지사 대웅전의 벽화 모두 18세기 초의 것으로 확인된다. 일례로 직지사 대웅전은 1735년(영조 11)에 중건된 것으로, 이후 수차례의 번와, 연목 교체, 석축 보수, 부분적인 고색금단청古色錦丹靑이 있었지만 내벽은 중건 당시의 모습을 간직하고 있다. 정면 5칸, 측면 3칸의 건물로 전체 16칸 가운데 4칸만이 창호 없는 벽체로 되어 있고 나머지는 모두 창호가 있다. 배면은 5칸 모두에 중방을 가로대고, 중방 아래로는 살문을 두고 있다. 불단佛壇 뒤 내고주內高柱(안쪽 높은 기둥) 사이의 후불벽後佛壁을 포함한 내벽은 사벽으로 되어 있는데 반해, 외벽은 회벽으로 처리되어 있다. 회벽으로 처리된 외벽은 후대의 수리과정에서 변형된 것으로 보인다. 내벽 중방 윗부분과 포벽包壁(공포와 공포 사이의 벽), 후불벽에 사벽 처리 후 벽화가 그려진다.

약 300년의 세월이 지났음에도 벽화가 생생하게 남아 전해진다는 것은 미장 마감재로서 사벽의 내구성과 성능을 확인해 준다. 보편성 확보를 위해, 이들 사례 외에 조선시대 민가 건축물에 대한 사례 조사도 뒤따라야 할 것이다. 다만 사벽 외에 어떠한 미장벽의 종류가 시행되었는지, 이후 많은 변형이 진행된 현재로서는 확인하기 어렵지만, 관영 건축물의 벽 미장에 적용되지 않은 회벽이 있었을 것으로는 생각되지 않는다. 따라서 오늘날 궁궐이나 종묘, 사묘, 왕릉 제 시설물, 사찰 등에서 보이는 회벽, 즉 회반죽벽은 20세기 초 경운궁(지금의 덕수궁) 중건공사(1906) 이전까지는 적어도 없었다고 결론을 내릴 수 있다. 오늘날 보이는 회벽은 이후 일제 강점기를 통해 변형된 것이므로, 당시의 것인 사벽으로 되돌려 놓을 필요가 있다고 생각된다.

조선시대 궁궐 하이테크 줄눈재 수회와 유회, 일제강점기 이후 잊혀지다

오늘날 궁궐 등 건조물 문화재의 신축이나 보수에서, 방전方塼 교착재 겸 줄눈재로 시멘트 모르타르를 쓰고, 석재의 교착재 겸 줄눈재로는 여기에다 생석회를 더하여 사용한다. 그러나 조선시대 궁궐·왕릉·종묘·사묘 등의 시설물에서 건축물 내외 바닥이나 화방벽 · 굴뚝 · 담장 · 연가 등에 쓰이는 방전이나 벽돌의 교착재 겸 줄눈재로는 수회水灰가 사용되고, 돌다리 · 화계 · 계단 · 기단 · 담장 등의 석재 교착재 겸 줄눈재로는 유회油灰가 사용되었다.

수회의 구성재는 '석회 + 들기름[法油] + 종이여물 + 풀가루'를 기본으로 하여, 느릅나무껍질의 즙이 첨가되기도 하였다. 유회는 '석회 + 들기름 + 종이여물'의 혼합재로서, 수회의 구성재 가운데 풀가루가 없는 것이다. 구성재 가운데 들기름은 방수재로, 종이여물은 균열방지재로, 풀가루는 교착재로, 백토는 경화재로, 느릅나무껍질의 즙은 방수제 및 단열재로 사용되었다. 이러한 수회와 유회가 경복궁 중건공사에서도 여전히 사용되었을 것이다. 일례로 『경복궁영건일기』 제2권의 기록에서, '근정전 전내에 석회를 바르고 전석磚石을 깔았다.', '건춘문의 성 바닥[城底]에 낙수 때문에 계단처럼 땅이 파인 것이 1자가량 되었는데, 석회를 채우고 전석磚石을 깔았다. 4면의 성 바닥을 모두 이와 같이 했다.'라는 내용에서 확인 가능하다. 따라서 수회와 유회는 요즘 궁궐 등에서 사용하는 재료와 공법과는 확연한 차이를 보여, 보수 복원 과정에서 신중을 기할 필요가 있다.

한편 『경복궁영건일기』에는 면회面灰라는 것이 등장한다. 이 면회 관련 기록이 유일하게 보이는 곳은 『경복궁영건일기』 제2권의 1868년 4월 14일조이다. '나인內人들이 거주하는 나인간과 각사各司의 중요치 않은 담은 흙담으로 만들고, 담벽에는 면회를 더하라'고 한 기록이 그것이다. 이 내용만 보면 궁궐 내 중요하지 않은 인물들이 거주하는 곳의 담벽은 흙벽으로 하고 겉에는 회를 바른 것처럼 이해된다. 그러나 궁궐 내 어떠한 건물의 담장도 순수하

조선왕릉 곡장 부분(위)과 경복궁 전각의 화방벽(아래)
○은 벽돌, ○은 장대석, ○은 사고석이다.

방전 교착재용 수회(왼쪽)와 석재 교착재용 유회(오른쪽) ○은 수회, ○은 유회이다.

게 흙담으로 쌓는 경우는 없다.

『일성록』이나 『각릉수개등록』에 의하면, 왕릉의 곡장曲墻까지도 흙담土墻으로 표현하는 것이 허다하고, 바로 그 곡장에 면회하라는 기록이 보인다. 왕릉 곡장은 최하부에 장대석을 놓고 그 위에 벽돌이나 벽전을 여러 장 쌓고 기와지붕을 얹어 마무리하는 것이 보통이다. 그럴 경우 면회라는 것은 벽돌이나 벽전 사이에 줄눈으로 사용하는 줄눈재를 일컫는 것이다. 왕릉 정자각이나 궁궐 전각의 외벽에 화방벽을 쌓을 경우에도 사고석四塊石이나 벽돌을 중방 아래 위치까지 켜켜이 쌓는데, 그 줄눈재에 대해서도 면회라는 용어를 사용한다. 여기서 면회용 회는 석재 사이에는 유회가, 방전이나 벽돌 사이에는 수회가 해당된다. 따라서 중건 경복궁 나인간과 각사 흙담에서 보이는 면회란 반듯한 돌은 아니더라도 돌과 흙을 섞어가며 담장을 쌓은 다음, 그 줄눈으로 석회, 즉 앞서 언급한 유회를 사용하라는 의미일 것이다. 오늘날 공사 현장에서 이러한 줄눈을 면회줄눈이라 하는 것과 맞닿아 있다.

기원과 열망을 담은 영건 현장의 의식행사

공사장에서 발견된 타임캡슐
중건을 공식적으로 선포한 고유제
고사를 지내는 마음
상량문을 만든 사람들
상량 기물에 깃든 의미
건물 완성의 세리머니, 상량의식

임혜련

공사장에서 발견된 타임캡슐

2001년 1월 18일 오후 2시, 경복궁 복원사업으로 경복궁 근정전의 해체공사를 하던 중이었다. 근정전의 지붕을 걷어내자 종도리라 부르는 용마루 받침대가 드러났다. 용마루 받침대를 들어 내려던 작업자는 받침대를 열어볼 수 있을 것 같아 이를 시도했다. 이때 뭔가 보였다. 그 속에 무언가 두루마리 같은 것이 보인 것이다. "어~이게 뭐지? 혹시 말로만 듣던 상량문이 여기 있는 것인가?" 작업자는 맥박이 빨라졌다. 많은 사람들이 모여들었고, 받침대 안쪽에서 무엇이 나오는지 모두 주목하고 있었다. 여기에서 붉은색 명주에 잘 싸인 두루마리를 비롯하여 다수의 물건들이 우루루 나왔다. 바로 근정전 상량문과 상량기물이 발견된 것이다.

목조건물은 몸체를 만들고 마지막 과정으로 서까래를 올리고 지붕을 얹으면 완성된다. 서까래를 올리기 전 상량대를 올리면 실제 건물이 완성되는 만큼 여기에 상량문上樑文을 넣어 두었던 것이다. 근정전 해체과정에서 발견된 물건들은 1865년(고종 2)부터 시작한 경복궁 중건 당시에 넣어둔 것이었다. 『경복궁영건일기』에는 대들보에 넣었다고 되어 있다. 상량문에는 근정전을 중건한 사실과 이를 칭송하고 좋은 일이 있기를 바라는 내용이 담겨 있다. 바로 경복궁 근정전 중건 당시의 상황을 알 수 있게 해주는 타임캡슐이 건물 가장 윗부분에 보관되어 있었던 것이다.

타임캡슐에서는 상량문 외에 중건에 참여한 사람들의 명단, 책임자 흥선대원군을 칭송하는 글도 나왔다. 그리고 육각형에 '水' 자를 여러 개 새겨놓은 은으로 만든 납작한 판, 용 그림, '水'

(위에서부터)
근정전 상량도리
상량도리에 그려진 용
상량공
상량공 속의 상량문

근정전의 낮과 밤

를 써넣은 종이까지 함께 나왔다. 이러한 것들은 어떻게 근정전 가장 위쪽에 보관되어 있었던 것일까? 무슨 의미를 담고 있는 것일까? 과연 경복궁을 중건할 때 어떤 일들이 있었던 것인지 과거로 시간여행을 떠나보자.

중건을 공식적으로 선포한 고유제

"경복궁은 우리 왕조가 설 때 가장 먼저 자리 잡은 정궁이다. 정령 시행이 바르게 되고 팔도 백성들이 복을 입은 것은 이 궁궐에서 시작되었다. 이 궁궐을 중건하여 중흥의 대업을 이루도록 할 것이다." 1865년 4월 2일, 수렴청정을 하던 대왕대비 신정왕후가 경복궁 중건을 명하였다. 고종이 12세의 어린 나이로 즉위하여 수렴청정을 하던 신정왕후는 순조의 아들 효명세자의 부인이다. 효명세자는 순조대에 대리청정까지 하다가 사망하였다. 효명세자는 왕권을 강화하고 왕실의 위상을 세우고자 노력하였고, 경복궁을 중건하려는 뜻을 가지고 있었다. 또한 효명세자 생전에 역시 훼손이 심하였던 경희궁의 영건공사를 시작하였던 바 있다. 신정왕후는 이러한 부군의 뜻을 이어 경복궁 중건의 명을 내렸다. 그리고 그 전권을 흥선대원군에게 일임하였다.

이렇게 시작된 경복궁 중건은 중요하면서도 매우 큰 국가사업이었다. 신정왕후의 뜻에 부응하여 의정부에서는 "옛 궁궐을 영건하는 것은 천명을 새롭게 하는 기회이니 마땅히 고유의 의식이 있어야 합니다."라고 고유제告由祭를 청했다. 조선시대에는 국

문조어진

효명세자의 18세 때(1826년)의 모습이다. 1830년 세상을 떠난 효명세자는 아들 헌종이 즉위 한 후 익종으로 추존되었으며, 대한제국 성립 이후에는 고종에 의해 문조익황제로 재추존되었다.

가에 중요한 사안이 있을 경우 이를 조상과 천지에 고하는 고유제를 지냈다. 새 왕이 즉위하거나, 왕실 구성원의 변화가 있거나, 돌아가신 왕과 왕비의 신주를 종묘로 모실 때 고유제를 시행했다. 그 외에도 역모를 진압하였거나 국가의 경사가 있을 때도 고유제를 시행하였다.

고유제는 경복궁 중건의 시작을 고하는 고유문을 작성하여 읽고, 헌관이 술을 올리고 절을 하는 절차로 진행되었다. 고유문 작성은 그 중요성을 감안하여 당대에 최고로 학문이 뛰어나고 글을 잘 쓰는 홍문관이나 예문관의 관원이 담당하였다. 경복궁 고유문은 예문관 제학 이명적이 지어 올렸다. 1865년 4월 10일 경복궁, 종묘, 사직을 시작으로 여러 곳에서 고유제를 시행하였다. 경복궁 고유제의 헌관은 영의정 조두순이 맡아서 의례를 주관하였다. 고유제는 선왕인 철종의 사당 효문전, 사도세자의 사당 경모궁에서도 시행하였다. 정조 이후의 왕들은 모두 사도세자의 후손이기 때문에 사도세자에게 이 중요한 국가 공사를 알린 것이다. 그 외에 목멱산·북악·한강에서도 고유제를 지냈다. 이로써 공식적으로 경복궁 중건을 알리고, 무사히 완공되기를 바라는 마음을 담은 의식을 치른 것이다.

고사를 지내는 마음

경복궁 중건에서 중요한 과정으로는 각 건물이 들어설 터를 닦는 개기開基, 터를 닦고 난 후 주춧돌을 놓는 정초定礎, 기둥을 세우는 입주立柱, 그리고 건물을 완성하는 상량上樑을 들 수 있겠다. 이들 과정은 매우 중요한 공정이기 때문에 좋은 날을 일관이 미리 정하여 진행하고, 각 과정에는 공사의 무사한 완성과 이를 기념하는 의식들도 따랐다. 터를 닦는 개기는 공사의 첫 시작인 만큼 앞서 살펴본 고유제를 시행하였다. 정조가 화성을 건설할 때는 이를 '개기고유제'라고 하였다.

경복궁 중건의 고유제를 치른 후 터를 닦은 후에는 정초를 위한 고사를 지냈다. 고사는 햇볕을 가리기 위해 장막을 치고, 다리가 높은 고족상을 펴놓고, 뒤에 모란 병풍을 두르고 진행한다. 상 위에는 제수들을 차려 놓는데, 소 한 마리가 올려지고, 떡 세 시루, 과일 세 종류, 술 한 통을 준비한다. 이러한 음식 외에 엽전 100꾸러미, 쌀과 좁쌀 각 2섬, 베와 무명 각 10필을 함께 올려놓고 고사를 지낸다. 이때 헌관은 한 번 술을 올리고 절을 한다.

이러한 정초 고사는 전각이나 궁문의 종류에 따라 제수의 차이가 약간씩 있었다. 앞서 언급한 정초의 격식과 제수는 1865년 6월 강녕전 정초 때의 경우이고, 1866년(고종 3) 8월의 사정전과 근정전 정초 때는 제수 진설에 약간의 차이를 두었다. 강녕전은 국왕의 침전에 해당하는 곳인 반면, 사정전은 편전으로 집무실이고 근정전은 국가의 행사를 주로 치르는 곳이다. 그래서 사정전과 근정전 정초 고사에는 소 한 마리에 돼지 한 마리를 더 올렸다. 그리고 병과, 곧 한과를 각각 3색으로 준비하였다. 병과는 궁중 잔치에 주로 올리는 음식으로 사정전과 근정전 건물의 위상에 맞게 준비한 것으로 보인다. 그 외의 진설에서도 사정전은 앞서 강녕전과 같았지만, 근정전은 그 건물의 위상을 반영하여 쌀과 좁쌀을 각 4섬, 베와 무명을 각 20필, 그리고 엽전을 200냥 준비하여 올렸다.

경복궁은 사방의 문 사이에 작은 소문이 있고, 이 문들을 연결하는 돌담으로 성을 쌓는 구조로 되어 있었다. 이런 궁궐 담장의 축성은 군영에서 나누어 담당했는데, 이 축성을 시작할 때도 각각의 방향으로 고사를 지내고 일을 진행하였다. 이때는 담당한 군영에서 고사를 준비하여 진행하였고, 돼지 한 마리를 제수로 올렸다. 이처럼 경복궁 영건에서는 각 공역 과정에서 고사를 치르고 일을 시작하였다. 이는 각각의 공정이 무사히 끝나기를 바라는 의지를 엿볼 수 있게 하는 대목이다.

상량문을 만든 사람들

전각의 공사가 순조롭게 진행되면 마지막 완성을 위한 준비를 해야 한다. 건물의 완성은 상량으로, 이를 기념하기 위해서 상량식을 준비하고 이때 쓰일 상량문도 미리 준비한다. 상량식의 핵심은 상량문을 써서 건물 안에 봉안하는 것이다.

경복궁 중건은 궁궐의 여러 전각과 궁궐 문을 함께 만드는 대공사였다. 이에 맞추어 상량식이 마련되기 때문에 그만큼 상량문도 자주 작성되었다. 공사가 먼저 진행된 곳은 내전의 건물들이었다. 1865년 6월 20일 교태전과 강녕전의 정초를 진행한 후 다음 과정인 상량식 준비에 들어갔다. 상량식에 쓰이는 상량문은 글을 짓는 제술관과 글을 쓰는 서사관이 담당하였다. 상량문은 당대 최고의 관료, 왕실의 종친이 주로 작성했다. 강녕전 상량문의 경우 제술관에 영중추부사 정원용鄭元容이 지정되었고, 서사관은 흥인군 이최응李最應이 담당하게 되었다. 정원용은 헌종대 영의정이 된 이래 국정을 관장하던 당대 최고의 관료였다. 원로대신이었던 정원용은 자신이 늙고 기력이 없다며 제술관을 사양하였다. 그렇지만 내전의 전각 중 국왕의 처소인 강녕전의 상량문은 오랜 기간 선왕대부터 국정을 책임져왔던 정원용이 담당하는 것이 의미가 있었다. 정원용이 지은 상량문은 흥선대원군의 형이자 고종의 큰아버지 흥인군이 썼다. 왕실의 원로인 흥인군이 강녕전 서사관으로 제격이었던 것이다.

경복궁 외전과 왕의 집무실 권역 공사는 1866년에 진행되었다. 이때 가장 중심이 되었던 건물은 외전인 근정전이고, 왕이 정사를 주로 담당하는 장소였던 편전인 사정전도 함께 진행되었다. 근정전 상량문은 고종대 영의정을 지냈던 조두순이 담당하였다. 당대 최고의 관료들이 서술하고 쓴 상량문은 어떤 내용을 담고 있을지 기대되는 대목이다.

상량문은 건물을 짓거나 중건하는 사실을 쓰고, 건물주와 관

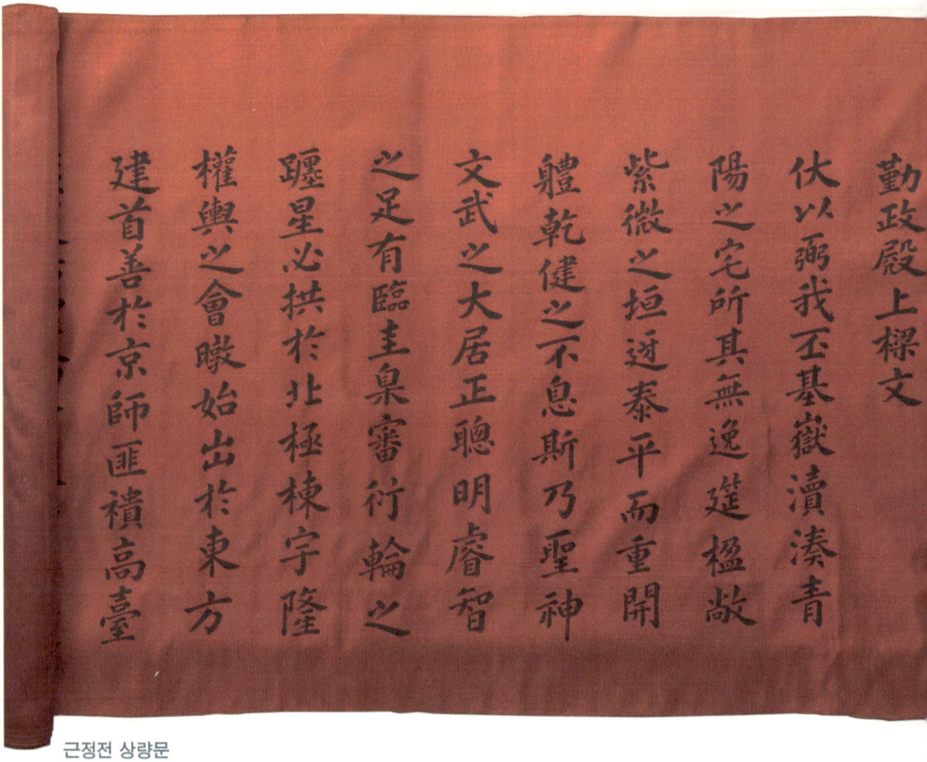

근정전 상량문

련된 칭송의 내용, 완성된 뒤 좋은 일이 생기기를 바라는 희망사항 등으로 구성된다. 상량문은 보통 이런 틀에 맞추어 썼는데, 이는 고려시대부터 내려온 전통이라고 한다.

상량문은 우선 건물을 칭송하는 내용을 담고 있다. 여기에서 그 건물의 주인이나 기능을 알 수 있다. 또 건물을 짓게 된 간략한 경위와 건축주를 칭송하고 경사가 무궁하기를 바라는 내용이 들어간다. 그리고 '어영차[兒郞偉]'라는 추임새를 던지고 운율이 있는 축사를 한 후, 앞으로 바라는 바를 다시 강조하면서 끝맺는다.

먼저 사정전 상량문 일부를 함께 읽어보자. 사정전 상량문에는 건물의 위치와 이곳에서 하는 일에 대한 정보가 담겼다.

> 옛날에 신경(명나라 수도)에 큰 읍을 만들던 초에 저 편전은 정아의 뒤에 설치하였도다. 금척으로 건국의 공업을 바치니 명당과 현당이 번갈아서 왕의 거처가 되고, 선기옥형으로 천상을 관찰하는 문채를 밝히니 태미원과 자미원이 갖추어져 제왕의 자리 있도다.

> 삼가 생각하옵건대 주상전하께서는 태평성대에 음양의 기운을 고르게 하시고 궁궐에 계시면서 은택을 널리 베푸시도다. 온 강토가 크게 밝으니 또한 대단히 풍부하여 그 교화가 온 세상에 두루 펴지고, 담장을 쌓고 나서 벽에 흙을 바르니 오직 다스림을 부지런히 하여 처음 지닌 마음에 힘써야 하리로다.

사정전은 경복궁의 편전, 곧 국왕이 평상시에 거처하는 내전이면서도 정사를 처리하던 집무실이었다. 사정전은 정아의 뒤, 곧 정식으로 조회를 하는 외전 뒤에 설치했다고 하였는데, 이는 근정전 뒤에 사정전이 위치한다는 말이다. 사정전이라는 이름은 정도전이 궁궐 건물의 이름을 정할 때 왕은 항상 정치를 생각하라는 의미를 담아 지은 것이었다. 상량문에도 역시 다스림을 부지런히 하라는 의미를 담고 있다. 상량문에서도 이 건물에서 하는 일, 본연의 목적이 잘 이루어지기를 바라고 있는 것이다.

근정전 상량문에서는 임진왜란이 일어난 후 경복궁에 왕들이 행차하고 중요하게 생각하였지만 중건하지 못한 사정과, 마침내 중건을 하게 된 경위를 서술하였다.

공역이 많고 일이 크다 하여 삼백 년에 이르도록 겨를이 없었고, 열성조의 뜻을 다 펴지 못한 채로 뭇 사람들의 개탄한 지가 오래되었다. 삼가 생각건대 주상전하께서 조종의 유업을 이어받아 아름다움을 어루만지며 집을 짓고 담을 쌓기를 조상의 뜻을 이어받고, 즉위하여 첫 정사를 시작하면서 게으르지 않고 방탕하지 않았다. 이에 즉위 초에 새로운 이 일을 도모하게 된 것이다. 대왕대비의 전교가 간곡하고 진지하시니 지금이 궁구의 기회이며, 뭇 사람들이 기뻐하여 온 나라가 곡식을 모으는 정성을 다한다.

위의 상량문 곳곳에는 경복궁이 그간 중건되지 못한 데 대한 안타까움이 묻어 있다. 그러면서 고종을 칭송하고 있으며, 신정왕후의 명으로 공역을 시작하였고, 백성들이 협조하여 하나로 뜻을 모았다는 경위를 설명해주고 있다. 이렇게 건물의 기능과 위치, 중건하게 된 경위와 건물주를 칭송하는 이야기를 써내려갔다. 그리고 나서 흥을 돋우는 축사가 나온다. 다음은 교태전 상량문의 축사 부분이다.

어영차

들보 동쪽으로 떡을 던지세
누에 치는 집은 깊고 깊으며 떠오르는 아침 햇살은 붉게 타오르니
좋은 해는 금근화 밖에서 돌고
채상대 가에는 동북풍이 불도다

들보 서쪽으로 떡을 던지세
옥 같은 푸른 물 금당에 비 내려 진흙을 씻으니
서왕모의 천도복숭아 세 번 열매를 맺고
연수는 응당 하늘과 가지런할 것이로다

들보 남쪽으로 떡을 던지세
서방의 상서로운 품은 남자에게 마땅하니
여관의 동필은 가송을 드날리고
'관저' 시와 '갈담' 시를 지을 줄 알도다

들보 북쪽으로 떡을 던지세
현무는 창창하고 구름은 오색이니
아침나절 비는 무성하고
만물을 낳고 집안과 나라에 미치도다

들보 위쪽으로 떡을 던지세
철룡이 날아올라 하늘 궁전 드넓으니
아래로 광명을 이루어 땅의 도가 행해지고
귀한 글씨 황금방을 우러러보는도다

들보 아래쪽으로 떡을 던지세
널리 포용하는 지극한 덕 큰 복에 응하니
아름다운 선성의 부드러운 가르침 어진 풍기를 부채질하고
세상 천만의 집들을 크게 보호하도다

위의 축사는 '어영차' 하는 추임새를 넣고, 동·서·남·북·상·하 여섯 방향에 좋은 축사를 담았다. 이것을 '육위송六偉頌'이라고 한다. 한자로 7언의 시로 지어졌다. 교태전은 왕비의 처소로서, 위의 축사는 경쾌한 분위기에 여성의 임무와 역할을 담고 있다. 동쪽으로 떡을 던지면서 했던 이야기는 양잠이 국모의 역할이라는 것을 알려주고 있다. 그리고 자손을 낳아서 왕위를 계승하도록 하고, 부드럽고 넓은 마음으로 집안을 평안하게 하기 바란다는 것을 신명나게 운율에 맞추어서 노래하고 있다. 이 상량문은 이렇게 육위송을 노래한 후 마무리 지어진다. 육위송 다음에는 "바라옵건대 상량 후에…"라는 문구로 시작하여 건물의 주인에게 바라는 마음을 담는다. 교태전 상량문은 다음과 같이 마무리된다.

> 바라옵건대 상량 후에 고명하고 박후하며 유구하나 손상되지 않고 상서로운 조화와 길한 경사가 한꺼번에 밀려오기를. 비조의 업을 잇는 것 같이 하여 터를 다지고 집을 짓고, 부부의 근원에서 단서를 만들어 집에 마땅하고 실에 마땅하기를. 기둥과 처마의 제도 더욱 장대하여 제비와 참새들도 낙성을 축하하며, 갈대와 대자리의 잠자리 편안하여 아들 태몽 맞아떨어지기를. 그리하여 번창하고 타오르고 길이 장수하게 하여 백 대를 이어 자손이 뻗어가고, 군자가 거처하고 오르고 편안히 여기는 곳으로 오복의 황극을 펼치기를.

이곳에서 왕과 왕비가 금슬 좋게 지내고, 무엇보다 왕비가 왕자를 낳아서 왕조를 계승하도록 하기를 바란다는 내용을 헌창하면서 상량문은 끝을 맺는다. 교태전의 주인인 왕비에게 바라는

교태전

마음과 왕비의 역할을 담고 있으면서 왕실의 경사를 바라는 마음을 담고 있는 것이다. 이러한 상량문의 구성은 대체로 동일하다. 당대 최고의 관료이면서 학자들이 건물의 유래와 역할, 주인을 칭송하고 축원하는 내용을 지어서 쓴 것이었다. 여기에는 경복궁 각 전각의 역사와 중건의 염원이 담겨있었다.

상량 기물에 깃든 의미

상량문은 글만 봉안하기도 하지만 물건들과 함께 봉안하기도 한다. 앞서 근정전 해체공사에서 발굴된 기물들이 이런 경우다.

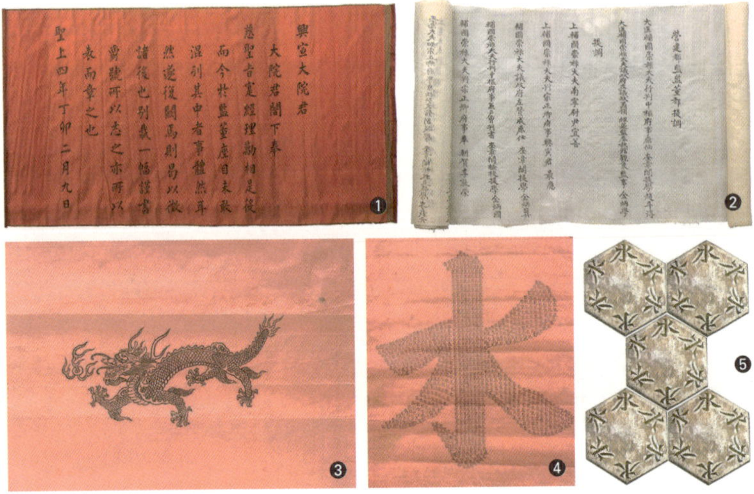

근정전 봉안물 ❶ 흥선대원군합하봉 ❷ 영건도감감동좌목 ❸ 용을 그린 그림 ❹ '水'자문 지류 ❺ '水'자명 육각형 은판

근정전 상량문과 함께 봉안되어 있던 상량 기물들은 경복궁의 모든 전각 기물 중에서도 가장 종류가 다양하였다. 우선 공역의 책임자 흥선대원군을 칭송하는 '흥선대원군합하봉'이라는 글을 붉은색 명주 천에 써서 봉안하였다. 보통 국왕을 칭송하는 글을 쓰게 마련인데, 대원군을 칭송한 것은 상당히 예외적이다. 다음으로 도감 제조 이하 공장 편수까지 영건 공역에 참여한 인물들의 이름을 흰 명주 천에 차례로 쓴 '영건도감감동좌목'이 함께 봉안되었다.

이러한 글 외에 함께 모셔져 있던 기물로 용 그림들이 있다. 붉은색 종이에 용을 그린 그림이 들어있고, '水' 자를 하나의 윤곽으로 만들고 그 안에 작은 '龍' 자를 1000여 자가량 써서 가득 채운 종이도 함께 있다. 여기에는 화재를 막기 위한 상징적 의미가 담겨 있다. 용은 국왕의 권위를 상징하면서도 물을 다스리는 치수의 능력을 가진 존재였다.

근정전에서 발견된 기물 중 관심을 끄는 것은 은으로 만든 육각형 모양의 돈, 은전이다. 육각형 은전의 모서리에 '水' 자를 새겨 금가루를 입힌 것이다. 육각형 은전은 5개가 발견되었다. 여기에서 은전이 둥근 모양이 아니라 육각형이었던 것은 6이 물을 상징하는 수數였기 때문이다. 이 육각형 은전은 종이에 포장되어 있었다. 그런데 포장한 종이 뒷면에도 '水' 자를 3개 모아 써서 물이 많다는 의미를 담았다.

상량문이 모두 상량 기물과 함께 봉안되는 것은 아니었다. 『경복궁영건일기』에는 교태전, 강녕전과 부속전각인 연생전, 경성전, 사정전, 근정전, 경회루, 자선당 그리고 수정전에 상량 기물을 대들보에 넣었다고 기록되어 있다. 상량 기물로는 은전과 용 그림이 봉안되었다. 강녕전과 그 부속전각들의 상량은 교태전 상량과 같은 날, 같은 규모로 치러졌다. 이때는 은전을 기물로 함께 봉안하였다. 경회루와 수정전에는 은전과 '수룡水龍' 글자 2점, 먹으로 그린 용 그림 한 점이 상량 기물로 봉안되었다. 자선당에는 은전이 봉안되었다. 상량 기물로 모두 은전이 봉안된 것을 알 수 있다. 그리고 왕이 기거하는 전각에는 용 그림이 봉안되었다는 것도 짐작할 수 있다. 경회루에서는 왕이 과거시험을 주관하기도 하였고, 종친 및 신하들과 대사례와 같은 활쏘기를 즐기면서 휴식을 취하기도 했다. 수정전은 조선 초기에 집현전이 있던 곳으로 궐내각사로서 역할을 했던 곳이다. 이곳에는 모두 왕을 상징하는 용 글자와 그림을 봉안하였다. 반면 자선당은 세자의 처소로서 아직 왕이 되기 전이기 때문에 용을 사용하지는 않았던 듯하다. 공통적으로 은전과 '수룡' 글자를 봉안한 것은 역시 불의 기운을 막기 위한 뜻을 담고 있었다.

그런데 도대체 왜 이처럼 곳곳에 불을 막기 위한 의미를 담은 '水' 자를 남겼던 것일까? 상량 기물 봉안에서 특히 강조한 것은 불의 기운을 다스리는 것이었다. 실제 경복궁 중건 과정에서 그렇게 고사를 지내고 기원을 했지만 화재로 인한 피해가 컸다. 1866년 12월에는 창의궁 안쪽 창호에서 불이 나서 어진을 봉안하고 있던 장보각까지 번졌고, 공사장의 가건물 50여 칸을 태운 적이 있었다. 1867년 2월에는 별간역의 처소와 나무를 가다듬는 임시 건물에 불이 나서 영추문과 건춘문 안쪽 창고까지 타고, 사정전 남쪽 행각까지 태웠다. 이때 비축한 목재들이 불타서 매우 피해가 컸고, 공역이 일시 정지되기도 하였다. 이를 보면 상량문과 함께 기물들을 봉안할 때 불을 막고 물을 다스리려는 염원이 강하게 반영되었던 이유를 쉽게 짐작할 수 있다. 자나 깨나 불조심! 바로 경복궁 중건에서 가장 중요했던 것이다.

건물 완성의 세리머니, 상량의식

궁궐 영건에서 가장 주목받는 의식은 상량의식이라 할 수 있다. '상량의'라고도 하는 의식은 상량식 의례를 의미한다. 상량의식은 크게 상량문을 봉안하는 의식과 이를 준비하기 위해 제사를 지내는 의식으로 구성된다.

상량문을 봉안하는 것은 신성하면서도 중요한 의미를 지

닌다. 이런 일일수록 나쁜 기운이나 잡귀가 얼씬거리지 못하고, 잘 치러질 수 있도록 정성을 다해야 하는 것이다. 상량문 봉안을 위한 준비는 산신에게 제사를 지내고 상량문 넣을 곳을 만드는 절차로 진행되었다. 경복궁 중건에서 가장 먼저 상량의식을 시행한 것은 1865년 9월 22일 신무문 상량식이었다. 산신에게 제사를 지낼 때는 돼지 한 마리를 희생으로 올렸다. 이어 신위를 설치하고 하얀 목면 10필, 흰쌀 3섬, 엽전 50냥을 진설하였다. 경복궁 상량문 봉안에서 가장 많은 제수가 올려진 곳은 역시 근정전이었다. 이때에는 베와 무명이 각 10필, 쌀과 콩 각 5섬, 그리고 엽전 300냥을 진설하였다. 그리고 헌관이 한 번 술을 올린 이후 건물 최상부에 위치한 종량이라는 보 아래에 상량문을 넣어둘 곳을 만들어두었다.

상량문을 봉안하는 의식은 상량식 전날, 미리 의식을 치르는 장소에서 자리를 정리하고, 필요한 도구들을 설치해 놓는다. 그중에서도 제일 중요한 것은 상량문을 올려놓는 상을 설치해 놓는 것이다. 드디어 건물이 완성되고 상량하는 당일이 되었다. 상량의식은 향을 피워 올리고 상량문을 읽는 절차로 진행된다. 상량의식에는 영건도감 도제조 이하 관원들이 참석하는데, 먼저 향은 2명의 관원이 피운다. 이렇게 향을 피우는 관원을 사향관이라고 한다. 2명의 사향관이 무릎을 꿇고 세 번 향을 위로 올린 후 물러나면, 이제 상량문을 읽는 차례가 기다린다. 상량문을 읽는 독상량문관은 상 위에 올려져 있는 상량문을 무릎을 꿇고 읽는다. 그리고 도제조 이하 참석한 관원들은 모두 네 번 절을 한다. 그 후에 앞서 제사를 지내며 만들어놓은 상량문을 봉안할 곳에 상량문과 상량 기물을 올려 넣는 것으로 의식은 마무리된다. 이렇게 하여 상량문과 기물들은 건물 속에서 건물의 역사와 공역 완성의 기쁨을 간직하며 보관되는 것이다.

경복궁은 예정보다는 늦게 완공이 되었지만 이미 택일한 대로 중건 진하의례를 시행하였다. 1867년 11월 16일에 고종과 대왕대비 신정왕후는 신하들에게 경복궁 중건을 축하하는 진하를 받았다. 곧 축하의 하례를 받은 것으로, 이때 고종은 반교문을 내려서 경복궁 영건의 노고를 치하하고, 그 의의를 공표하였다. 그리고 경복궁을 내년 봄까지 완성하라는 명을 내렸다. 1868년 3월에는 영건을 축하하는 과거시험이 치러졌으며, 드디어 7월 2일 고종 이하 왕실 식구들이 경복궁으로 이어하였고, 7월 4일 고종은 근정전에서 신하들과 국사를 보는 업무를 재개하였다. 이로써 경복궁 영건의 대역사는 마무리되었고, 조선초기에 세웠던 법궁 경복궁이 왕조의 중심으로 다시 서게 되었다.

궁궐을 지키는 녀석들,
경복궁의 서수상

김민규

화덕진군으로부터 궁궐을 지키라, 불을 막는 상징의 동물들

문흥을 상징하다, 광화문의 천장화

길한 새들의 차례, 봉황과 공작

우주의 이치를 담다, 근정전 일대의 동물조각

성군의 어진 정치를 바라며, 경회루 난간의 동물조각

궁궐에는 다양한 상징물이 가득하다. 특히 전각의 명칭, 단청의 문양 등 곳곳에 그림과 조각으로 나타난 동물들의 상징을 통해 그 문화의 깊이와 너비를 짐작할 수 있다. 창덕궁과 창경궁은 오랜 세월 이러한 상징이 누적된 반면, 경복궁은 1860년대에 중건되면서 잘 짜인 계획 속에 이러한 동물들이 배치되었다. 이들의 의미를 살펴보면 왜 이 동물들을 조각하고 그렸는지 알 수 있으며, 나아가 경복궁을 더욱 깊이 이해하는 데 도움이 될 것이다.

화덕진군으로부터 궁궐을 지켜라, 불을 막는 상징의 동물들

현대에도 화재는 생명과 재산을 앗아가는 무서운 재앙이며, 전통시대에는 기계식 소화기구 등이 없었기 때문에 화마에 대한 두려움은 우리의 상상을 뛰어넘는 것이었다. 더욱이 궁궐 건물은 화재에 취약한 목조인 데다가 수십 년 이상 건조되어 화재가 난다면 사실상 막을 수 있는 방법이 없었다. 그렇기 때문에 주술, 민간신앙 등에 의지하는 바가 컸으며, 여러 차례 화재로 수백 년의 기록과 유물 등을 잃었던 조선 후기에는 더욱 이러한 상징을 곳곳에 넣을 수밖에 없었다.

경복궁에서 경회루와 연지蓮池는 화재를 막는 상징을 다수 포함하고 있다. 경회루 연못은 조선시대에 여러 차례 기우제를 지냈던 곳으로 이곳에서 발견된 청동용靑銅龍은 제작 및 설치 등의 과정에서 제화制火에 대한 의미를 파악할 수 있다.

1865년 8월 30일 임술壬戌에 용의 반체半體를 주조하고, 9월

경회루 연못 출토 청동용(1865년)

10일 임신壬申에 나머지 반을 주조해 완성했다. 두 마리의 용 중 하나의 배에 새기기를 "대청大淸 동치同治 4년 을축년(1865) 임오월(8월) 임술일(30일)에 시작하여, 9월 10일 임신壬申에 몸을 합쳐 한 쌍을 주조해 만들었다."라고 제작 과정이 『경복궁영건일기』에 기록되어 있다.

더불어 이 청동용을 설치할 때의 고사 제문에는 "회록回祿(화재의 신)을 백 겁 동안 가두고, 화덕진군火德眞君(불의 신)은 천 리로 배웅하라."고 하여 이 청동용에 화재를 일으키는 회록과 화덕진군을 막으라는 염원이 담긴 것을 알 수 있다.

작품을 제작하는 날짜 역시 물을 상징하는 '임壬', '감坎'의 간지가 들어 있는 임오월, 임술일에 작품 제작을 시작하는 등 불을 제압할 수 있는 물의 상징을 극대화했으며, 방향 역시 이에 맞추어 이 청동용이 물을 머금어 불로부터 궁궐을 지켜달라는 의미를 가지고 있음을 알 수 있다.

교태전, 홍례문, 광화문, 신무문, 건춘문, 영추문, 경회루, 수정전에 설치한 철제용두토수鐵製龍頭吐首를 임일壬日에 주조해 설치했는데 이 역시 불을 막아달라는 의미로 제작된 것임을 알 수 있다.

❶ 근정문 추녀의 철제용두토수
❷ 근정전 현판
❸ 효창원 장명등의 초룡(1786년)
❹ 경회루 계단 난간의 초룡

풍수로는 서울의 안산案山인 관악산의 형세가 화기火氣를 띠고 있어서 이를 막기 위한 방편을 마련하기도 했다. 관악산 정상의 나무를 베어 숯으로 만들고 이 숯을 근정전의 술해방戌亥方(서북쪽)과 경회루 연못 북쪽 제방 위에 감괘坎卦(☵) 형태로 파낸 뒤 숯을 묻어 관악산의 화기를 씻어내려고 했으며, 관악산의 정상에 6각지角池를 만들기도 했다. 경복궁 전체에서 십이지신 중 술戌(개), 해亥(돼지) 등이 조각되지 않은 이유도 "술戌은 불의 곳간이며, 해亥는 불을 품고[胞絶] 있다."라는 내용에서 짐작할 수 있다.

또 경복궁의 전각 현판 중에 "바탕을 검게 칠한 것은 모두 불을 제압하는 이치를 취한 것이다."라는 기록을 통해 검은색과 물을 상징하는 임壬이 현판에도 적용되었다는 것을 알 수 있다. 그리고 단청 중에서도 "근정전 단청이 이루어졌다. 화체畵體는 곧 초룡草龍과 운물雲物에서 형상을 얻었다. 제화制火의 이치를 취했으며, 경회루와 같다."라고 해서 초룡과 구름 등도 불을 제압하는 의미로 그려졌다는 것을 알 수 있다.

초룡은 문효세자文孝世子 효창원孝昌園 장명등長明燈에 처음 등장한 장식문양으로 용을 당초唐草처럼 장식화한 문양으로 볼 수 있다. 이후 조선 왕실의 공예품에 이러한 초룡이 다양하게 표현되었으며, 경복궁에서는 근정전과 경회루 등에 초룡과 구름 등의 문양을 사용하여 불을 제압한다는 의미를 담았다. 근정전과 경회루의 단청들은 여러 차례 다시 보수하면서 초룡의 모습을 많이 잃었지만 경회루 계단 난간에 조각된 초룡은 당시의 모습을 잘 보여준다.

이처럼 경복궁의 서수상瑞獸像 중 용, 초룡 등은 화재를 막는 제화의 상징으로서 경회루 연못에 안치한 청동용, 주요 건물 추녀 끝을 장식하는 철제용두토수, 단청 문양 등에 사용된 초룡으로 나타났다. 용이나 초룡뿐만 아니라 물을 상징하는 임壬, 감坎, 육六, 검은색[黑] 등이 제화의 상징으로도 쓰였다.

문흥을 상징하다, 광화문의 천장화

광화문은 경복궁의 정문이자 남쪽에 있는 문으로 그 뜻에 대해서는 '태평성대'를 뜻하는 '광천화일光天化日', '나라의 위엄과 덕이 만방에 널리 미친다.'는 『서경』의 '광피사표화급만방光被四表化及萬方' 등 여러 가지로 추정하고 있다. 경복궁을 중건할 때에는 아마도 뒤의 뜻을 이 광화문의 뜻으로 삼았던 것으로 보인다. 그것은 광화문 홍예 천장에 그려진 그림으로 추정해 볼 수 있다.

『경복궁영건일기』 제3권의 1865년 11월 4일자 일기에서는 경복궁 4문(광화문, 신무문, 건춘문, 영추문)의 앙판仰板(홍예 천장) 단청이 이루어졌다고 기록하고 있다. 그 내용은 "광화문의 어칸御間에는 쌍봉雙鳳, 서협문에는 낙귀부서洛龜負書(洛水의 神龜가 洛書를 지다), 동협문에는 하마부도河馬負圖(黃河의 龍馬가 河圖를 지다), 건춘문에는 쌍룡雙龍, 신무문에는 쌍귀雙龜, 영추문에는 쌍린雙麟"이다.

현재 광화문 홍예 천장 그림은 한국전쟁으로 불탄 광화문을 콘크리트로 건립한 1968년에 그려진 것을 현황 모사한 것이다. 중앙의 어간에 쌍봉, 동쪽에 두 마리의 용마, 서쪽에 두 마리의 거북이가 그려져 있다.

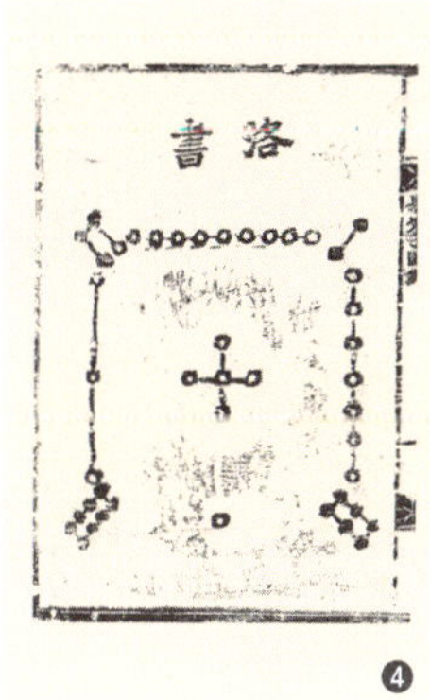

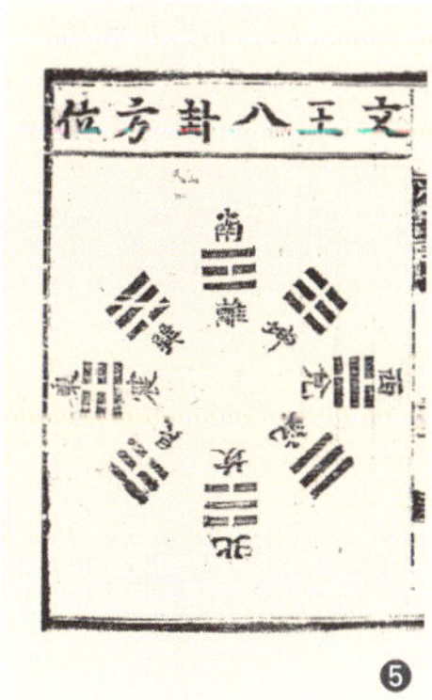

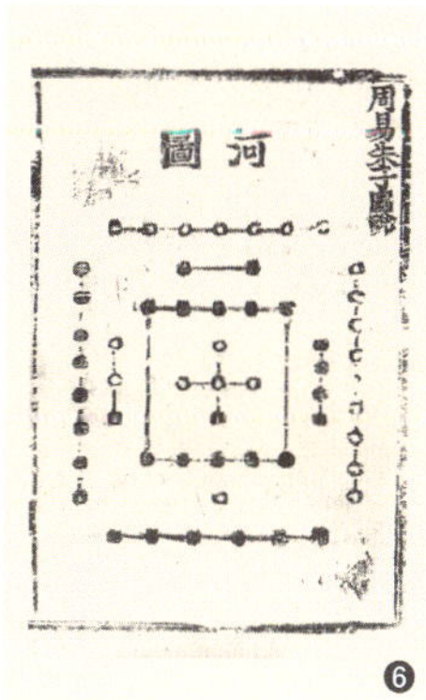

❶ 낙귀부서, 광화문 서쪽 홍예 천장화
❷ 쌍봉, 광화문 어칸 홍예 천장화
❸ 하마부도, 광화문 동쪽 홍예 천장화
❹ 낙서, 『주역』 총목
❺ 문왕팔괘방위, 『주역』 총목
❻ 하도, 『주역』 총목

쌍봉은 남쪽을 상징하는 주작朱雀으로 오인되기도 하지만 『경복궁영건일기』를 통해 정확한 명칭을 알 수 있다. 낙귀부서와 하마부도는 하도낙서河圖洛書를 형상화한 것이다. 하도河圖는 복희伏羲가 황하黃河에서 얻은 그림으로, 복희는 이를 바탕으로 팔괘八卦를 만들었다고 하며, 낙서洛書는 하우夏禹가 낙수洛水에서 얻은 글로, 홍범구주洪範九疇를 만들었다고 한다. 광화문 여장女墻에는 팔괘를 각 방향에 맞춰 벽돌로 쌓아 놓았으며, 그 형태는 문왕팔괘방위文王八卦方位와 일치한다.

이처럼 광화문에 그려진 동물과 문양들은 삼황오제三皇五帝, 주周 문왕文王이라고 하는 동양 문화의 원류를 상징하고 있으며, 동양의 사상과 문자 등의 기원을 담고 있다. 이러한 상징이 자리 잡은 광화문은 '나라의 위엄과 덕이 만방에 널리 미친다.'는 이름과 뜻이 통하며, 문치文治를 표방한 조선의 법궁法宮 정문이 되기에 매우 적절하다.

길한 새들의 차례, 봉황과 공작

상서로운 동물들을 이야기할 때 '서수상금瑞獸祥禽(상서로운 짐승과 상서로운 날짐승)'이라고도 한다. 궁궐에는 주로 서수상이 제작되었는데 날짐승 즉 새는 계단 중앙의 어간석御間石(어간석은 『경복궁영건일기』에 나오는 용어)에 새겨졌다.

근정전 월대의 1, 2층 어간석의 문양은 '쌍봉을 조각했다.'라는 『경복궁영건일기』의 기록에 근거하여 봉황임을 알 수 있다. 여

❶ 봉황(근정전 월대 2층의 어간석) ❷ 공작(근정문 계단 어간석)
❸ 봉황(창경궁 명정전 월대 2층의 어간석) ❹ 공작(창경궁 명정전 월대 1층의 어간석)

기에 조각된 봉황들을 살펴보면 꼬리 깃털이 화염火焰, 당초唐草의 형상으로 광화문 중앙 홍예에 그려진 봉황의 모습과 유사하다.

근정문 어간석의 문양에 대한 기록은 남아 있지 않으며, 새의 모습이 근정전과는 다르다. 머리 뒤쪽으로 뿔과 같은 것이 솟아나 있으며, 꼬리 깃털이 솔잎처럼 표현되어 있어서 공작을 새겨 넣은 것으로 여겨진다. 창경궁 명정전이나 경희궁 숭정전의 어간석을 살펴보면 1층은 공작, 2층은 봉황으로 구분해 조각했다. 이

것은 동물 조각에서도 위계가 있었음을 보여주는 예이다.

봉황은 용과 더불어 조선 왕실의 주요 문양으로 사용되었으며, 공작은 이에 비해 문관 1품의 흉배로 사용된 점 등으로 미루어 볼 때 봉황과 공작의 사용처가 구분되었고, 여기에는 이 동물들의 상징과 위계가 적용되었던 것으로 짐작된다.

우주의 이치를 담다, 근정전 월대의 동물조각

근정전 월대에는 조선시대 서수상 가운데 가장 다양한 도상圖像과 가장 많은 수량이 밀집되어 있다. 따라서 이곳에 새겨진 서수상의 명칭, 근정전 월대의 규모 등에 대해서는 기존에도 많은 논의가 있었지만 『경복궁영건일기』가 발견되면서 여러 사실이 보다 명확해질 수 있었다.

현재 근정전 월대의 규모는 임진왜란 이전에 건립된 월대와 폭은 동일하고, 앞쪽으로 5척(약 150cm)을 늘인 것이다. 경복궁 재건 이전 근정전 월대에는 상하층 앞쪽에 각기 한 쌍의 법수가 총 4개 있었으며, 난간석주는 1860년대에 처음 제작된 것이라고 기록되어 있다.

국립고궁박물관에는 창덕궁에서 전래된 서수상이 2기 있는데 각기 두 마리의 사자와 새끼 사자를 조각했으며, 턱과 주둥이가 각진 형태는 15세기의 특징이다. 이 작품이 근정전에 있던 것인지 창덕궁 인정전 등에 있었는지 현재로서는 알 수 없으나 경복궁 월대에 설치되었던 법수도 이와 같은 모습이었을 것으로 추정할 수 있다. 현재 근정전 월대 모서리에 조각된 서수상들이 몸에 비늘은 있으나 전체 형태 면에서 동일하기 때문이다.

경복궁을 중건한 흥선대원군은 근정전 월대에 관심이 많았던 것으로 보인다. 월대 건립을 흥선대원군의 최측근인 훈련대장 이경하李景夏에게 담당하게 했으며, 별간역別看役 강윤姜潤, 김상우金尙友, 손흥윤孫興允에게 감동監董하게 했다. 조선 말기 대표적인 별간역이자 왕릉 및 여러 역사에 경험이 많은 강윤으로 하여금 근정전 월대 건립을 주관하게 한 것은 이곳의 중요성을 짐작하게 한다.

이때 서수상이 조각된 난간석주欄干石柱 4괴塊를 8명의 석수가 9일 동안 작업한다고 기록되어 있으며, 근정전 월대에 총 36개의 난간석주에 서수상이 조각되어 있으므로 이를 모두 제작하는데 최대 72일이 걸렸던 것으로 보인다. 월대 공사가 끝난 뒤 대원군이 근정전 석수들에게 500냥을 하사한 것으로 미루어 대원군의 의중에 맞게 제작되었음을 짐작할 수 있다.

근정전 월대를 건립한 석수들의 이름을 모두 알 수는 없지만 근정전 상량문과 함께 발견된 「근정전 영건도감 별단」에 '석수石手 편수邊首 장성복張聖福'이라는 기록이 남아 있어서 장성복의 지휘 아래 이 서수상들이 제작되었음을 알 수 있다. 장성복은 금위영 소속의 석수로 순조 인릉 천봉(1856), 인정전 중수(1857), 휘경원 천봉(1863), 철종 예릉 조성(1863) 등에 참여했던 석수이다.

이렇게 제작된 근정전 월대의 각부 명칭과 서수상의 이름은 『경복궁영건일기』 1867년 10월 9일자에 기록되어 있다.

勤政殿

❶ 경복궁 근정전
❷ 창덕궁 전래 서수상
❸ 근정전 월대 1층 서남쪽 모서리 서수상

근정전 상하上下 월대에는 전석磚石을 깐다. 상하 네 모서리에 쌍법수雙法獸 각 1좌坐씩 배치한다(혹은 이문螭吻이라고 한다. 광화문을 보라). 상하 월대에 보계步堦의 좌우까지 돌난간을 만든다. 곧 난간의 기둥 머리에는 법수를 갖춰 조각한다. 대개 6곳의 보계步堦(다른 이름이 경지대擎支臺), 상하대 합해 12곳의 보계 변석邊石의 아래에 용두龍頭를 두며, 남보계南步堦의 어간석御間石에는 쌍봉雙鳳을 양각했다. 더불어 네 모서리의 쌍법수는 곧 옛 월대의 제도이며, 돌난간은 새로운 제도이다.

남보계南步堦(곡란曲欄은 아래로 드리우므로 난간은 4층의 기둥이 있다) 제1층은 해치獬(곡직曲直을 분별할 수 있는 서수), 2층은 말馬(오午에 응함), 3층은 안犴(남방칠수南方七宿인 안犴, 양羊, 장獐, 마馬, 녹鹿, 사蛇, 인蚓), 4층은 봉황鳳(주작朱雀에 응함)이다.

동보계東步堦(이하는 모두 2층의 난간기둥이다) 제1층은 토끼兎(묘卯에 응함), 2층은 용龍(청룡靑龍의 상)이다.

동협보계東挾步堦 제1층은 낙駱, 2층은 교蛟(동방칠수東方七宿인 교蛟, 용龍, 낙駱, 토兎, 호狐, 호虎, 표豹)이다.

서보계西步堦 제1층은 닭鷄(유酉에 응함), 2층은 호랑이虎(백호白虎에 응함)이다.

서협보계西挾步堦 제1층은 원숭이猿, 2층은 랑狼(서방칠수西方七宿인 랑狼, 구狗, 치雉, 계鷄, 오烏, 후猴, 원猿)이다.

북보계北步堦 제1층은 쥐鼠(자子에 응한 것이며, 북방칠수北方七宿인 해獬, 우牛, 복蝠, 서鼠, 연燕, 저猪, 유貐) 2층은 거북龜(현무玄武)이다.

전정殿庭에는 전석磚石을 깔고 품석品石 24괴를 세운다(문무품 각 12개이며, 간의대簡儀臺에서 허문 옥석玉石으로 만들었다).

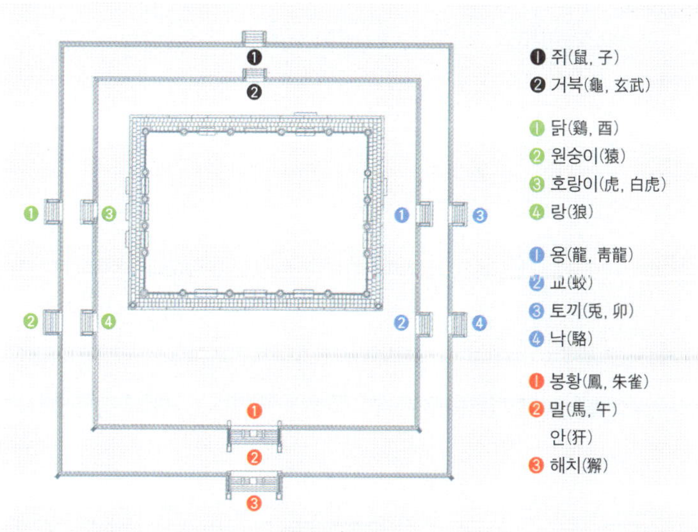

근정전 서수상의 배치 『경복궁영건일기』에는 남쪽 계단에 해치, 말, 안, 봉황으로 기록했으나 실제는 해치 안, 말, 봉황으로 조각되어 있다.

기록을 근거로 근정전에 배치된 서수상을 종류별로 살펴보면 근정전의 사방 출입문은 정방正方(동서남북의 기준)으로 그 바로 앞에 조각된 동물들은 남쪽에 봉황[鳳·朱雀], 동쪽에 용[龍·靑龍], 서쪽에 호랑이[虎·白虎], 북쪽에 거북[龜·玄武] 등 사신四神을 조각했다.

사신은 각 방위를 상징하며, 조선시대 왕실에서는 찬궁欑宮(왕과 왕후의 관을 정자각에 모시기 위한 시설) 안쪽의 사면에 이 사신을 그려 넣기도 했다.

이 사신상 아래층의 난간에는 십이지신상十二支神像을 조각했는데 사신과 마찬가지로 동서남북 정방을 상징하는 동물들이 표현되어 있다. 그래서 남쪽에는 말[馬·午], 동쪽에는 토끼[兎·卯], 서쪽에는 닭[鷄·酉], 북쪽에는 쥐[鼠·子]를 조각했다.

근정전에 배치된 서수상 중 사신상(오른쪽)

위에서부터 봉황(鳳, 朱雀, 근정전 남보계), 용(龍, 靑龍, 근정전 서보계), 호랑이(虎, 白虎, 근정전 동보계), 거북(龜, 玄武, 근정전 북보계)이다.

『단종봉릉도감의궤』 사신도(1698년, 왼쪽)

위에서부터 봉황, 용, 호랑이, 거북이다.

근정전에 배치된 서수상 중 십이지상(오른쪽)

위에서부터 말(馬, 午, 근정전 남보계), 토끼(兎, 卯, 근정전 서보계), 닭(鷄, 酉, 근정전 동보계), 쥐(鼠, 子, 근정전 북보계)이다.

십이지상(왼쪽)

위에서부터 신라 원성왕릉의 오(午, 9세기), 경주 원원사 동 삼층석탑의 묘(卯, 8세기), 예천 개심사지 오층석탑의 유(酉, 1010년), 선조 목릉의 자(子, 1609년)이다.

근정전에 배치된 서수상 중 남방칠수

❶ 안(犴, 근정전 남보계) ❷ 낙(駱, 근정전 서협보계) ❸ 교(蛟, 근정전 서협보계)
❹ 원숭이(猿, 근정전 동협보계) ❺ 랑(狼, 근정전 동협보계) ❻ 해치(獬, 근정전 남보계)

십이지는 각 시간과 공간을 상징하며, 말[馬]로 표현되는 오午는 남쪽과 24시 중 한낮인 정오 12시를 가리킨다. 토끼는 묘卯로 동쪽과 오전 6시, 닭은 유酉로 서쪽과 오후 6시, 쥐는 자子로 북쪽과 밤 12시를 상징한다. 남북의 축인 자오선子午線이나 자정子正, 정오正午 등이 여기에서 비롯된 말들이기도 하다.

십이지신을 동물 머리에 사람의 형상으로 조각하는 것은 매우 오래된 전통이다. 신라 원성왕릉元聖王陵에는 머리는 동물, 몸은 갑옷을 착용한 무인武人 형태로 십이지를 조각해 놓았으며, 경주 원원사 동삼층석탑이나 예천 개심사지 오층석탑에는 머리는 동물 몸은 문관文官 형태로 십이지를 조각했다. 조선시대 왕릉 병풍석에도 십이지신상이 조각되는데 얼굴과 몸이 모두 사람의 형상이며, 머리에 쓴 관冠 위에 동물의 머리를 조각해 놓았다. 경복궁 근정전 월대의 십이지신상은 앞선 인물 형태가 아닌 동물의 형상으로 조각되었다는 특징이 있다.

근정전 월대의 남쪽 계단 위쪽의 난간에는 남방칠수 중 안犴을 세웠으며, 동협보계 제1층의 상은 낙駱, 제2층의 상은 교蛟로 동방칠수 중 두 가지를 조각한 것이다. 서협보계 제1층의 상은 원숭이[猿], 제2층의 상은 랑狼으로 서방칠수 중 두 가지를 새겼고, 북보계 제1층의 쥐는 십이지 중 자子 해당하기도 하지만 북방칠수 중 하나인 서鼠이기도 하다.

이와 같이 동서남북 사방에 7개의 별인 7수와 이를 종합한 28수를 동물로 형상화한 것은 아직까지 근거나 다른 작품을 찾지 못했다. 다만 용생구자龍生九子 중 폐안狴犴은 호랑이와 닮았다고 전해지는데, 근정전의 안犴 역시 그동안 호랑이로 인식될 정도로 모습이 유사하다. 또 낙駱은 발굽이 표현되어 있어서 십이지 중 축丑(소)으로 여겨지기도 했으나 방위가 맞지 않았으므로 동방칠수로 보인다. 랑狼도 방위상 십이지 중 미未(양)로 추정되었으나 양의 특징인 뿔이나 발굽이 표현되지 않았으므로 랑狼의 도상을 조각한 것으로 짐작된다.

근정전 남쪽 계단 가장 아래의 서수는 해치獬豸로서 곡직曲直을 분별할 수 있는 서수라고 설명되어 있다. 이 해치상은 머리에 뿔이 하나 조각되어 있어서 해치의 도상과 일치한다. 이 위치에는 28수 등 다른 동물들을 배치할 수 있었으나 해치를 조각한 것은 옳고 그름을 분별할 수 있기 때문이다.

결국 경복궁 근정전 월대에 조각된 동물들은 사신, 십이지신, 28수宿를 형상화한 것이다. 이것은 시간과 공간 및 우주를 월대 위에 구현한 것으로 여겨진다. 아마도 이러한 표현은 국왕이라는 존재가 우주의 일부이자, 올바른 통치를 위해서 시공간 및 우주의 흐름을 명확히 읽어야 한다는 다짐의 형상화로 여겨진다. 더불어 남쪽 계단 첫 서수로 시비곡직是非曲直을 가리는 해치의 조각을 둔 것 역시 올바른 판단의 필요성과 조력자 의지를 강조한 것으로 보인다. 이와 같은 다양한 동물 조각을 구현한 예는 우리나라는 물론 중국이나 일본에서도 찾을 수 없는 독창적인 것으로 더욱 심도 있는 연구가 필요하다.

성군의 어진 정치를 바라며, 경회루 난간의 동물조각

1412년에 건립되었던 경회루는 48개의 석주石柱에 새겨진 용이 장관을 이루던 곳이다. 경복궁 재건 때 석주는 아무런 장식이 없는 형태로 새롭게 제작했으며, 그 대신 난간석주에 각종 동물을 새겨 넣었다. 이 동물들은 근정전 월대와는 다르게 『경복궁영건일기』에 명칭이 기록되어 있지 않다. 대신 뚜렷한 도상이 있는 동물조각은 그 명칭과 이름을 알 수 있다.

인공섬 위에 지어진 경회루로 들어가는 3개의 석교石橋 중 남쪽 다리에는 어로御路가 놓여 있으며, 석교의 폭이 가장 넓고, 경회루 2층으로 올라가는 계단이 놓여 있는 것으로 보아 국왕이 출입 시에 이용한 어교御橋임을 짐작할 수 있다.

이 석교에 조각된 네 마리의 서수 중 육지 쪽 동물은 영제교 난간의 용, 근정전 월대의 청룡상과 유사한 형태이다. 이 동물을 용생구자龍生九子의 공복蚣蝮이라고 말하기도 하지만 근거가 미흡하며, 이 석교의 상징으로 미루어 용을 조각한 것이라고 생각할 수 있다.

경회루 남쪽 석교의 진입부에 왕을 상징하는 용을 조각했다면 경회루 쪽에는 기린麒麟을 조각해 놓은 것으로 보인다. 이 상은 온몸이 비늘로 덮여 있고, 발가락 대신 발굽이 표현된 것이 특징이다. 또 머리에 하나의 뿔이 솟아 있는데 이 역시 기린의 도상과 일치한다.

기린은 『예기』에 봉황, 거북, 용과 함께 사령四靈으로 꼽히고, 『이아爾雅』에서는 그 형태가 노루[麕麠]의 몸, 소의 꼬리, 뿔이 하나

❶ 경회루 남쪽 석교의 기린상
❷ 경회루 기린상의 윗면
❸ 흥선대원군 초상의 기린 흉배
❹ 어소연의 기린

있다고 기록하고 있다. 또 『감정부感精符』에는 '기린은 뿔이 하나로… 왕이 새끼 밴 짐승을 베지 않고 알을 깨뜨리지 않으면 나라에 나타난다.'라고 하였다.

후한대後漢代에는 이러한 기린에 성격을 부여하는데 "기린은 노루의 몸에 소의 꼬리, 둥근 발굽에 하나의 뿔에 인仁을 담고 의義를 품고 있으니, 소리 속에 음악[律呂]이 있고, 걸음에 규범과 절도가 있으며…"라고 하여 기린을 인의仁義의 동물이라고 하였다.

명나라의 왕직王直은 「서응기린송瑞應麒麟頌」을 지어 영락제의 덕을 칭송하는데, 1414년 아프리카의 마림국麻林國에서 기린을 보내자 기린은 인수仁獸이며 반드시 중국에 성인聖人이 나타났음을 뜻하는 것이라고 기록하고 있다.

조선에서도 이러한 기린에 대한 이미지를 그대로 사용하고 있었던 것으로 보인다. 특히 세자의 의장儀仗에 백택白澤, 기린, 현학기玄鶴旗를 배치했었으며, 대군의 흉배로 금사기린흉배金絲麒麟胸背를 사용하고, 국왕의 소연小輦이나 왕세자의 연輦에 기린을 그려 넣기도 했다.

이러한 작품들에 등장하는 기린의 모습은 경회루의 기린상처럼 얼굴은 용의 모습을 닮고, 온몸은 비늘로 덮여 있으며, 뿔이 하나 달려있고 발굽이 표현되어 있다. 즉 경회루 석교 중 국왕이 출입하는 남쪽 석교에는 군왕을 상징하는 용과 인정仁政을 베풀었을 때 나타난다는 기린을 조각함으로써 올바른 정치에 대한 바람을 담아내었다고 생각한다.

경회루의 중앙 석교 육지 쪽 난간석주에 조각된 서수상은 몸에 비늘이 없고, 꼬리 끝이 두 갈래로 나뉘어 동그랗게 말려있는 것이 특징이다. 이러한 특징을 가지고 있는 서수상은 리螭이다. 『삼재도회』 속의 리는 용의 형상이지만, 몸에 비늘이 없고 꼬리가 양 갈래로 말려있는 모습이 경회루의 리와 동일하다.

이 리는 '뿔이 없는 용[無角曰螭龍也]', '용의 자식[龍子爲螭]', '암컷 용[赤螭雌龍也]' 등으로 인식되어 왔다. 우리가 리를 이무기라고 부르고 있으나 이무기는 용이 되지 못한 난폭한 동물이며, 리와는 별개의 동물이다.

이러한 리는 명십삼릉明十三陵 석패방石牌坊이나 청나라 옹정제 태릉泰陵 석패방 주초에 조각되어 있다. 이 석패방 주초에 조각된 서수상을 보면 중앙칸에 용, 그 좌우에 리, 가장 외곽에 사자·

❶ 경회루 중앙 석교의 리상
❷ 경회루 리상의 꼬리
❸ 『삼재도회』의 리
❹ 청 옹정제 태릉 석패방의 리

기린 등이 조각되어 있다. 이렇듯 리는 용에 다음가는 존재로 인식했던 것으로 보이며, 조선의 왕실에서는 세자를 상징했던 것으로 보인다.

경회루에 건립된 3개의 다리 중 북단의 석교에 조각된 서수상은 코가 길고 두 개의 이빨이 길게 표현된 코끼리[象]이다. 그동안 이 동물을 불가살이(불가사리)라고 했는데 대부분의 자료는 이 불가살이가 화재를 막아주는 의미를 가지고 있다고 설명하고 있다. 그러나 불가살이란 금속[銅鐵]만을 먹는다는 맥貘·貊이라는 동물이 원형이며, 화재와는 전혀 관계가 없는 동물이다 조선시대에 코끼리가 있었을까라는 의문이 들 수 있지만 『세종실록』 「오례의」, 『국조오례의서례』 등에 어연御輦에는 백상白象을 그린다고 기록되어 있으며, 종묘의 제기祭器 중에 코끼리 모양의 술항아리인 상준象樽은 코끼리의 실존 여부를 떠나서 코끼리의 도상이 조선시대 미술에 다수 등장한다는 증거이다. 이러한 코끼리는 경복궁 교태전 아미산굴뚝과 자경전 십장생굴뚝, 창덕궁 경훈각 굴뚝 등에 새겨져 있다. 조선시대에 코끼리 문양을 많이 사용한 것은 코끼리가 중국에서는 오랑캐가 바치는 동물로 군왕의 소덕昭德과 나라의 태평안녕을 상징했기 때문이다. 이처럼 경회루의 난간석주에는 용, 기린, 리, 코끼리 등 다양한 서수상을 조각했으며, 이 동물들은 왕의 어질고 밝은 정치를 바탕으로 태평성대를 이룩하라는 염원을 담았다고 생각한다.

지금까지 살펴본 경복궁의 서수상들은 궁궐의 취약점인 화재를 제압하길 기원하는 제화, 하도낙서를 광화

❶ 경회루 북쪽 석교의 코끼리
❷ 어연의 백상
❸ 상준
❹ 경복궁 자경전 굴뚝의 코끼리

문에 배치해 문흥文興을 형상화하기도 했다. 근정전 월대 난간석주에 조각된 사신상, 십이지신상, 28수는 올바를 정치를 위해 국왕이 익혀야 할 시간과 공간 및 우주를 형상화한 것이었다. 더불어 경회루 석교의 난간석주에 조각한 용, 기린, 리, 코끼리 등도 어진 정치와 태평성대를 상징하는 것이었다. 이처럼 경복궁의 다양한 서수상은 왕실의 위의威儀만을 나타낸 것이 아니라 올바른 정치를 위한 다짐으로도 읽을 수 있다고 생각한다.

참고문헌 및 도판협조

『경복궁영건일기』를 통해 본 중건 경복궁의 특징

『고종실록』, 『승정원일기』, 『궁궐지』.

『경복궁 창덕궁내 상량문집』(국립중앙도서관).

『영건일감』(국립고궁박물관, 『국역 영건일감』, 2016).

고고미술동인회, 『한국고건물상량기문집』, 1967.

국립고궁박물관, 『조선왕실의 어진과 진전』, 2015.

문화재청, 『사진으로 보는 경복궁』, 2006.

이강근, 『경복궁』, 대원사, 1998.

中國建築工業出版社, 『中國古建築大系 1: 宮殿建築 末代皇都』, 1993.

도판협조 「경복궁전도」(국립중앙도서관) | 『경회루전도』「경회루삼십육궁지도」(국립중앙도서관) | 『경이물훼』「영묘조구궐진작도」(국립고궁박물관) | 근정전 기단 좌우의 구리 향로(조선총독부, 『조선고적도보』 권10) | 『진찬의궤』「근정전도」(서울대학교 규장각한국학연구원) | 중국 자금성 태화전 앞 정로(中國建築工業出版社, 『中國古建築大系 1: 宮殿建築 末代皇都』, 1993) | 이황의 『성학십도』「태극도」(국립중앙박물관) | 경복궁(필자제공) | 「경복궁배치도」 중건 경복궁 주요부(고려대학교 박물관)

경복궁 중건 비용, 어디서 나와서 어디로 갔을까?

『고종실록』, 『승정원일기』, 『일성록』, 『탁지전부고』.

홍순민, 『홍순민의 한양 읽기-궁궐』(상 · 하), 눌와, 2017.

나영훈, 「고종대 경복궁 중건 원납전의 납부 실태와 배경」 『서울과역사』 103, 2019.

도판협조 정선의 『백납병풍』「경복궁도」 (고려대학교 박물관) | 흥선대원군 초상(국립중앙박물관) | 『동국여도』「경강부임진도」(서울대학교 규장각 한국학연구원) | 자경전에서 바라본 교태전(서울역사편찬원) | 『북도각릉전도형』「덕안릉」(한국학중앙연구원 장서각) | 『조선고적도보』의 덕안릉 전경(국립문화재연구소) | 「경복궁도」(서울역사박물관)

원납전! 원해서 내는 돈인가, 원망하며 내는 돈인가?

권내현, 『조선후기 평안도 재정 연구』, 지식산업사, 2004.

연갑수, 『대원군집권기 부국강병정책 연구』, 서울대학교출판부, 2001.

윤용출, 『조선후기의 요역제와 고용노동』, 서울대학교출판부, 1998.

김병우, 「대원군정권의 권력기반과 개혁정책」, 경북대학교 박사논문, 2004.

나영훈, 「고종대 경복궁 중건 원납전의 납부 실태와 배경」『서울과역사』 103, 2019.

심재우, 「조선후기 사회변동과 호적대장 연구의 과제」『역사와현실』 62, 2006.

이근호, 「김두흠의 관료 사회 인적 네트워크와 현실 대응」『국학연구』 36, 2018.

이헌창, 「1678-1865년간 화폐량과 화폐가치의 추이」『경제사학』 27, 1999.

조재모 · 전봉희, 「고종조 경복궁 중건에 관한 연구」『대한건축학회논문집』16, 2000.

홍순민, 「고종대 경복궁 중건의 정치적 의미」『서울학연구』 29, 2007.

도판협조 「도성도」 중 경복궁일대(국립중앙박물관) | 원납전 자문(국립고궁박물관) | 원납전 단자(일본 경도대학 가와이문고: 고려대 해외한국학자료센터) | 김달종 교지(국립고궁박물관) | 『동여도』「경조오부도」(서울역사박물관)

궁궐을 세우기 위해서 철거를 한다고? 영건의 아이러니!

김동욱,『서울의 다섯 궁궐과 그 앞길-유교도시 한양의 행사 공간』, 집, 2017.

김병우,『대원군의 통치정책』, 혜안, 2006.

연갑수,『대원군집권기 부국강병책연구』, 서울대출판부, 2001.

연갑수,『고종대 정치변동 연구』, 일지사, 2008.

연갑수,『조선정치의 마지막 얼굴』, 사회평론아카데미, 2012.

이순우,『광화문육조앞길-근대서울의 역사문화공간』, 하늘재, 2012.

홍순민,『우리 궁궐 이야기』, 청년사, 1999.

홍순민,『홍순민의 한양 읽기-궁궐』(상 · 하), 눌와, 2017.

도판협조 『경모궁의궤』「본궁전도설」(서울대학교 규장각한국학연구원) | 1920년대 서울 경모궁 일대(국립중앙박물관) | 『대동여지도』「경조오부도」(서울역사박물관) | 「만안교」(안양시청) | 「서궐도안」 숭정전 일대(고려대학교 박물관) | 20세기 초 경희궁 숭정전(국립중앙박물관) | 「도성대지도」 경복궁 일대(서울역사박물관)

과연 서민들이 자식처럼 달려와 궁궐을 지었을까?

『승정원일기』, 『공사기고』(서울역사편찬원, 『국역 공사기고』 1·2, 2016).

고순희, 「경복궁영건가 연구」 『고전문학연구』 34, 2008.

윤주필, 「경복궁 중건 연희시가를 통해 본 전통공연문화연구」 『고전문학연구』 31, 2007.

도판협조 『동국여도』「도성도」(서울대학교 규장각한국학연구원) | 『여지도』「도성도」(서울대학교 규장각한국학연구원) | 덕수궁에 있는 흥천사 동종(서울역사편찬원) | 『기산풍속도』(숭실대학교 한국기독교박물관) | 「경복궁전도」(삼성출판박물관)

국가의 막중한 공사를 방해한 부정행위들

『영건일감』(국립고궁박물관, 『국역 영건일감』, 2016).

이영훈·박기주·이명휘·최상오, 『한국의 유가증권 100년사』, 해남, 2005.

정승모, 『시장의 사회사』, 웅진출판, 1992.

홍희유, 『조선상업사』, 과학백과사전종합출판사, 1989.

도판협조 『기산풍속도』의 목공과 야장(숭실대학교 한국기독교박물관) | 『동여도』 경기 일대(서울역사박물관) | 유운홍 필 풍속도(국립중앙박물관) | 조선시대 수표(국립중앙박물관) | 호대당백전(한국은행 화폐박물관)

경복궁 공사의 지연, 화마와 서양오랑캐의 습격

『공사기고』(서울역사편찬원, 『국역 공사기고』, 2017).

문화재청, 『경복궁변천사』 상, 2007.

영건의궤연구회, 『영건의궤』, 동녘, 2010.

김윤주, 「조선 고종대 경복궁 중건의 풍경과 일상」 『서울과역사』 103, 2019.

유승희, 「17-18세기 한성부 화재실태와 도시재해 시스템의 운영」 『인문연구』 67, 2013.

전봉희·조재모, 「고종조 경복궁 중건에 관한 연구」 『대한건축학회논문집』 16-4, 2000.

도판협조 '水'자명 육각형 은판 | '水'자문 지류 | 용문 지류 | 연잉군 초상(국립고궁박물관) | 『1872년 지방지도』「강화부전도」(서울대학교 규장각한국학연구원) | 『강화부궁전도』「외규장각도」「행궁도」(국립중앙도서관) | 「경기도지도」(경희대학교 혜정박물관)

경복궁은 흥선대원군의 작품? 궁궐을 지은 이름 없는 장인들

경기문화재단, 『화성성역의궤 건축용어집』, 2007.

국립고궁박물관, 『영건 조선궁궐을 짓다』, 2016.

국립민속박물관, 『한국의식주생활사전-주생활편』, 2019(발간예정).

문화재청, 『근정전 보수공사 및 실측조사보고서』, 2003.

영건의궤연구회, 『영건의궤』, 동녘, 2010.

이연노, 「조선후기 장인의 담당 공종에 관한 연구」, 『대한건축학회논문집 계획계』, 2009.

도판협조 「태평성시도」(국립중앙박물관) | 『화성성역의궤』「대거도」(서울대학교 규장각한국학연구원) | 근정전 목부재에 그린 공포도 | 근정전 당가와 부룡 | 2001년 근정전 수리 당시의 모습(문화재청, 『근정전 보수공사 및 실측조사보고서』, 2003) | 근정전 공포(문화재청; 국립고궁박물관, 『영건 조선궁궐을 짓다』, 2016) | 『단원풍속도첩』「대장간」「기와이기」(국립중앙박물관) | 경복궁 근정전의 막새와 부석사 조사당의 연침구멍(필자제공)

대규모 토목공사 현장의 관리감독자들

영건의궤연구회, 『영건의궤』, 동녘, 2010.

김동욱, 「정조·순조연간 관영공사에서 별간역 정우태의 조영활동」 『건축역사연구』 16-3, 2007.

김민규, 「조선 18세기 조각가 최천약 연구」 『문화재』 46-1, 2013.

서치상, 「조선후기 궁궐공사의 실역책임자 영역부장에 관한 연구」 『대한건축학회논문집』 25-1, 2009.

이종봉, 「조선후기 동래인 최천약의 생애와 과학기술」 『지역과역사』 43, 2018.

이현진, 「고종대 경복궁 중건에 참여한 별간역 성격」 『조선시대사학보』 70, 2014.

도판협조 경복궁 전경 | 근정문에서 바라본 근정전 | 해질녘 근정전 일대의 전경(서울역사편찬원) | 영건도감감동좌목 | 흥선대원군합하봉(국립고궁박물관) | 『화성성역의궤』 | 「백악춘효」(국립중앙박물관)

경복궁 중건 현장은 좋은 일자리였을까?

김윤주, 「조선 고종대 경복궁 중건의 풍경과 일상」 『서울과역사』 103, 2019.

김혁, 「조선시대 지방관의 선물정치와 부채」 『영남학』 15, 2009.

나영훈, 「고종대 경복궁 중건 원납전의 납부 실태와 배경」 『서울과역사』 103, 2019.

배우성, 「경복궁 중건과 대원군의 정치-『경복궁 영건일기』를 중심으로-」 『서울과역사』 103, 2019.
유승희, 「『경복궁영건일기』에 나타난 '자원군'의 실상과 활동」 『서울과역사』 103, 2019.
조재모, 「『경복궁영건일기』의 건축기록과 경복궁 중건공역」 『서울과역사』 103, 2019.

도판협조 경회루 | 교태전 담장(서울역사편찬원) | 『단원풍속도첩』「점심」「주막」「기와이기」(국립중앙박물관) | 『화성성역의궤』「대호궤도」(서울대학교 규장각한국학연구원)

공사를 송축하는 노래, 노동의 고달픔을 담은 노래

사진실, 『공연문화의 전통-樂·戱·劇』, 태학사, 2002.
손태도, 『광대의 가창문화』, 집문당, 2003.
전경욱, 『한국의 전통연희』, 학고재, 2004.
이현진, 「고종대 경복궁 중건에 참여한 별간역의 성격」 『조선시대사학보』 70, 2014.
윤주필, 「경복궁중건 연희시가를 통해 본 전통 공연문화 연구」 『고전문학연구』 31, 2007.
윤주필, 「한국 전통연희의 도상성과 미학 -경복궁 중건 시역 때의 대공연을 중심으로」 『열상고전연구』 38, 2013.

도판협조 『경복궁영건일기』에 실린 가사(일본 와세다대학 중앙도서관) | 『화성성역의궤』「낙성연도」(프랑스 파리동양어학교: 전경욱, 필자제공) | 「기완별록」(단국대학교 율곡기념도서관) | 「호렵도」 | 「백동자도」(서울역사박물관) | 근정전과 광화문의 야경(서울역사편찬원)

돈을 아끼는 또 다른 방법, 공사기간을 줄여라

『영건일감』(국립고궁박물관, 『국역 영건일감』, 2016).
경세진·조재모, 「조선후기 궁중연향시 숙설소와 중배설청의 배치와 운영에 관한 연구」 『건축역사연구』 24-6, 2015.
이강근, 「경복궁에 관한 건축사적 연구」, 한국정신문화연구원 석사논문, 1983.
이강근, 「경복궁 중건」 『건축』 35-2, 1991.
이혜원, 「경복궁 중건 이후 전각구성의 변화: 「경복궁배치도」와 「북궐도형」을 중심으로」, 경기대학교 박사논문, 2009.
장대원, 「경복궁 중건에 대한 소고」 『향토서울』 16, 1963.
조재모, 「조선시대 궁궐의 의례운영과 건축형식」, 서울대학교 박사논문, 2003.

조재모, 「고종대 경복궁의 중건과 궁궐 건축형식의 정형성」『서울학연구』 29, 2007.
조재모, 「『경복궁영건일기』의 건축기록과 경복궁 중건공역」『서울과역사』 103, 2019.
조재모 · 전봉희, 「고종조 경복궁 중건에 관한 연구」『대한건축학회논문집 계획계』 16-4, 2000.
홍순민, 「조선왕조 궁궐 경영과 양궐체제의 변천」, 서울대학교 박사논문, 1996.

도판협조 「경복궁배치도」(고려대학교박물관) | 「북궐도형」(국립문화재연구소: 국립문화재연구소, 『북궐도형』, 2006) | 교태전 | 교태전 뒤 아미산 모습 | 경회루 | 수정전(서울역사편찬원) | 「경복궁도」(국립민속박물관) | 자경전 | 북악산에서 바라본 경복궁(서울역사편찬원)

당대 첨단 기술과 공법으로 다시 세운 경복궁

경기문화재단, 『화성성역의궤 건축용어집』, 2007.
김왕직, 『알기쉬운 한국건축용어사전』, 동녘, 2007.
서울특별시, 『운현궁실측조사보고서』, 1993.
서유구 저 · 안대회 편역, 『산수간에 집을 짓고』, 돌베개, 2005.
영건의궤연구회, 『영건의궤』, 동녘, 2010.
한국정신문화연구원, 『조선왕조실록미술기사자료집4-건축편』 1 · 2, 2003.
이권영, 「조선후기 관영건축의 미장공사 재료와 기법에 관한 연구-영건의궤의 사벽과 앙벽을 중심으로」『대한건축학회논문집 계획계』 24-3, 2007.
이권영, 「산릉 · 영건의궤 분석을 통한 조선후기 관영 건축공사의 석회에 관한 연구-석회의 생산 · 조달 · 적용을 중심으로」『건축역사연구』18-6, 2009.
이권영, 「산릉 · 영건의궤 분석을 통한 조선시대 건축에서 회벽의 존재 여부 고찰」『건축역사연구』 19-3, 2010.

도판협조 청기와(국립고궁박물관) | 복원공사 이전 근정전 | 근정전 취두 | 근정전 용두 | 복원공사 직후 근정전 지붕(문화재청, 『근정전 보수공사 및 실측조사보고서』, 2003) | 눈 덮힌 근정전 지붕(서울역사편찬원) | 『화성성역의궤』「녹로전도」「녹로분도」(서울대학교 규장각한국학연구원) | 오늘날 재현한 녹로(수원화성박물관) | 광화문 선단석 | 한옥 심벽 미장 벽 바름 바탕 틀 구조(서울역사편찬원) | 운현궁 노안당 합각부 사벽(서울특별시, 『운현궁실측조사보고서』, 1993) | 통도사 영산적 내벽 사벽 위 벽화(문화재청) | 직지사 대웅전 내벽의 사벽 위 벽화 | 조선왕릉 곡장 부분(필자제공) | 경복궁 전각의 화방벽(서울역사편찬원) | 방전 교착재용 수회 | 석재 교착재용 유회(필자제공)

기원과 열망을 담은 영건 현장의 의식행사

『경운궁영건도감의궤』, 『서궐영건도감의궤』, 『중화전건도감의궤』, 『화성성역의궤』.

영건의궤연구회, 『영건의궤』, 동녘, 2010.

조재모, 『궁궐, 조선을 말하다』, 아트북스, 2012.

황인혁, 『경복궁의 상징과 문양』, 시간의 물레, 2018.

김민규, 「『경복궁 영건일기』와 경복궁의 여러 상징 연구」 『고궁문화』 11, 2018.

김봉건, 「경복궁 복원에 관한 고찰」 『서울학연구』 29, 2007.

서병패, 「경복궁 근정전 상량문」 『문화재』 34, 2001.

조재모, 「『경복궁영건일기』의 건축기록과 경복궁 중건공역」 『서울과역사』 103, 2019.

한성희 외, 「목조건조물 상량문의 보존처리」 『문화재』 31, 1998.

도판협조 근정전 상량도리, 상량도리에 그려진 용, 상량공, 상량공 속의 상량문(문화재청, 『근정전 보수공사 및 실측조사보고서, 2003) | 근정전의 낮과 밤(서울역사편찬원) | 문조어진 | 근정전 상량문(국립고궁박물관) | 교태전(서울역사편찬원) | 근정전 봉안물(국립고궁박물관)

궁궐을 지키는 녀석들, 경복궁의 서수상

국립고궁박물관, 『국립고궁박물관 전시안내도록』, 2010.

문화재청, 『근정전 보수공사 및 실측조사보고서』, 2003.

문화재청, 『경복궁 광화문권역 중건보고서』, 2011.

김민규, 「경복궁 인수형 서수상의 제작시기와 별간역 연구」, 『문화재』 47-1, 2014.

김민규, 「경회루 연못 출토 청동용과 경복궁 서수상의 상징 연구」, 『고궁문화』 7, 2014.

김민규, 「『경복궁영건일기』와 경복궁의 여러 상징 연구」, 『고궁문화』 11, 2018.

도판협조 경회루 연못 출토 청동용(국립고궁박물관) | 근정문 추녀의 철제용두토수 | 근정전 현판 | 효창원 장명등의 초룡 | 경회루 계단 난간의 초룡 | 낙귀부서 | 쌍봉 | 하마부도 | 낙서 | 문왕팔괘방위 | 하도 | 근정전 월대 2층의 어간석 | 근정문 계단 어간석 | 창경궁 명정전 월대의 2층 어간석 | 창경궁 명정전 월대 1층의 어간석 | 경복궁 근정전(필자제공) | 창덕궁 전래 서수상(국립고궁박물관) | 근정전 월대 1층 서남쪽 모서리 서수상 | 근정전 서수상의 배치 | 근정전에 배치된 서수상 중 사신상(필자제공) | 『단종봉릉도감의궤』의 사신도(국립중앙박물관) | 근정전에 배치된 서수상 중 십이지상 | 십이지상 | 근정전에 배치된 서수상 중 남방칠수 | 경회루 남쪽 석교의 기린상 | 기린상의 윗면(필자제공) | 흥선대원군 초상의 기린흉배(서울역사박물관, 이하응 초상-흑단령포본) |

어소연의 기린 | 경회루 중앙 석료의 리상 | 경회루 리상의 꼬리 | 『삼재도회』의 리 | 청 옹정제 태릉 석패방의 리 | 경회루 북쪽 석교의 코끼리 | 어연의 백상(필자제공) | 상준(국립고궁박물관) | 경복궁 자경전 굴뚝의 코끼리(필자제공)

집필자(수록 순)
이강근(서울시립대 건축학부 교수)
임성수(고려대 한국사학과 강사)
나영훈(한중연 전통한국연구소 연구교수)
배우성(서울시립대 국사학과 교수)
유승희(연세대 법학연구원 연구교수)
조영준(서울대 경제학부 교수)
김창수(서울시립대 국사학과 강사)
이연노(고려대 건축학 박사)
김현정(서울역사편찬원 전임연구원)
김윤주(서울시립대 국사학과 강사)
윤주필(단국대 국어국문학과 교수)
조재모(경북대 건축학부 교수)
이권영(동명대 실내건축학과 교수)
임혜련(한남대 역사교육과 강사)
김민규(동국대 미술사학과 강사)

경복궁 중건 천일의 기록

발행인 서울역사편찬원장 이상배
발행처 서울역사편찬원(history.seoul.go.kr)
서울시 송파구 올림픽로 424
올림픽공원(02-413-9622)
기획·편집 박명호(시사편찬과장), 김현정, 서정현
발행일 2019년 12월 26일
판매가 10,000원
편집·인쇄 역사공간(02-725-8806)

발간등록번호 51-6113542-000042-01
ISBN 979-11-6071-090-8 93910

경복궁 중건
천일의 기록

경복궁 중건 천일의 기록

서울역사편찬원

책을 펴내며 ——

2019년, 서울역사편찬원은 창립 70주년을 맞이하게 되었습니다. 서울특별시 시사편찬위원회에서 서울역사편찬원까지. 그 시간은 한 사람의 일생과 맞먹고, 그 과정은 여러 사람들의 노력으로 만든 결과입니다. 그것이 바로 서울역사편찬원의 역사입니다.

그동안 서울역사편찬원에서는 서울의 역사와 문화에 대한 기초·전문자료를 발굴하고, 이를 바탕으로 서울의 역사성과 문화적 가치를 시민들에게 알리고자 많은 책을 발간해 왔습니다. 또 서울역사학술대회를 개최하고 서울역사강좌와 답사를 진행하여, 역사학자들이 진행 중인 연구 성과를 일반 시민들과 공유했습니다.

이번에 발간하는 『경복궁 중건 천일의 기록』은 서울역사편찬원의 지향점을 보여주는 책입니다. 경복궁은 오늘날 서울의 역사성을 보여주는 대표적인 장소입니다. 조선의 법궁이었지만 임진왜란 때 불타 없어졌기 때문에 고종 때 다시 지어야만 했습니다. 물론 그 이후에도 수차례 수리와 복원 과정을 거쳤지만, 현재 경복궁의 원형은 사실상 고종 때 중건된 경복궁이라고 할 수 있을 것입니다. 그래서 많은 학자들이 일찍부터 경복궁의 중건에 주목했으나, 그 실상을 규명하는 작업은 결코 쉽지 않았습니다.

서울역사편찬원은 일본 와세다대학에 9책으로 된 『경복궁영건일기』가 있다는 사실을 확인하고, 이를 처음으로 번역하여 국내의 연구자와 시민들에게 소개했습니다. 고종시대 경복궁 중건의 전체 과정을 확인할 수 있게 된 것입니다. 그러나 번역서만으로는 경복궁 중건의 역사상에 접근하기는 결코 쉽지 않습니다. 누군가 그 길을 함께 해 줄 안내자가 필요했습니다. 그 역할을 바로 『경복궁 중건 천일의 기록』이 해 줄 것입니다.

경복궁을 다시 짓던 고종 때로 시간여행을 하기 위해, 많은 분들이 도움을 주셨습니다. 집필자 선생님들께서는 바쁘신 가운데 좋은 글로 안내해주셨으며, 서울역사편찬원의 연구원을 비롯한 관계자 여러분들은 그 길이 더욱 편안하고 즐거울 수 있도록 해주었습니다. 이 자리를 빌려 감사드립니다. 이 책을 통해 시간여행을 하시는 독자분들이 한 층 더 재미있고 유익한 여정을 누리실 수 있기를 바랍니다.

2019년 12월

서울역사편찬원장 **이상배**

발간을 축하합니다

광화문은 경복궁의 남문입니다. 경복궁은 조선시대의 법궁으로, 임금이 머무르는 공간이자 정치와 행정이 이루어지는 곳이었습니다. 궁궐 남문 앞으로 넓게 펼쳐진 이 공간은 오늘날 민주주의의 대표적인 상징입니다. 이곳에는 수많은 사람들이 함께 만들어낸 대한민국의 역사가 서려 있습니다.

이미 잘 알려진 대로, 경복궁은 고종 때 중건되었습니다. 임진왜란 때 불타 없어졌던 것을, 흥선대원군의 주도로 대대적인 공사를 거쳐 오늘날 경복궁 형태의 원형이 구축되었습니다. 그 과정에서 흥선대원군은 공과功過를 남겼으며 그 평가도 갈립니다. 그런데 역사적인 평가를 제쳐두고서도, 경복궁 중건의 역사에서 우리가 기억하는 사람은 사실 흥선대원군뿐이었습니다.

그런데 이번에 서울역사편찬원에서 발간한 『경복궁 중건 천일의 기록』은 우리에게 다른 이야기를 말해줍니다. 당시 경복궁 중건의 과정에 수많은 사람들이 있었다는 것입니다. 원납전을 내는 사람과 낼 것을 강요하는 사람, 공역에서 자원하는 사람과 지방에서 동원되는 사람, 궁궐이라는 당대 최고의 건축물을 만들기 위해서 참여한 장인들, 그들을 관리하는 감독관과 그들의 수고로움을 위로하는 사람들까지. 그야말로 다양한 사람들이 등장합니다. 궁궐은 임금 한 사람을 위한 곳이지만, 실제로 그 궁궐을 지은 것은 수많은 사람들이었고 바로 이 점에서 경복궁 중건의 역사는 고종과 흥선대원군만의 것이 아니라, 당대 사람들의 것이라 할 수 있겠습니다.

서울역사편찬원은 70년의 세월동안 서울 역사 관련 사료를 발굴하고 연구하여 시민들에게 소개해 왔습니다. 작년에는 경복궁 중건의 전체 과정을 기록한 『경복궁영건일기』가 일본에 소장되었다는 사실을 확인하고, 이를 번역 발간하고 전문가들과 연구하기 위해 애써왔습니다. 이번 『경복궁 중건 천일의 기록』은 그 과정에서 나온 결과물입니다.

과거의 역사를 발굴하고 소개하는 것은 지난날을 이해하는 데 그치지 않습니다. 바로 오늘날 서울의 역사를 시민들과 함께 만들어간다는 데에 더 큰 의미가 있습니다.

오늘 뜻깊은 도서 발간을 위해 애쓰신 서울역사편찬원 원장님을 비롯한 여러 연구원들의 노고에 감사드리면서, 다시 한 번 『경복궁 중건 천일의 기록』의 발간을 축하합니다. 앞으로 서울역사편찬원이 시민과 연구자 사이에서 중계자 역할을 하는 서울역사 전문연구기관으로 성장해가길 바랍니다.

2019년 12월

서울시장 박원순

목차

책을 펴내며 4

발간을 축하합니다 6

참고문헌 및 도판협조 344

011 ——— 이강근

『경복궁영건일기』를 통해 본 중건 경복궁의 특징

『경복궁영건일기』 출현의 건축사적 의의 | 270여 년 만의 대역사 | 공사 직전 옛터의 모습과 중건공사의 성격 | 근정전 터의 상황과 월대 개수 | 근정전 낙성 축하 의례와 구리 향로의 등장 | 중건된 경복궁의 건축적 특징

033 ——— 임성수

경복궁 중건 비용, 어디서 나와서 어디로 갔을까?

경복궁을 짓기 위한 TF팀, 영건도감 | 구름같이 모여든 돈과 인력, 순탄한 출발을 알리다 | 영건도감에 모인 돈은 어디에 쓰였나 | 불안 요소가 하나하나 드러나다 | 부족한 돈과 물자, 지방을 독촉하고 왕실의 능원묘까지 침범하다 | 바닥난 원납전, 재원 마련을 위한 특단의 조치를 취하다

057 ——— 나영훈

원납전! 원해서 내는 돈인가, 원망하며 내는 돈인가?

원납전, 악폐로 지목되다 | 누가 얼마를 냈나 | 성리학의 충효 이념, 원납전을 이끌다 | 관직과 이권을 바라고 원납전을 내다 | 원납전, 전국 8도 각 군현에 배당하여 거두다 | 강제 수탈의 증거들

079 ——— 배우성

궁궐을 세우기 위해서 철거를 한다고? 영건의 아이러니!

1865년 4월 10일 밤, 경모궁 | 민심은 어디에? | 광화문, 건춘문, 영추문 밖의 민가들 | 돌 떠오기 또는 철거하기 | 철거의 광풍이 궁궐, 관청, 왕의 집터와 사당까지 | 대원군의 시선

101 ——— 유승희

과연 서민들이 자식처럼 달려와 궁궐을 지었을까?

경복궁 공사의 고민거리, 노동력의 동원 | 구름처럼 몰려 든 자원군 | 자원인가, 징발인가 | 단순 작업에 투입된 자원군 | 자원군의 모습은 각양각색 | 자원군을 지원하는 사람들

121 ——— 조영준

국가의 막중한 공사를 방해한 부정행위들

공사 현장에서 일어난 장인의 일탈 | 자재 조달 과정에서의 여러 문제 | 중간에 끼어든 각종의 농간과 토색질 | 원납전 및 당백전으로 인한 여러 문제 | 환표를 비롯한 금융 관련 사기 사건

141 ——— 김창수

경복궁 공사의 지연, 화마와 서양오랑캐의 습격

화재를 막아야만 한다 | 화재의 피해와 복구, 공사의 지연 | 서양오랑캐의 침략, 뱃길을 막다 | 전쟁에 동원되는 군대, 중단되는 작업들

161 — 이연노

경복궁은 흥선대원군의 작품? 궁궐을 지은 이름 없는 장인들

기록으로 남지 않은 사람들 | 공사를 준비하는 장인 | 나무를 다루는 장인 | 돌을 다루는 장인 | 금속을 다루는 장인 | 흙을 다루는 장인 | 칠 관련 장인 | 하루 3천여 명의 장인이 투입된 경복궁 중건, 그 의미는

187 — 김현정

대규모 토목공사 현장의 관리감독자들

경복궁 중건은 조선왕조 최대의 토목공사 프로젝트 | 이어 날짜의 확정, 해이해지는 기강 | 연기되는 일정, 심해지는 독촉 | 별간역과 패장은 누구? | 일기에 기록된 별간역과 패장들

207 — 김유주

경복궁 중건 현장은 좋은 일자리였을까?

1865~1868년, 경복궁 중건 현장의 사람들 | 장인, 담모군의 삼시 세 끼와 품삯 | 특별 보너스를 받다 | 잠자리와 의복을 제공받다 | 장인, 담모군의 3년, 그들의 삶은 만족스러웠을까?

225 — 윤주필

공사를 송축하는 노래, 노동의 고달픔을 담은 노래

민요로 노래하는 경복궁 중건 | 긴 노래 형식인 가사에 묘사된 경복궁 중건의 현장 | 경복궁 중건 현장의 인기 공연물 | 다양한 전통 연희의 공연 | 중건의 당위성과 공사 독려의 허실

247 — 조재모

돈을 아끼는 또 다른 방법, 공사기간을 줄여라

건축공사의 과제, 공사비와 공사기한 | 궁장과 내전부터 시작된 경복궁 중건공사 | 외전 공사의 진행과 마무리 | 공사기간을 줄이기 위한 공사 진행 방안 | 건축물 유형에 따른 전략 | 형태와 부재의 표준화는 공사기간을 단축하는 방법

273 — 이권영

당대 첨단 기술과 공법으로 다시 세운 경복궁

중건 경복궁 지붕, 청기와로 이으려고 시도하다 | 『경복궁영건일기』에 언급된 특이한 기와 | 공사기간 단축과 능률성 향상의 기구, 녹로 | 회벽, 과연 조선시대 건축에서 존재하였나? | 조선시대 궁궐 하이테크 줄눈재 수회와 유회, 일제강점기 이후 잊혀지다

297 — 임혜련

기원과 열망을 담은 영건 현장의 의식행사

공사장에서 발견된 타임캡슐 | 중건을 공식적으로 선포한 고유제 | 고사를 지내는 마음 | 상량문을 만든 사람들 | 상량 기물에 깃든 의미 | 건물 완성의 세리머니, 상량의식

317 — 김민규

궁궐을 지키는 녀석들, 경복궁의 서수상

화덕진군으로부터 궁궐을 지켜라, 불을 막는 상징의 동물들 | 문흥을 상징하다, 광화문의 천장화 | 길한 새들의 차례, 봉황과 공작 | 우주의 이치를 담다, 근정전 월대의 동물조각 | 성군의 어진 정치를 바라며, 경회루 난간의 동물조각

일러두기

- 이 책은 서울사료총서 제16권 『국역 경복궁영건일기』(서울역사편찬원, 2019)의 내용을 바탕으로, 흥미로운 주제를 선정하여 여러 필자가 함께 집필했다.
- 누구나 쉽게 읽을 수 있는 대중서로서 경복궁 전각, 지방 군현, 관직명 등 오해의 여지가 없을 경우에는 한자를 생략하였다. 인명의 한자는 필요에 따라 병기했다.
- 『국역 경복궁영건일기』는 연도를 '을축년(1865), 병인년(1866), 정묘년(1867)'식으로 육십갑자로 표기하였으나, 이 책에서는 편의상 서기만 표기하고 각 글별로 처음 등장하는 서기에는 연호를 추가했다.
- 경복궁 홍례문은 흥례문의 옛 이름인데, 이 책에서는 사료에 나온 그대로 표기했다.
- 참고문헌과 도판의 협조처와 출처는 책 뒷부분에 별도로 정리했다.
- 하나의 도판에서 다양한 부분을 사용했을 경우에 대표 도판에만 협조처와 출처를 기재했으며, 여러 도판이 동일한 협조처와 출처일 경우에는 마지막에만 정보를 기재했다.

『경복궁영건일기』를 통해 본 중건 경복궁의 특징

『경복궁영건일기』 출현의 건축사적 의의

270여 년 만의 대역사

공사 직전 옛터의 모습과 중선공사의 성격

근정전 터의 상황과 월대 개수

근정전 낙성 축하 의례와 구리 향로의 등장

중건된 경복궁의 건축적 특징

이강근

『경복궁영건일기』 출현의 건축사적 의의

일본 와세다대학 도서관에 소장되어 있던 『경복궁영건일기』 필사본 1~9권이 서울역사편찬원의 후원 아래 배우성 교수의 책임으로 완역 출간된 것은 학계의 경사일 뿐만 아니라, 경복궁에 관심을 가져온 모든 이들에게 다행한 일이다. 이 책 가운데 제2권은 그동안 학계에 소개된 서울대학교 도서관 소장 활자본과 동일한 것으로 확인되어 필사본 이외에도 수정을 거쳐 정서한 판본이 있었음을 알 수 있다.

제2권에 포함된 공사 기간은 1865년(고종 2) 6월부터 9월까지 4개월인데, 이 시기에 교태전, 강녕전, 연생전, 경성전 등 내전 4채와 광화문, 영추문, 신무문, 건춘문 등 성문 4곳의 공사가 진행되었다. 이 가운데 신무문이 9월 22일에 상량되었으므로, 중요 내전과 성문 공사에 대해서만은 구체적으로 공사 진행을 파악하고 있었다.

그러나 1865년 4월 13일의 개기開基 의식부터 같은 해 윤5월까지 약 3개월간 진행된 초기 공사의 내용은 조선왕조실록이나 『승정원일기』, 『일성록』 등을 근거로 개략적으로만 이해할 수밖에 없었다. 더구나 1865년 10월부터 1868년(고종 5) 7월까지 이어진 중건공사의 대체를 파악하는 일도 위 사료를 근거로 이루어질 수밖에 없었다. 그동안 학계에 번역 소개된 바 있는 『영건일감營建日鑑』이 비록 현장의 공사 내용은 다루지 않고 자재 조달과 원납전 납부에 관한 영건도감의 발송 문서를 엮었다는 한계는 있지만, 중건 초기인 1865년 4월부터 근정전과 사정전이 낙성된 다음 달인

1867년 12월까지를 포함하고 있어서 경복궁 중건공사의 실상을 파악하는 데 긴요한 사료로 쓰여 왔다. 그런데 『경복궁영건일기』(9책)가 출현함으로써 『영건일감』과 함께 경복궁 중건의 실상을 파악하는 데 한 걸음 더 가까이 다가갈 수 있게 된 것이다.

이 일기의 편찬자는 영건도감의 중간관리인 낭청郎廳 원세철元世澈(1817~미상)인데, 그가 영건도감에서 근무한 기간은 공사의 전 기간이 아니라 1866년(고종 3) 7월부터 1868년 윤4월 중순까지 약 20개월이다. 그는 영건도감의 관리로 근무하기 전에 진행된 공사나, 임실현감으로 임명되어 공사 현장을 떠난 1868년 윤4월 중순 이후의 공사에 대해서는 직접 보지 못하였던 셈이다. 따라서 그가 『경복궁영건일기』의 편찬을 주관한 것은 서문에서 밝힌 대로 사실이겠지만, 그가 근무하지 않은 기간에 다른 사람이 적어서 넘겨준 문서의 내용은 주의 깊게 읽을 필요가 있다. 또 그가 후에 덧붙여 적은 부분이 없는지 비판적으로 읽을 필요도 있다. 공사 현장 기록으로서의 『경복궁영건일기』에는 적합하지 않은 내용이 여러 군데서 발견되는 것도 주목해야 할 것이다.

270여 년 만의 대역사

경복궁은 조선왕조의 개국과 더불어 건립된 정궁이다. 1395년(태조 3)에 처음 지었을 당시에는 크지 않은 규모에 불과했으나, 태종과 세종대를 거치면서 왕권의 확립을 토대로 발전되어 이른바 법궁체재를 갖추게 된다. 이후 역대의 왕들은 저마다 새로운 시설을 추가하였으므로 1553년(명종 8)에 소실되기 직전의 경복궁은 창건 당시의 경복궁과는 규모와 질에 있어서 전혀 다른 궁궐로 변화되었다. 1554년에는 창건한 지 160년 만에, 그리고 불타 버린 지 한 해 만에 경복궁을 문자 그대로 중신하였다. 그러나 이 궁궐은 40년도 못 되어서 일본의 침략전쟁인 임진왜란으로 모두 흔적도 없이 불타 버렸다. 조선 전기 200년 동안에 이룩된 모든 문물이 한꺼번에 잿더미로 변하였으며 건축적으로는 조선 전기의 궁궐 건물이 한 채도 남지 않게 되었다.

'경복궁 중건'이라는 조선왕조 최대의 건축 과제는 이후 270여 년 동안이나 실행에 옮겨지지 못하였다. 물론 경복궁 중건을 가장 먼저 책임져야 할 왕인 선조는 중건 계획을 구체적인 단계까지 입안하였던 것으로 기록되어 있다. 『선조실록』에 의하면 당시의 역사 편찬 기관인 춘추관에서 중건에 필요한 자료 곧 창건 당시 자료, 성종 때의 공사기록(『경복궁조성의궤』), 명종 때의 중건 기록 등을 한 데 묶어 등서로 만들어 왕과 주무 관청인 공조에 바쳤다고 한다. 이를 토대로 경복궁 중건을 시행할 예정이었으나, 전란으로 전 국토가 황폐해지고 국가 재정이 고갈된 상태였으므로 대대적인 중건이 불가능하다고 판단되어 중지되었다. 그 대신에 이궁인 창덕궁과 창경궁이 차례로 중건되고 경복궁 중건은 훗날의 과제로 미루어졌다.

제21대 국왕 영조가 1772년(영조 48) 5월 23일 경복궁에 행차하여 특별히 문소전 터에 비석을 세우고 태조의 경복궁 창건을 기념한 이래 정조, 순조, 익종, 철종이 문소전 터를 찾았으며 특히 익종은 왕세자로서 대리청정을 하던 시절 두 차례나 문소전 옛터를 찾아 전배展拜하였다. 경복궁 중건을 명령하는 교서를 내린 대왕대비 신정왕후는 익종의 부인이며, 고종은 익종의 대통을 계승하여 왕위에 오를 수 있었다.

대왕대비가 1865년 4월 2일에 내린 전교를 보면 중건의 명분을 바로 여기서 찾았음을 알 수 있다.

> 익종께서 정사를 대리하실 때도 여러 번 경복궁에 행행하시어 그 터를 둘러보시면서 분연히 중건할 뜻을 가지셨지만 이루지 못하였고, 헌종께서도 여러 번 그 뜻을 계승하려 하셨으나 또한 미처 거행하지 못하였다. 아! 오늘을 기다림이었던가. 지금 우리 주상께서 잠저에 계실 때에도 일찍이 경복궁을 유람하신 적이 있었고, 요즈음에는 매양 '조종조朝宗朝께서 이 궁궐에 계실 때 태평스럽던 기상이 지금은 어찌하여 옛날 같지 않은가'라고 탄식하셨다.

1865년 4월 10일 중건공사의 시작을 알리는 고유제告由祭가 경복궁, 종묘, 사직, 경모궁, 효문전(철종의 혼전), 북악산, 목멱산, 한강 등에서 베풀어졌고, 그로부터 이틀 뒤인 12일 국왕이 직접 경복궁 터를 찾아가 문소전 터에 전배하였다. 그다음 날인 13일 가장 먼저 근정전 터를 닦고, 그 터 위 묘방卯方(동쪽)에서 고사를 지냄으로써 270여 년간 미루어 온 중건공사의 서막이 올랐던 것이다. 그런데 위 『경복궁영건일기』의 서문에서는 중건의 계기를 이와 다르게 쓰고 있다. 의정부를 수리할 때 대청 앞 계단에서 발견한 돌에 새겨진 글귀가 발단이 되어 대원위(흥선대원군)에게 보고하고 대원군이 다시 국왕에게 보고하여 중건공사에 착수하게 되었다고 쓰고 있는 것이다. 대원위가 실질적으로 중건공사를 지휘한 사실은 『경복궁영건일기』 곳곳에서 관찰된다.

공사 직전 옛터의 모습과 중건공사의 성격

중건공사를 맡은 영건도감의 집무 시설로는 원래 경복궁 터에 있던 건축 시설이 활용되었다. 궁성 남북에는 각기 광화문과 신무문이 세워져 있었고 국왕의 행차 때 이용되었다. 평소에는 위장을 배치하여 궁궐을 수호하게 하고, 내시를 보내 관리하였는데, 내시 번소는 상수궁上守宮이라 하여 경회루 남쪽 제방 부근에 있었고, 경복장景福將의 직소인 하수궁下守宮은 홍례문 동쪽에 있었는데 4월 14일부터는 영건도감 당상堂上의 집무소로 활용되었다. 이때 영건도감 낭청은 근정전 터 앞에 설치한 천막에서 업무를 수행하였으며, 도감 사무실은 예조에 마련되었다. 한 달 반쯤 지난 5월 28일에 가서야 영건도감의 당상과 낭청이 머무를 곳이 마련되었으며, 각방 처소의 도제조와 제조가 쓸 방, 상수궁 수청 4칸, 도청 · 낭청 · 감조관이 쓸 방 17칸, 내시방 2칸, 별간역방別看役房 8칸, 계사방計士房 4칸 반, 구료관방救療官房 4칸 반, 패장방牌將房 38칸 반, 서리와 고지기가 쓸 방 65칸 반을 경회루 남쪽 제방에 초가로 지었다.

1865년 4월 13일에 중건공사가 공식적으로 시작되었다. 그런데 이때부터 1개월 이상 진행된 공사의 목적은 옛터를 정비하는 일 즉, 후원과 경회루 두 곳의 연못에 쌓인 흙을 퍼내어 연못을 회복하는 일과 물길에 쌓인 흙을 퍼내 물길을 내는 토목공사였다. 공사를 시작한 지 13일째 되는 날인 4월 25일에는 국왕이 처음 공사 현장에 행차하였다. 그래서인지 이 날짜 일기에는 비가 온 날 하루를 빼고 12일 동안 진행된 공사에 대하여 "공역이 며칠 되지 않았지만 이미 절반을 넘어선 것 같다."는 감회를 적으면서 공사 직전 옛터의 모습을 다음과 같이 적고 있어서 주목된다.

> 12일 동안은 고인雇人을 쓰지 않고도 지초支礎와 물길의 전형이 환하게 모습을 드러냈다. 대개 병란 이래 수백 년 동안 폐허였던 곳이다. 근정전 터의 북쪽은 노송과 오래된 밤나무가 빽빽하게 숲을 이루었고 풍성한 풀과 무성한 덤불이 잡다하게 있어서 틈이 없었다. 남쪽은 푸른 밭과 푸성귀 언덕이 종횡으로 들을 이루어 당시에 보기에는 매우 아득할 정도였다. 이에 풀을 제거하고 땅을 개간하였는데, 깨진 기와는 쌓아서 담을 쌓을 일에 대비하고 그을린 흙은 모아서 꺼진 곳을 메우는 일에 대비하였다. 깨끗하게 치우는 공역이 차례로 끝나게 되었다.

이틀 뒤인 4월 27일에는 "궁전의 터가 모두 드러났고, 못과 도랑도 거의 파서 뚫었다."고 하였다. 이날 법궁의 좌향을 논의하고 결정할 수 있었던 것도 그간의 공사 덕분이었다. 기존의 기록에서 보이는 '임좌壬坐'를 선택하지 않고 '자좌子坐'로 재정립하였다. 좌향을 살핀 상지관相地官 안명호는 교태전 터에 옛 주춧돌이 완연하게 남아 있는 것을 보고 원래 터의 좌향이 자좌임을 확신하였다고 한다. 또 이날 땅속 도랑인 '은구隱溝' 공사를 시작하

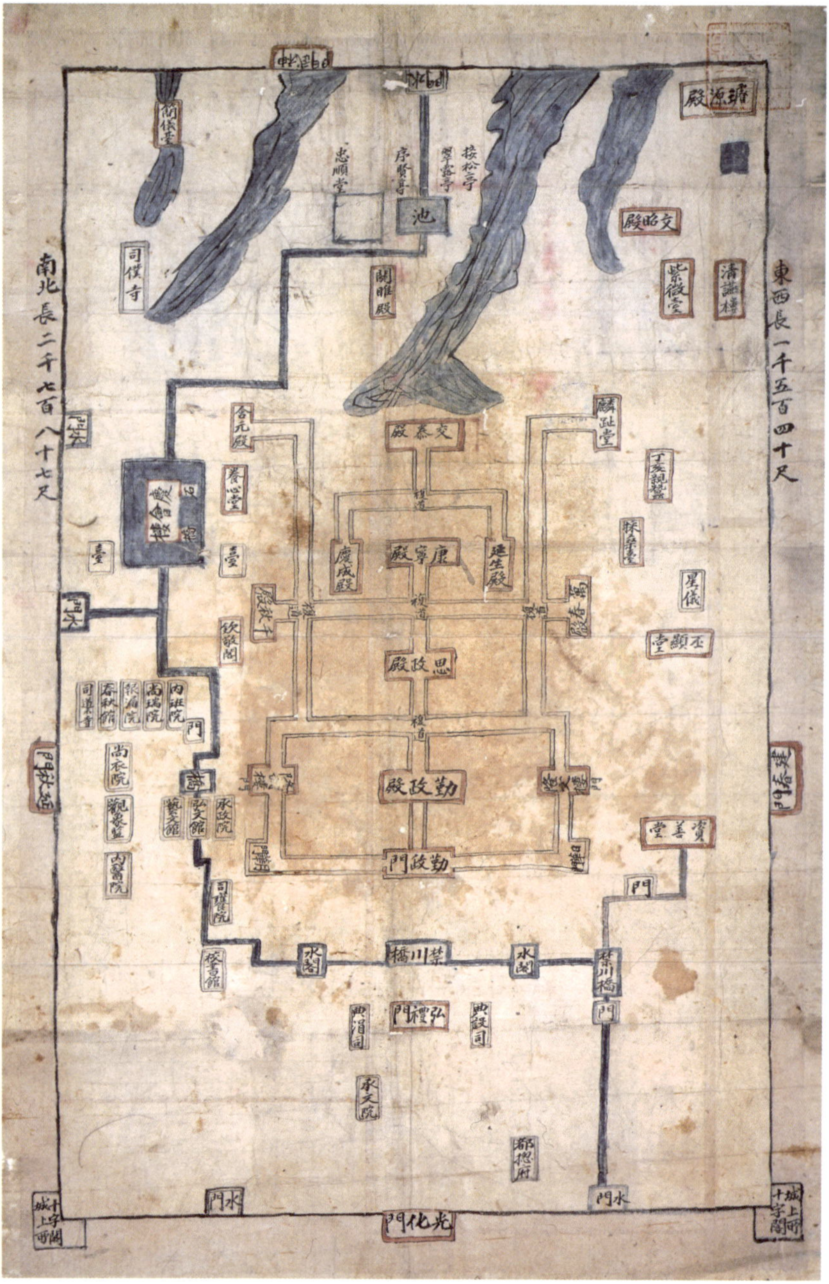
南北長二千七百八十七尺
東西長一千五百四十尺
璿源殿
文昭殿
池
關雎殿
交泰殿
康寧殿
慶成殿
延生殿
思政殿
勤政殿
勤政門
慶會樓
資善堂
禁川橋
弘禮門
光化門
承政院
弘文館
尚衣院
承文院
都摠府
司僕寺
含元殿
麟趾堂
紫微堂

「경복궁전도」

였으며, 이틀 뒤에는 옛 물길이 확인되어 새로 계획한 물길이 잘못된 것임을 깨닫게 되었다. 윤5월 5일에는 문소전 뒤에서 도랑을 뚫다가 옛 수도水道를 발견하였다. 상원上苑 궁장 밖에 위치한 기슭 세 곳[三麓] 즉 신무문 뒤쪽 기슭, 교태전 뒤쪽 기슭, 문소전 뒤쪽 기슭 등에는 흙을 보충하고 박석을 깔아 보호하였다. 공사 직전 모습은 알 수 없지만 1767년(영조 43) 이후에 그려진 「경복궁전도」에 궁궐 안으로 연결된 북쪽 산기슭이 잘 표현되어 있다.

4월 27일에는 교태전 영건 과정에서 필요한 길일吉日을 정초定礎 6월 20일 신시, 입주立柱 10월 9일 인시, 상량 10월 11일 자시로 정하고, 경복궁 축성 길일을 6월 20일 신시로 정한 것도 이날이었다. 5월 14일에 교태전 옛터, 5월 17일에 광화문 옛터에서 서둘러 터 닦기를 시작했지만, 강녕전·연생전·경성전 등 침전 영역의 터 닦기가 시작된 것은 그로부터 한 달 뒤인 윤5월 17일이었다. 교태전을 포함한 네 건물에 초석을 놓게 된 날은 한 달 뒤인 6월 20일이었는데 이는 착공한 지 100일 가까이 된 때였으며, 다시 넉 달 뒤인 10월에 가서야 내전의 상량을 거행할 수 있었다. 또 천추전은 그해 12월, 함원전과 인지당은 그해 11월에 각각 상량했으며, 자미당은 '창덕궁 자경당'(창경궁 자경전)을 헐어 옮겨와 그해 12월에 상량했다. 만춘전과 흠경각은 경희궁 어조당을 다음 해 2월에 헐어 옮겨와 5월에 상량하였다.

궁성에는 광화삼문光化三門과 신무문이 세워져 있었는데, 광화문 서편 좌우 인가를 철거할 때 종가 터의 주춧돌 여섯 덩어리가 드러났다(『경복궁영건일기』 1865년 윤5월 26일). 건춘문이나 영추문이 있던 자리에도 석축이 쌓여 있었기 때문에 이것들을 모두 헐고 공사 자재 반입용 통로를 내는 한편 성문의 축대를 쌓고 문루의 초석을 놓은 때는 이 해 8월이었다. 성벽을 쌓는 데는 막대한 석재가 필요하였고, 성문 축대의 홍예석은 부석소에서 새로 떠와야 했기 때문이다. 내전 공사에 쓸 목재도 전국 각지 할당한 고을에서 베어서 수레나 배로 현장까지 날라 와야만 했다. 그리하여 공사를 시작한 지 1년여가 지난 1866년 5월에 가서야 궁성, 성문, 내전 일곽의 중건이 이루어졌다.

건물터나 지맥 같이 환경을 드러내는 요소는 아니지만, 남별궁에 있던 패하석(금천교 좌우의 상서로운 짐승)을 중건공사 초기에 금천교 석축 원래 자리에 옮겨다 놓기도 하였다(『경복궁영건일기』 1866년 5월 4일).

한편 연못을 메우고 있던 엄청난 양의 흙과 풀뿌리가 심하게 부패되어 있었는데 이것들을 완벽하게 제거하고 난 뒤인 1865년 5월 12일 경회루 터에는 석주 48개 중 3개만 서 있었고 나머지는 엎어져 있었으며, 대부분 부러지고 불에 그슬려 있는 것으로 확인되었다. 정학순이란 사람이 경회루의 설계 원리를 주역으로 풀어낸 그림인 「경회루삼십육궁지도慶會樓三十六宮之圖」를 바친 때가 1866년 경칩일(3월 5일경)이었고, 경회루 중건공사 일정을 확정한 때는 이 해 12월 8일이었다.

『경복궁영건일기』는 중요 건물에 대해서 이렇듯 자세하게 기록하고 있지만 궐내각사나 왕실 일가족의 의식주 생활을 책임지던 부속 시설에 대해서는 거의 기록하지 않고 있다.

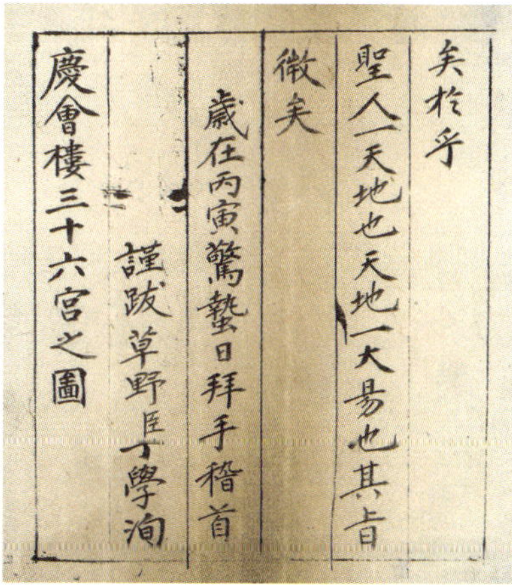

矣於乎
聖人一天地也天地一大易也其旨
微矣
歲在丙寅驚蟄日拜手稽首
謹跋草野臣丁學洵
慶會樓三十六宮之圖

『경회루전도』「경회루삼십육궁지도」

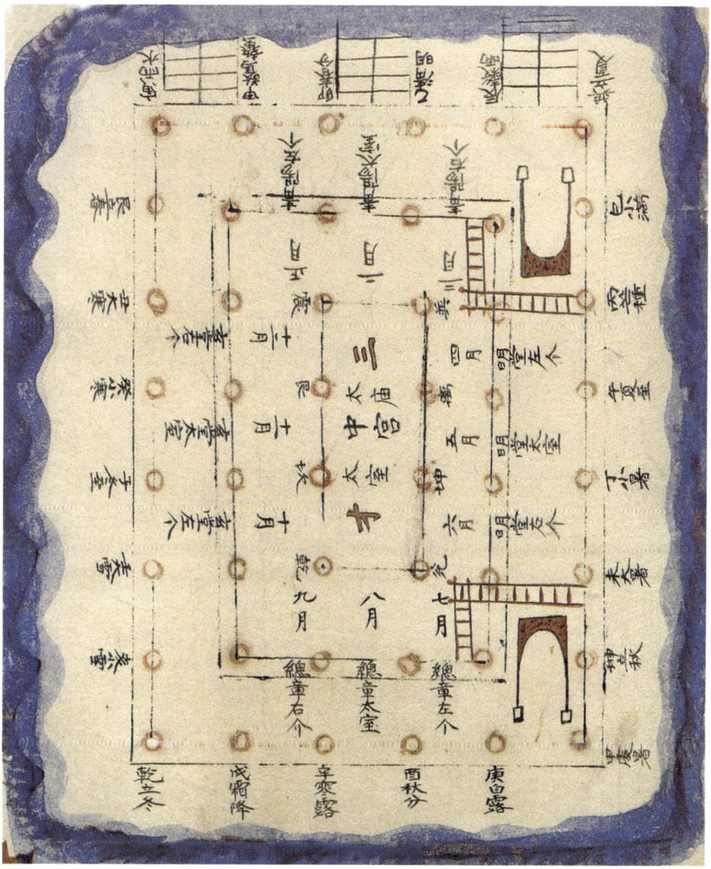

근정전 터의 상황과 월대 개수

근정전의 상하 월대에 대하여 돌난간은 새로운 제도인데 반하여 섬돌의 주변 소맷돌, 어칸석, 네 모퉁이에 새겨진 특정 동물상을 옛 제도라고 표현한 기록(『경복궁영건일기』 1867년 10월 9일)을 통해서도 중건공사 직전 근정전터의 모습을 가늠할 수 있다. 이보다 앞서 국왕 영조가 경복궁 터에 거동했던 1767년(영조 43) 12월 16일의 상황을 묘사한 그림인 『경이물훼敬以勿毁』의 「영묘조구궐진작도英廟朝舊闕進爵圖」에서도 근정전 상하 월대와 섬돌의 모습을 엿볼 수 있다.

근정전의 터 닦기 공사가 시작된 것은 1767년으로부터 99년 뒤인 1866년 6월 8일이었고 24일에는 축대를 쌓기 시작했으며, 8월 25일에 건물터에 주춧돌을 놓았다. 다음 해인 1867년 1월 7일 기둥을 세우고 2월 9일 상량을 했으며, 9월 12일에는 개와 공사를 하였다. 이틀 뒤에는 근정전 내부 천정과 어탑 천정에 각기 한 쌍의 용 조각을 달았다고 한 것으로 보아 그로부터 얼마 안 가서 근정전 목구조 건물은 완공되었을 것이다.

그러나 월대를 완성하기 위한 공사는 이해 9월 6일에야 석수들을 모으고 조계(오늘날의 우이천 부근)에서 떠온 석재를 사용하여 진행되었다. 10월 9일에는 상하 월대에 박석을 깔고, 상하 네 귀퉁이에 쌍법수석을 1좌씩 설치한 것은 물론 상하층 각각 6곳의 보계 즉 12곳의 계단 좌우 난간 기둥머리에 법수를 새기기 시작하였다. 전정에 박석을 깔고 두 줄로 24개의 품석을 세우는 공사가 시작된 것도 10월 9일이었다. 그리하여 이달 16일에 대원위가 근정전

『경이물훼』「영묘조구궐진작도」
영조가 임진왜란 때 불탄 경복궁 근정전 터에서 연회[進爵禮]를 하는 장면이다.

석수들에게 상을 내린 것으로 보아 이날 이전에 완공된 것으로 보인다.

여기서 상하 월대 네 모퉁이에 쌍법수석 1좌를 배치했다는 기록이 문제이다. 현재 상하 월대의 남면 좌우에 쌍법수석 1좌씩을 배치하고 있어서 모두 4좌인데, 그 위치가 '네 모퉁이'라고 보기에는 마땅하지 않다. 더구나 상월대와 하월대 네 모퉁이에 각기 1좌씩을 배치한 것으로 해석하면 8좌의 쌍법수석이 남아 있어야 한다. 현존하는 그림 자료들도 쌍법수석의 배치와 관련하여 서로

경복궁 근정전 월대 난간 돌기둥 머리에 새긴 동물의 명칭

위치	1층	2층	3층	4층
남보계	해치(옳고 그름을 판별하는 동물)	말(오방 午方)	안(犴, 남방7수 중 안, 말)	봉황(주작 朱雀)
동보계	토끼(묘방 卯方)	용(청룡 형상)		
동협보계	낙타	교룡[蛟](동방7수 중 낙타, 교룡 추정)	-	-
서보계	닭(유방 酉方)	호랑이(백호 白虎)	-	-
서협보계	원숭이	이리(서방7수 중 이리, 원숭이 추정)	-	-
북보계	쥐(자방 子方, 북방7수 중 쥐 추정)	거북(현무 玄武 추정)	-	-

일치하지 않고 있다는 게 더 큰 문제이다.

한편 10월 9일 기사에는 근정전 월대에 설치된 모든 조각상의 명칭을 밝혀 놓고 있어서 주목된다. 그리고 남쪽 보계의 쌍봉을 새긴 어간석, 용두를 새긴 소맷돌, 쌍법수를 새긴 네 귀퉁이 기둥돌은 옛 월대의 제도이며, 돌난간만은 새로운 제도라고 쓰고 있다. 나아가 난간 기둥에 새긴 조각의 이름을 위 표와 같이 상세히 밝히고 있다. 십이지와 사신을 조각으로 새겨 배치한 것으로 해석해 온 기존 학설과 달리 하늘의 별자리인 28수를 기준으로 한 동물상이 있고 이를 근거로 동서남북을 대표하는 두 동물상을 선택해 배치한 것으로 적고 있는 것이다. 오늘날 근정전 월대에 배치되어 있는 조각상을 『경복궁영건일기』의 기사대로 해석해야 할지는 학계의 연구가 더 필요하겠지만, 조선 말기 조각상의 도상 해석이 얼마나 어려운 일인지를 보여주는 실례임은 분명하다.

근정전 낙성 축하 의례와 구리 향로의 등장

근정전 기단 좌우의 구리 향로

1867년(고종 4) 11월 16일에 국왕 고종은 대왕대비, 왕대비, 대비, 중전 등 왕실 일가와 함께 거동하여 근정전 낙성 기념 진하를 받고 대사면을 단행하였다. 고종은 이날 묘시(오전 6시)에, 대왕대비 · 왕대비 · 대비 · 중전 등은 진시(오전 8시)에 각기 창덕궁을 출발하여 경복궁으로 거동하였으며, 오시(낮 12시)에 근정전 낙성을 축하하기 위해 마련된 진하의식陳賀儀式이 거행되었다. 이때 근정전 좌우 월대의 구리 향로에서 백단향을 피웠다고 한다.

이 구리 향로는 지금도 근정전 기단 좌우 모퉁이에 세워져 있는데, 뚜껑은 없어진 상태이다. 1년 9개월 전인 1866년 2월 8일 『경복궁영건일기』에 그 제작 과정을 아래와 같이 자세히 적고 있다.

> 광화문 서쪽에 있는 대종을 문 안으로 끌고 들어와 부순 후, 전각의 토수吐首와 전정殿庭에 둘 향로 등을 주조하였다. 을해 11일에 이르러서는 당백전을 주조할 때도 사용하였다. 대개 이 종은 세조조世祖朝에 주조한 것으로 길이 9자 2치, 지름 6자 5치, 두께 9치 7푼이

었다. 각刻이 있는데 다음과 같다.

조선국신주종명병서朝鮮國新鑄鍾銘幷書….

즉 세조 때 주조하여 광화문에 걸고 시각을 알리는 데 썼던 종이 어느덧 파손된 채로 광화문 옆 종각에 걸려 있었는데, 이를 녹여서 향로와 철토수 나아가 당백전을 만들었다는 놀라운 기사이다. 그리고 이 향로에 백단향을 피운 때가 바로 근정전 낙성을 축하하고 대사면령을 반포한 그날이었던 것이다.

국왕이 2박 3일간의 경복궁 체류를 마치고 돌아가면서 영건도감에 내린 명령은 공사를 속개하여 내년 봄까지 기필코 마치라는 것이었다. 경복궁 중건이 완료되고 국왕이 실제로 이어한 때는 1868년 7월 2일이었다. 대왕대비 신정왕후의 회갑을 맞이하여 근정전과 강녕전에서 이루어진 진찬進饌 의식을 기록한 『(무진)진찬의궤』에는 근정전 가까이 낮은 기단 좌우에 설치된 두 개의 향로는 물론 하월대 네 모퉁이에 45도 방향으로 돌출되게 설치한 쌍법수가 표현되어 있다.

우선 향로부터 살펴보자. 그림에는 근정전 기단 좌우에 기물器物 1좌씩이 그려져 있는데, 6모뿔대 형태의 받침석 위에 세발 달린 그릇 모양이다. 이로써 정鼎 모양의 향로 즉, 정로鼎爐임을 알 수 있는데, 이것이 『경복궁영건일기』에서 기록한 '향로' 또는 '동로銅爐'이다. 그런데 정전에서 조회를 서거나 진하를 받을 때 국왕이 머리에 원유관遠遊冠과 몸에 강사포絳紗袍를 착용하고 가마를 탄 채 편전을 출발하면 음악을 연주하고, 어좌에 오르면 향을 피우고 음악을 그치는 것은 오래 전에 정립된 의례이다. 1867년 11월 16일

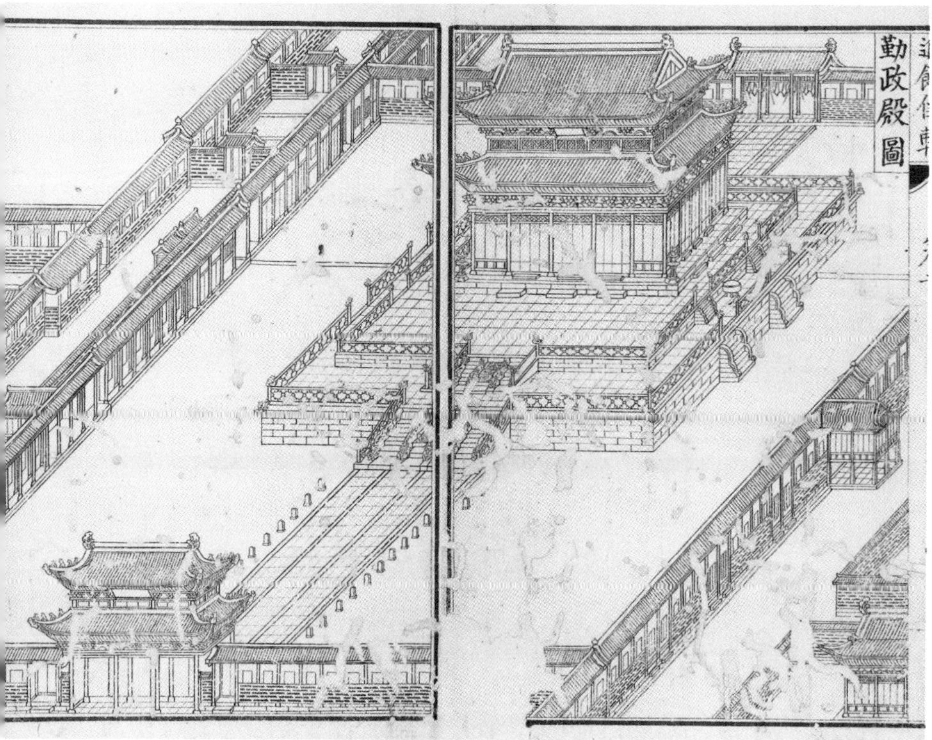

『진찬의궤』「근정전도」(1868년)

의 진하의식도 평상시의 의식과 동일하게 진행하였다. 이날도 근정전 밖 좌우에 액정서掖庭署가 향안을 설치했다고 하므로, 향안에 놓인 향로에서 향연香煙이 피어올랐을 것이다. 그렇다면 『경복궁영건일기』의 기록에 나오는 '백단향을 피운 동로'에서 연기가 피어오른 순간은 언제일까. 임금이 어좌에 오른 순간 피어 올리던 향연과는 어떻게 다를까. 두 가지 향연이 같은 것이라면 '진하의進賀儀'에 나오는 향안이 곧 이 동로인 것이다. 그러나 서로 다른 것이라면 동로의 역할이 새삼 궁금해진다.

중국 명청明清 시기의 왕궁인 자금성 내부에는 정전인 태화

중국 자금성 태화전 앞 정로

전太和殿 앞쪽 3층 월대 위아래에 모두 18좌, 침전인 건청궁乾清宮 앞에 4좌의 정로가 놓여 있다. 중국에서는 이 정로가 황제의 위망과 업적을 상징하는 동시에 궁에서 이루어진 의례를 거행할 때 향연을 피워 연무가 둘러싸도록 함으로써 의례의 분위기를 돋우는 데 쓰였다고 한다. 근정전에서 진하의식이 펼쳐진 1867년 11월 16일 정오에 동로에 백단향을 피운 이유도 이와 크게 다르지 않을 것이다.

다음으로 이날 의식에서 또 하나 주목되는 것은 임금이 어좌에 오르는 과정을 서술한 부분에서 '근정전 후문後門'이 등장하는 것이다. 『경복궁영건일기』에는 생략되어 있지만 『승정원일기』의 1867년 11월 16일 기사에는 다음과 같이 기록되어 있다.

> 진하할 때가 되어 통례가 꿇어 앉아 외판을 계청하니, 상이 원유관·강사포로 바꾸어 입고 여를 타고 향오문嚮五門·사정문을 나가서 여에서 내려 근정전의 후문을 거쳐서 걸어가 어좌에 올랐다. 통례가 꿇어 앉아 규圭를 잡기를 계청하고 승지가 규를 바치니, 상이 규를 잡았다. … 찬의가 '예필禮畢'을 창하니, 상이 자리에서 내려와서 근정전의 후문을 나가 여를 타고 대내大內로 돌아갔다.

이 기록을 보면 침전인 강녕전의 정문 향오문과 편전인 사정전의 정문 사정문을 차례로 나온 임금이 사정문 앞에서 가마를 내린 다음, 근정전 월대의 북쪽 계단을 올라가 근정전 후문을 거쳐 어좌 북쪽 계단을 통해 어좌에 오르는 과정이 잘 이해된다. 의례를 마친 뒤 어좌에서 내려올 때도 근정전 후문으로 나왔던 것으로 보아, 임금의 근정전 출입 동선이 근정전 후문을 통해 이루어졌음을 알 수 있다.

중건된 경복궁의 건축적 특징

4년에 걸친 중건 공사로 재탄생된 경복궁 건축의 특징은 무엇일까. 『경복궁영건일기』에 실린 상량문의 내용을 살펴보면 다음과 같은 몇 가지 사실을 알 수 있다. 첫째, 청나라 대동원의 「대씨유서고공기도」를 참작하였다. 둘째, 창덕궁과 경희궁의 궁실제도를 참작하였다. 셋째, 배치의 사상적 원리로서 역상(태극, 사상, 팔괘)을 취하거나, 별자리 가운데 태미원과 자미원의 오제좌를 본떴다.

곧 '삼문삼조'의 궁실제도를 바탕으로 하되, 그 시기의 궁궐인 창덕궁과 경희궁의 건축적 구성을 참작하였으며, 근정전을 비롯하여 교태전까지의 중심 일곽이 천문도의 별자리 배치나 「태극도설太極圖說」을 반영하고 있다는 사실을 알 수 있다. 천문학은 예로부터 왕만이 독점할 수 있는 분야였으며, 따라서 궁정미술과 많은 관련을 맺어 왔다. 더구나 하늘에서 북극성을 중심으로 천체의 모든 별들이 운행하듯, 땅에서는 왕이 인간 사회의 중심이라는 점

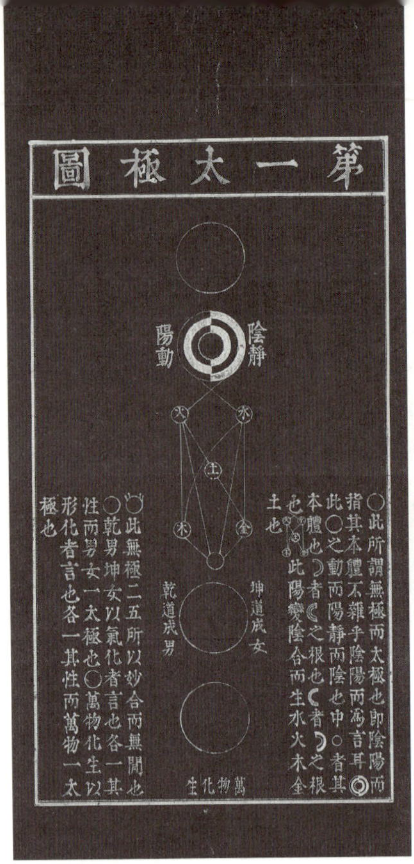

이황의 『성학십도』「태극도」

에서 왕은 곧잘 북극성에 비유되었다. 그뿐 아니라 중국문화권에서는 별자리에 이름을 붙일 때 궁궐을 비롯한 사회 조직을 대입시켰다. 이른바 오제좌五帝座의 5개 별자리는 강녕전과 그 주위 4채의 건물을 합한 5채의 건물로 건축화 되었다.

태극도설이란 성리학적 우주관을 도식적으로 요약하여 그린 그림으로서, 음과 양이 나누어지기 이전의 혼돈 상태를 태극이라 하고, 이것이 음과 양으로 나누어져 모든 사물의 구조를 형성하게 되는 원리를 그린 그림이다. 교태전의 '교태'는 『주역』 태괘

경복궁

泰卦에서 유래한 것으로 '천지, 음양이 잘 어울려 태평을 이루다'는 뜻이다. 왕과 왕비가 이곳에서 아들을 낳아 왕위를 계승시키기 때문에 이렇게 이름지은 것이다. 이 교태전의 정문은 음양을 뜻하는 양의문으로 이 문밖으로 우주 곧 세계가 열림을 의미한다. 양의문 밖에는 왕의 침전인 강녕전을 비롯한 5채의 건물이 오행을 의시하여 배치되어 있다. 강녕전의 정문인 향오문 밖에는 편전인 사정전, 만춘전, 천추전 등 3채의 건물이 배치되어 있다. 이 3채를 앞의 5채와 합치면 8채가 되는데 이로써 8괘를 나타낸 것이다.

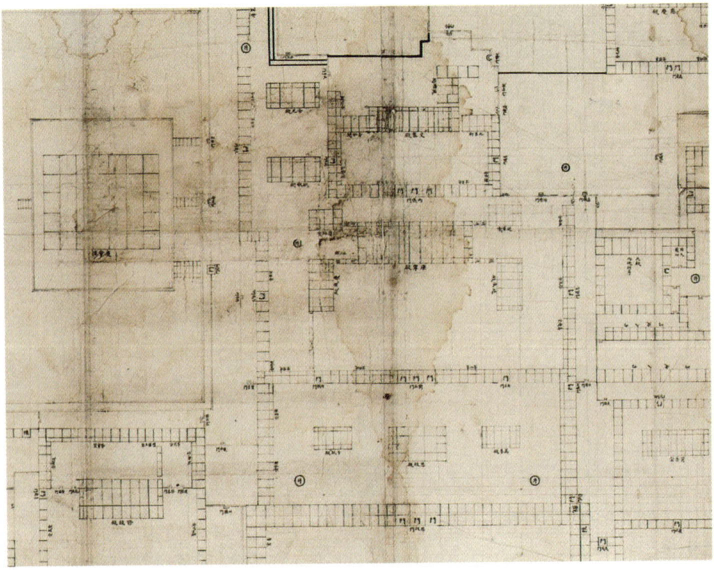

「경복궁배치도」 중건 경복궁 주요부

이상의 내용을 요약하면 중창된 경복궁의 주요부(정전~왕비 침전)는 근정전(북극성)－사정전 일곽 3채三光之庭－왕의 침전 일곽 5채[오제좌]로 배치되어 있다고 해석할 수 있다. 또한 교태전[태극]－양의문[음양]－강녕전 일곽 5채[오행]－향오문 등으로 배치되어 태극도설과 일치한다는 해석을 내릴 수 있다. 오행에 맞추어 방위, 계절, 색채를 배당하는 방식도 이미 경복궁 창건 당시 정도전에 의하여 시도된 만큼 전통적인 것이다. 중건 계획안은 역리易理와 음양오행, 천문 등 건축 외적 사상을 계획의 바탕으로 삼고 있다는 점에서 적어도 조선 초기 이래의 전통을 따르고 있으나 그럼에도 불구하고 임란 직전의 고제를 그대로 복원한 것이 아니라 새로운 배치 형식을 택하고 있다고 해석할 수 있다.